폭력의 역사학

최성철

서강대학교 국문학과와 같은 대학 대학원 사학과(서양사 전공)를 졸업한 뒤 독일 베를린자유대학교에서 역사학(서양 근대사 전공) 박사학위를 받았다. 귀국 후 서강대학교 사학과에서 박사후 과정을 거쳐 현재 같은 학교 국제문화교육원에서 전임강사로 재직하고 있다. 한국서양사학회, 한국독일사학회, 한국사학사학회, 문화사학회 등에서 총무이사, 연구이사, 편집이사, 편집위원, 감사 등을 역임했다. 저서로 『부르크하르트』, 『과거의 파괴』, 『역사와 우연』 등이 있고, 논문으로는 「폭력을 바라보는 두 시선: 벤야민과 아렌트」, 「악의 근대성?: 지그문트 바우만의 홀로코스트 해석에 대한 재고찰」 등이 있다.

서강학술총서
122

폭력의 역사학

최성철 지음

서강대학교출판부

서강학술총서 122
폭력의 역사학

초판 1쇄 발행 | 2019년 12월 28일

지 은 이 | 최성철
발 행 인 | 박종구
편 집 인 | 전종호
발 행 처 | 서강대학교출판부
등록 번호 | 제2002-000170호

주 소 | 서울특별시 마포구 백범로 35(신수동)
전 화 | (02) 705-8212
팩 스 | (02) 705-8612

ISBN 978-89-7273-361-4 94300
ISBN 978-89-7273-139-9(세트)

값 26,000원

* '서강학술총서'는 SK SUPEX 기금의 후원으로 제작됩니다.

책머리에

동서고금을 막론하고 폭력은 우리 생활에 깊숙이 퍼져있는 현상이기에 좀 과장하면 인간 삶의 일부로 간주된다. 예나 지금이나, 동양이나 서양이나, 법 또는 제도가 있건 없건 간에, 폭력은 늘 우리 곁에 붙어 인간과 함께 살아왔다. 미국의학협회지(JAMA)에 게재된 한 논문에 따르면, 지난 2016년 전 세계에서 총과 관련된 사망은 25만1000명으로 집계됐다. 이는 1990년 20만9000명에 비해 5단 명 가까이 증가한 것으로, 전 세계 인구 10만 명 당 4명 꼴로 총으로 인한 사망자가 나온 셈이다. 총으로 인한 사망자 수는 1994년 르완다 제노사이드 사건을 제외하고 매해 테러와 전투로 인한 사망자 수보다 많았다(아시아경제 2018년 8월 29일자 보도). 특히 중남미 국가나 미국에서 사는 사람들은 언제 어느 때 총으로 목숨을 잃을지 알 수 없는 삶을 살아간다.

굳이 총이나 칼과 같은 살상용 무기를 고려하지 않더라도 폭력은 우리의 일상생활 속에 늘 존재한다. 이를 실증적으로 보여주는 최근의 사례를 하나 들어보자. 영국 캔터베리 대학교에 재학 중인 한국인 유학생 A양이 현지시각으로 2018년 11월 15일 자신의 SNS에 올린 글에 따르면, 런던 한복판 번화가에서 영국인으로 추정되는 10대 청소년 예닐

곱 명에게 자신이 집단폭행을 당했다는 것이다. A양의 주장에 따른 사건 전말은 이렇다. 같은 해 동월 11일 오후 5시 50분경 A양은 런던 옥스퍼드 서커스역 인근 대로변을 친구와 함께 걷고 있었는데, 갑자기 뒤에서 자기보다 덩치가 커 보이는 15살 정도의 흑인 여자애가 A양의 머리에 쓰레기를 던지며 시비를 걸어왔다. 뒤돌아보니 키가 180cm 정도의 백인 남성까지 끼어 있는 청소년 무리여서 그냥 무시하고 계속 걸어갔다. 그래도 계속 따라오며 같은 행동을 반복하기에 그만두라고 했더니, 자기들끼리 웃으며 "영어를 할 줄 아네"라며 수군거렸다. 그러고는 그 흑인 여자애가 다시 다가와 또 머리에 쓰레기를 던지자 화가 난 A양은 먹던 아이스크림을 집어 던졌다. 그러자 그 흑인 여성이 A양을 바닥에 넘어뜨렸는데, 이때 아이들이 우르르 몰려들어 A양에게 발길질하고 머리를 심하게 구타하기 시작했다. 이유를 알 수 없는 이 집단폭행에 A양은 턱이 붓고 타박상에 구토와 쇼크를 일으키는 심한 상처를 입었다. 구급차 의료진으로부터 트라우마가 올 수 있으니 상담을 받으라는 말까지 들었다는 것이다. 황당한 것은 나중에 아랍계 남성 한 명과 흑백 혼혈로 보이는 남성 한 명이 아이들에게 그만두라고 말할 때까지 6~7분가량 집단폭행이 이어지는 동안 많은 인파가 있었음에도 아무도 도와주지 않았고, 오히려 휴대전화로 사진을 찍기에만 바빴다는 것이다. 이보다 더욱 황당한 것은 경찰에 신고했는데 1시간이 넘어도 경찰은 오지 않았고 결국 아무런 연락도 없었으며, 주영 한국대사관에 전화를 걸었을 때도 기다려봐야 할 것 같다는 말만 들었다는 것이다. A양은 "한국도 나를 보호해 주지 않고 영국도 나를 보호해주지 않아 절망적인 느낌"이었다고 토로했다(중앙일보 2018년 11월 16일자 보도).

백주에 런던의 번화가 한복판에서 벌어진 이 당혹스러운 사건 안에는 이 책에서 다룰 '역사적 폭력'의 여러 유형과 특징들이 집약되어 나타난다. 첫째, 폭력을 당한 A양이 경찰 또는 대사관에 신고했는데도 경찰이나 대사관 직원이 오지 않은 것은 자국 또는 외국 시민이 국가 공권력으로부터 보호를 받지 못했다는 점에서 넓은 의미의 국가폭력, 즉 정치적 폭력에 해당한다. 둘째, 남성이 끼어 있는 무리로부터 여성이 공격을 받았다는 것은 사회적 약자에 대한 사회적 강자의 폭력이라는 점에서 사회적 폭력 유형에 속한다. 셋째, 영어를 할 줄 아느냐 모르느냐로 폭력행사의 여부 또는 강도가 직간접적으로 결정되었다는 점에서 이 사건은 언어에 따른 폭력, 즉 문화적 폭력의 양상도 보인다. 마지막으로 외국인, 특히 아시아 여성에 대한 영국인의 공격이라는 점에서 이 사건은 명백히 인종주의 또는 더 나아가 민족주의에 근거를 둔 폭력, 즉 이념적 또는 사상적 폭력 안에 포함된다. 물론 어느 시대 어느 장소에나 있을 법한, 사회의 기성세대 또는 기존 체제에 대한 반항심이 있는 사춘기 청소년들의 반발이라는 세대 간의 폭력 유형도 포함될 수 있으나, 이것은 사회학에서 더 잘 다루어질 수 있는 주제이니 여기서는 논외로 하자.

이처럼 매우 사소해 보이는 사건 안에도 폭력의 여러 유형과 특징이 모두 나타난다는 점에서 폭력은 그 본질상 특정 유형이나 범주로 묶어서 관찰할 수 없다는 특징을 갖는다. 그리고 동서고금을 막론하고 언제 어디서나 발생할 수 있다는 점에서 폭력은 '인간 또는 삶의 보편적인 현상'이라고 할 수 있다. 따라서 과거 인간들의 삶을 연구하는 역사학을 전공하는 역사가가 폭력에 관심을 갖는다는 것은 자연스러움과 당연함을 넘어 당위성 또는 필연성마저 느껴진다. 즉 '연구할 수 있다'가 아니라 '연구해야만 한다'는 것이다.

내가 역사에서 '폭력'이라는 주제로 연구를 해야겠다고 마음먹은 계기와 시기는 2012년 서양사학회 편집위원으로 일을 할 때로 거슬러 올라간다. 어느 날 편집위원들끼리 학술지 『서양사론』의 내용을 풍부하게 하기 위한 기획 논문 또는 연속 논문 테마를 물색하는 과정에서 누군가 폭력을 주제로 글을 실어보는 것이 어떻겠냐는 제안이 나오자 모두들 환영했다. 나중에 논문들을 묶어 책으로 출판하면 좋겠다는 의견까지 나왔다. 그러나 편집위원 모두의 동의하에 구체적인 기획단계까지 논의가 진행된 이 새로운 사업 아이템은 딱히 총대를 메고 내가 해보겠다고 적극적으로 나서는 사람이 없어서 그냥 흐지부지 끝나고 말았다. 내가 나설 수도 있었지만, 나 역시 당시 다른 일들로 바빠 몸을 사리며 발을 뺐던 것이다. 더구나 2년 후 편집위원 일마저 그만두자 이 아이디어는 완전히 실종되고 말았다. 비유하자면 잉태는 했으되 죽음으로 끝나버린 일종의 '유산된 프로젝트'였던 셈이다.

그러나 그렇다고 이 테마가 내 관심에서 완전히 사라졌던 것은 아니다. "내가 총대를 메고 일을 해나갈 걸…"이라는 아쉬움과 탄식 속에 나는 2016년 12월 「폭력을 바라보는 두 시선: 벤야민과 아렌트」라는 제목의 논문을 『독일연구』에 기고하면서 사그라졌던 이 주제에 대한 관심의 불씨를 되살렸다. 논문 한 편 쓰고 말기에는 너무 크고 중요한 주제라는 생각이 머릿속에서 떠나지 않았던 나는 결국 2017년 8월에 있었던 서강학술총서 신규과제 공모에 응모했고, 다행히 여러모로 부족한 내 연구계획서가 선정되어 이렇게 책으로까지 출판되는 영광을 누리게 되었다.

내가 '역사에서의 폭력'이라는 주제로 단행본을 쓰게 된 동기는 간단하다. 그동안 이 주제에 대한 연구서는 대부분 전쟁, 혁명, 테러, 빈부격차, 계급투쟁, 분서갱유, 성상파괴, 노예제도, 마녀사냥, 종교재판, 종교박해, 인종주의, 식민주의, 전체주의, 홀로코스트, 제노사이드와 같은 개별적인 폭력 현상 자체에 집중되어 있었지, 이들을 한데 묶어 포괄적으로 고찰한 연구서가 국내외를 막론하고 거의 없었기 때문이다. 사회학, 정치학, 철학 등에서의 폭력 담론은 꽤 활성화되어 있는 편이지만, 역사학에서는 쉽게 눈에 띄지 않는다. 그 이유는 아마도 폭력 현상에 대한 이론적, 개념적, 철학적 검토가 연구 풍토를 주도하는 상황에서 개별 사건들을 천착하는 방식으로 접근하는 역사학자들이 굳이 이 주제 전체를 아우르는 별도의 연구를 시도할 필요성을 느끼지 못했기 때문일 것이다. 폭력 현상의 유형화 또는 범주화 작업도 역시 굳이 역사학에서 시도해야 할 필연성은 없어 보인다. 그러나 잘 생각해보면, 역사학이야말로 폭력 문제를 가장 심도 있게 잘 다룰 수 있고 또 다루어야 할 학문임을 부정할 수 없게 된다. 왜냐하면 개별 사례를 실증적으로 잘 알 수 있거나 활용할 줄 알 뿐만 아니라 좀만 더 성찰해 나간가면 역사적 폭력의 이론화 작업도 무난히 해낼 수 있는 분야가 바로 역사학이기 때문이다. 이 책은 바로 이러한 결핍과 필요성의 산물이다. 요컨대 이 책은 역사에서의 폭력 현상을 관찰하고 연구함으로써 '역사적 폭력'의 '개념'을 정의하고(1장), '역사적 폭력'의 '유형'들을 범주화해 나가며(2장~8장), '역사적 폭력'의 특징들을 성찰하면서 이 현상을 이론적으로 정리한 작업(9~10장)의 결과물인 셈이다.

나는 이 책이 역사학에서 큰 주제로서 '폭력'을 전체적으로 검토하고 성찰하는 연구 풍토를 조성하기 위한 자그마한 첫걸음으로 기억되길 바란다. 두 가지 이유에서 그런 바람을 갖는데, 첫째는 개인적으로 나는 이 책이 좀 더 많은 후속연구를 가져오는 자극제가 되길 원하기 때문이고, 둘째는 그만큼 이 책에서 시도한 많은 개념, 방법, 구성, 이론 등이 매우 부족하고 어설프며 논리적 또는 구성적으로 하자가 있을 수 있음을 내 스스로 자인하기 때문이다.

이 책이 출판될 수 있도록 음으로 양으로 지원해준 서강학술총서 관계자 외 관계된 모든 선생님께 진심으로 고맙다는 인사를 전한다.

2019년 9월

최 성 철

목 차

제1장
서론:
역사와 폭력, 폭력의 개념

제1장
서론: 역사와 폭력, 폭력의 개념

역사는 폭력이 없는 페이지를 찾아볼 수 없는 두꺼운 책과 같다. 역사를 폭력이라는 실들로 수놓은 한 폭의 거대한 수예품(手藝品)으로 비유해도 좋을 것이다. 역사와 폭력 사이의 관계는 그 둘이 단지 밀접하게 연관되어 있다는 평이한 문장만으로는 도저히 표현도 이해도 안 될 정도로 내밀하다. 약간의 과장법을 허용한다면, 한마디로 역사는 폭력의 장(場)이요 폭력은 역사의 소재(素材)다. 이렇게 보면 그 둘은 관계를 맺는 정도가 아니라 서로 겹쳐지고 심지어 동일시된다.

역사와 폭력이 겹쳐 보이고 동일시되는 이유는 어디에 있을까? 일단 인간의 삶 자체가 크고 작은 폭력으로 점철되어 있다. 매일 뉴스를 통해 접하는 사건 사고에서 폭력이 개입되지 않은 경우를 본 적이 있는가. 폭력의 일상화! 일상적 폭력! 굳이 온난화로 인한 전 세계적인 이상기온 현상 같은 혹독한 지구 환경을 들먹이지 않더라도 우리네 삶은 많은 경우 폭력으로 점철되어 있다. 개인과 개인 간의 폭력, 개인과 집단 간의 폭력, 집단과 집단 간의 폭력 등, 우리는 온갖 형태의 폭력과 더불어 살아간다. 구체적으로는 우리 주변에서 흔히 볼 수 있는 가정폭력, 학교폭력, 성폭력 등이 있다. 우리는 또 폭행, 절도, 강도, 강간, 사기, 약탈, 방화와 같은 범죄 행위들에 너무도 쉽게 노출되어 있다. 우리의 일상이 곧 폭력 속에서 이루어진다고 해도 과언이 아니다. 폭력과 폭력 사이의 잠깐의 비폭력 상태를 우리는 안락한 상태, 평화의 상태로 착각하며 살아간다. 만일 '행복'을 '고통의 부재(不在)'로 정의한 쇼펜하우어를 패러디하자면, '평화'란 전쟁이 잠시 없는 상태 또는 '폭력의 부재'일 것이다. 언제 어디서 어떻게 전쟁이나 폭력행위가 촉발될지 전혀 예측할 수 없는 것이 우리네 삶이다.

더구나 어느 누구도 폭력을 행사하지 않는다 하더라도 살아가는 것 자체, 즉 폭력을 합법화하고 정당화한 기구로서 한 국가 안에서 삶을 영위하는 것 자체가 이미 폭력에 노출된 삶을 살고 있다는 뜻이다. 비폭력 상태란 폭력이 없는 상태가 아니라 폭력이 잠시 멈춘 상태, 즉 정(停)폭력, 휴(休)폭력 상태를 뜻한다. 마치 정전(停戰)이나 휴전(休戰)처럼 말이다. 민주주의와 자유주의 이념의 신장과 보편화로 과거 그 어느 때보다 폭력과 범죄가 많이 줄어들었다고들 하는 오늘날도 그러할진대, 인권의 개념은 고사하고 사실상 거의 노예와 다를 바 없는 삶을 살아갔던 근대 이전의 수많은 민중의 삶이 어떠했을지는 더 말할 필요조차 없을 것이다. 역사는 한마디로 폭력 그 자체였던 셈이다.

따라서 과거 인간들의 삶을 다루는 역사에서 폭력이 등장한다는 것은 자연스럽다 못해 오히려 없다면 이상할 정도로 친숙하다. 더구나 역사는 전쟁과 혁명, 반란과 폭동 같은 두드러진 폭력 사건이 아니더라도 매 페이지 사건들이 터질 때마다 승자와 패자로 나뉘게 되고, 그러다 보면 그러한 사건들에서 자연히 폭력이 개입될 수밖에 없게 된다. 더 나아가 역사에서는 그러한 투쟁이 아니더라도 아주 사소한 부분에서 무엇인가를 법으로 정하고 특정 사안을 규정하거나 규제하며, 종교나 사상의 경우 어느 특정 종파나 이념을 정통으로 인정하는 과정에서 이미 폭력이 행사되어왔다고 할 수 있다. 왜냐하면 그러한 규정과 인정으로부터 배제되고 벗어난 측은 일탈과 이단으로 규정되면서 폭력의 피해자 또는 희생자가 되어왔기 때문이다. 약간 과장하면, 정통의 역사는 곧 폭력의 역사였다고 할 수 있다. 그것이 기독교라는 종교가 되었든, 아니면 정통성이라는 이름의 정치가 되었든, 그도 아니면 심지어 합리성을 내세우는 철학이나 사상이 되었든, 소위 '정통'이라고 불리는 모든 것의 역사는 한결같이 정통에서 벗어났거나 벗어났다고 간주되는 모든 분야와 그 분야에 속한 사람들을 배제하고 소외시켜왔다는 측면에서 폭력으로 점철된 역사다. '정통'이란 이른바 싸움에서 이긴 자들이 스스로에게 부여한 장치이자 포장에 불과하다. 그들은 그 권위와 명예, 그리고 기득권을 지켜나가기 위해 그로부터 벗어난 모든 이단, 이교, 반란 세력 등에게 '정통에서 벗어난 것'이라는 허울을 씌워 폭력을 행사해왔다.

이처럼 과거나 오늘날 폭력에 무방비 상태로 노출된 상태로 살아가는데도 불구하고 우리 현대인들은 폭력에 대한 성찰은 고사하고 아예 그 주제에 무관심하거나 그것을 무시 또는 회피하면서 살아간다. 그 이유는 아마도 우리 주위에서 발생하는 범죄행위나 폭력사태가 나와 내 가족과는 무관한 일처럼 보이기 때문일 것이다. 그러나 그 끔찍한 범죄나 사고가 어느 순간 바로 나와 내 가족을 덮칠 수 있다는 생각, 그리고 우리의 삶 자체가 구조화된 폭력 속에서 영위된다는 생각에 미치면 더 이상 폭력은 TV 속 뉴스에서나 일어나는, 나와 무관한 일이 아니라 바로 내 자신의 현실과 실존의 문제로 다가온다. 가령 2014년 4월에 있었던 세월호 사건을 떠올려 보라. 수천 톤의 대형 여객선이 서서히 침몰해가는 데도 수백 명의 학생과 일반인들이 구조되지 못하고 속수무책으로 익사해간 것은 그 사고의 원인과 과정, 미숙한 구조작업을 포함한 어처구니없는 사후처리 등 수많은 측면을 고려해보았을 때 단순한 사고였다기보다 국가나 사회경제적 시스템이 가한 '구조적 폭력'(Johan Galtung)의 결과였다. 더 나아가 우리는 지구촌 곳곳에서 테러들이 발생하고 일상에서의 범죄가 끊임없이 일어난다는 사실을 안다. 아니 굳이 그런 엄청난 사건, 사고가 아니더라도 우리가 일상생활에서 신체적, 물리적 폭력 외에 욕설과 폭언과 같은 언어적 폭력, 집단 따돌림이나 무관심, 증오나 혐오 또는 경멸과 같은 정서적 폭력 등 수많은 폭력을 직간접적으로 늘 경험하면서 살아가는 한, 폭력은 더 이상 무시하거나 방치할 수 있을 만큼 나와 무관한 문제가 아니라 내가 직면하고 풀어내야 할 당면 과제로 다가온다 폭력이 무엇인지, 그리고 그 본질과 특징이 무엇인지, 부당한 폭력에 맞서거나 그것을 없애려면 어떤 노력을 해야 하는지, 과거에 인간들은 어떤 폭력을 자행했고, 그런 폭력들은 어떤 특성을 지녔으며, 그런 폭력들을 제거하기 위해서 어떤 노력을 해왔고, 앞으로 우리는 그러한 경험을 통해 유사한 폭력에 어떻게 대처해 나갈 수 있고 또 해 나가야 하는지에 대한 성찰과 숙고 없이 어떻게 올바른 삶, 지혜로운 삶, 계획적인 삶을 영위해나갈 수 있겠는가?

역사와 폭력이라는 주제의 시의성과 현장성은 바로 여기서 발견된다. 아렌트(Hannah Arendt)가 1970년에 폭력을 주제로 이미 고전이 된 짤막한 책을 내면서 서론부에서 한 말은 우리가 두고두고 곱씹어봐야 할 것이다.

> 역사와 정치에 관하여 사유하는 사람은 누구든 폭력이 인간사에서 항상 수행하는 거대한 역할을 깨닫지 않을 수 없으며, 그래서 폭력이 특별한 고찰을 위해 아주 드물게 선정된다는 사실을 일별하고 오히려 놀랄 것이다. (각주: 물론, 전쟁과 전쟁 행위에 대한 수많은 문헌이 존재하지만, 폭력의 도구만을 다룰 뿐, 폭력 그 자체는 다루지 않고 있다.) (사회과학 백과사전의 최신판에서 폭력은 표제어 항목에 기재조차 되어 있지 않다.) 이것은 폭력과 그 임의성이 어느 정도로 당연시되고 따라서 무시되어왔는가를 보여준다. 말하자면 모두에게 명백한 것에 대해서는 아무도 이의를 제기하지 않는다. 인간의 역사에서 폭력만을 보았던 사람들, 인간의 역사는 "항상 우연적이므로 중요하지도, 정확하지도 않다"(Renan)거나 신은 영원히 강자들과 함께 한다고 확신하는 사람들은 폭력이나 역사에 대하여 더 이상 할 말이 없다. 과거의 기록에서 어떤 의미를 찾는 사람은 누구든지 폭력을 주변적인 현상으로 보는 데 거의 얽매여 있었다.[1]

폭력이라는 주제가 역사학을 비롯한 인문과학뿐 아니라 정치학 등 사회과학 안에서도 관심받거나 주목받지 못하고 얼마나 많이 소외당해왔는가에 대한, 1970년 당시까지만 해도 나름 예리했던 아렌트의 통찰은 그러나 오늘날에는 더 이상 통용되지 않는다. 그 이후 주로 정치학,

1 Hannah Arendt, *On Violence* (New York: Harcourt, Brace & World, 1969, 1970), p. 8.

사회학, 법학과 같은 사회과학계, 그리고 인문학 분야에서는 심리학, 인류학, 종교학, 철학을 중심으로 수많은 종합적이고 개별적인 연구가 진행되어 왔기 때문이다.[2] 그 점에서 미국의 한 평화학자가 현대는 폭력이 넘쳐나는 시대가 아니라 최초로 폭력을 문제로 인식한 시대라고 지적한 것은 매우 적절해 보인다. 달리 말하면, 우리의 시대를 진정으로 특징짓는 요소는 과거에도 얼마든지 있었던 폭력이 넘친다는 사실이 아니라, "인류가 아마 역사상 처음으로 폭력의 문제를 해결해야 한다는 도전에 직면했다"는 사실일 것이다.[3]

이처럼 다양한 학문 분야에서 자주 연구되어온 폭력이라는 주제가 정작 역사학에서는 어떻게 다루어져왔을까? 아니 제대로 다루어져오기는 했을까? 이 질문에 대한 대답은 유감스럽게도 심히 부정적이다. 역사상의 개별 폭력 사건, 이를테면 페르시아전쟁, 알렉산더 원정, 십자군, 30년전쟁, 프랑스혁명, 제국주의, 제1차 세계대전, 홀로코스트 같은 폭력적인 성격의 개별 사건이나 항목에 대한 연구는 무수히 진행되어왔지만, 국내외를 통틀어 정작 폭력이라는 문제 자체를 역사학적, 역사이론적, 역사철학적 관점에서 천착한 종합적이며 체계적인 연구는 — 적어도 내가 조사한 바로는 — 없었다. 폭력 문제를 역사학적 관점에서 다루어봐야겠다는 다소 엉뚱하지만 야심 찬 기획은 이처럼 어처구니없게도 연구의 공백을 메워야겠다는, 마치 대학원생과도 같은 순

2 여기서 1970년대 이후 오늘날까지 폭력을 다룬 모든 연구성과를 연구사적으로 정리하는 것은 너무나 방대한 작업이기에 생략하기로 한다. 이에 대해 관심이 있는 독자는 이 책 뒤에 수록되어 있는 참고문헌을 참고하기 바란다.

3 Michael N. Nagler, *The Search for a Nonviolent Future: A Promise of Peace for Ourselves, Our Families, and Our World* (Novato, Calif.: New World Library, 2004), 이창희 옮김, 『폭력 없는 미래: 비폭력이 살 길이다』(서울: 두레, 2008), p. 37.

박한 문제의식에서 출발했다.

그렇다면 역사가들은 그동안 왜 폭력 문제를 종합적으로 심도 있게 다루지 않았거나 못했을까? 여러 이유가 있겠지만 내가 생각하는 이유는 다음 세 가지다. 첫째는 너무 익숙해서다. 역사를 연구하다 보면 늘 접하는 것이 폭력 사건이나 폭력 현상인데, 역사가들은 당연해 보이는 이 주제를 굳이 따로 떼어놓고 다시 연구할 필요성을 못 느꼈을 가능성이 크다. 둘째는 철학이나 이론을 되도록 멀리하려는 역사가들의 본능적인 또는 전형적인 태도 때문이다. 깊이 있는 사유나 이론적 통찰은 역사가들에게 익숙한 접근방식이 아니다. 폭력 문제를 아무리 역사적 사례로써 설명한다 하더라도 그 자체가 친숙하고 평이한 주제인데, 이를 개념적으로 또는 사상적으로 성찰하는 연구를 진행할 필요성을 못 느꼈을 가능성이 크다. 셋째는 마땅한 연구방법의 부재 때문이다. 다른 인문과학이 그러하듯이 특히나 역사학은 딱히 정해진 규범적 연구방법이 없다. 폭력이라는 주제를 연구한다고 할 때 역사학자들은 이 문제를 도대체 어떻게 접근해 어떻게 연구해야 할지 난감해 했을 것이다. 그래서 만일 폭력에 관심이 있다면 해당 연구자는 가령 100년 전쟁이나 마녀사냥 같은 주제 하나를 선택해 연구하는 것으로 만족하는 경우가 많다.

이러한 배경하에서 역사와 폭력을 학술연구의 주제로 다루려는 나의 기획 의도는 크게 다음 두 가지 문제의식에서 출발했다. 하나는 폭력의 역사적 규명을 위해 역사에서는 어떤 폭력들이 발생했으며 이러한 폭력들은 어떻게 범주화 또는 유형화될 수 있는가를 따져 묻는 것이고, 다른 하나는 이러한 수많은 역사적 폭력의 유형들은 어떻게 개념화 또는 이론화될 수 있는가를 탐색하는 것이다. 첫 번째는 역사에서의 폭력의 유형화 모색작업(2~8장)이고, 두 번째는 역사적 폭력의 이론화 정립작업(9~10장)이 될 것이다.

* * *

그렇다면 '폭력'이란 무엇인가? 이에 대해 많은 어원적 의미에 기댄 해석과 백과사전식, 개설적 정의들이 있다. 먼저 미국의 종교철학자 웨이드(Francis C. Wade)는 폭력이 '힘의 과잉'을 의미하는 라틴어의 'violentus'와 '위반'을 의미하는 라틴어 'violare'에 기원을 두고 있기에 '권리의 위반'을 뜻한다고 주장한다.[4] 이를 근거로 그는 인간의 권리를 침해하는 감춰진 제도적 힘이 가시적으로 행사된 힘만큼이나 폭력의 명확한 사례가 될 수 있다는 견해를 밝힌다. 한편 미국의 정치철학자 울프(Robert P. Wolff)는 여기서 한 걸음 더 나아가 폭력 개념이 함축하는 비합법성 자체에 의문을 제기한다. 즉 힘의 비합법적 행사로서 폭력을 이해하는 것은 힘의 합법적 행사를 암묵적으로 전제하는 것으로, 그 근저에는 신학적 믿음의 세속적 버전이라 할 수 있는 "정치적 권위의 합법성"의 신화가 놓여 있다는 것이다. 하지만 이는 어디까지나 신화에 불과하며, 따라서 정치적 권위, 즉 국가권력의 합법성 여부는 판단 주체의 입장에 따라 달라질 수 있기에, 그는 폭력이 그러한 정치적·

4 Francis C. Wade, "On Violence", *The Journal of Philosophy* 68 (1971), pp. 369~377. 웨이드와 그 아래 울프의 폭력 정의에 대한 인용은 다음 문헌을 참조했음을 밝혀둔다. 이문영, 「폭력 개념에 대한 고찰」, 『역사비평』 106 (2014), 323~356쪽, 인용 및 재인용은 335쪽.

이념적 입장이 "충돌하는 개념"이 될 수밖에 없다고 말한다.[5]

폭력과 유사하지만 폭력과는 다른 유사 개념들과의 비교는 폭력 개념을 이해하는 또 하나의 열쇠를 제공한다. 여기서는 폭력과 능력(강제), 폭력과 권력(권능), 폭력과 지배(통치), 폭력과 무력 등의 비교가 주목된다. 폭력은 본래 '능력', '강력', '강제'(라틴어 vis; 영어 force; 독일어 Kraft, Stärke)를 뜻하는 용어였다. 두 번째 뜻으로는 '지배'와 '통치'(라틴어 auctoritas; 영어 government; 독일어 Herrschaft, Regierung)로, 하느님의 권능이 작용하는 또는 입법적 권한을 갖는 폭력이 그것이다. 가령 루터(Martin Luther)는 모든 폭력이 원래 "신적인 질서"에서 나온다고 보았는데, 그것은 신학적 차원에서의 개념 정의인 셈이다. 마지막으로 폭력은 '권력'(라틴어 potestas; 영어 power; 독일어 Macht)을 의미했다. 국제법의 창시자 중 한 사람인 그로티우스(Hugo Grotius)는 "적어도 다른 사람의 권리를 침해하지 않는 한" 폭력은 합법적이며 자연스러운 인간의 자연법적 권리라고 주장했다. 이는 "어떻게 폭력 없이 폭력에 대항할 수 있단 말인가?"라고 일갈했던 키케로(Cicero)의 '폭력의 자율성' 원리에 합당한 사유다. 폭력에 정당성을 부여하려는 이러한 전통은 19세기 부르주아지에 맞서 노동자들의 총파업을 옹호했던 소렐(Georges Sorel)까지 이어진다. 그러나 시간이 흐르면서 이들 긍정적인 유사 개념들은 폭력으로부터 분리되어 별개의 의미로 사용되기 시작했고, 폭력은 이후 오늘날 거의 '침해적, 파괴적 행위'(라틴어 violentia; 영어 violence; 독일어 Violenz, Gewalt)라는 부정적 의미만을 갖는 용어로 전락했다. 폭력이 본

5 Robert P. Wolff, "On Violence", *The Journal of Philosophy* 66 (1969), pp. 601~616.

래 긍정적인 의미를 가진 술어였다는 증거는 가령 '삼권분립'을 뜻하는 독일어 'Gewaltenteilung'이라는 단어를 통해서도 확인된다.[6]

그렇다면 폭력의 어원적 기원이 아닌, 고고인류학적, 인간학적, 심리학적 기원과 원천은 어디에 있을까? 이는 곧 '폭력의 개념적 본질은 무엇인가?'를 묻는 질문으로 수렴된다. 이에 대한 고찰은 그동안 다양한 각도에서 이루어져왔다. 여기서는 특히 사회를 안정화하는 데 기여한 희생제에 대한 프랑스 종교이론가들의 해석이 주목된다. 먼저 카유아(Roger Caillois)는 희생제에 사용되는 희생양은 사회적 회춘과 갱신의 기능을 하는 축제의 중요 요소로서 축제 때 발생하는 폭력은 고도로 제의화된다. 희생제는 숭고한 잔여폭력이자 제한된 광란이다. 이 희생제의 제한된 폭력은 그 해의 남은 기간 동안 사회를 평화롭게 만든다. 축제 기간에 흘린 피로 인해 다른 시기에는 유혈이 사라진다. 제의적 광란 중에 행한 폭력은 그로 인해 평상시 폭력이 사라지기에 정당화된다.[7]

카유아의 희생제 해석은 다음과 같은 몇 가지 중요한 관점을 시사한다. (1) 축제가 사회적 회춘과 갱신의 현장이다. 축제를 방종 또는 광란과 동의어로 이해한 카유아의 논법에 따르면, 결국 한 사회의 삶의

---

6 Kurt Röttgers, Art. "Gewalt", Joachim Ritter, ed., *Historisches Wörterbuch der Philosophie*, vol. 3 (Basel: Schwabe, 1974), Sp. 562~570.

7 Roger Caillois, *L'Homme et le sacré* (Paris: Leroux, Presses universitaires de France, 1939), 권은미 옮김, 『안간과 聖』(서울: 문학동네, 1996), pp. 144 ff. 카유아의 그리고 그 아래 바타유의 희생제 해석은 다음 문헌을 많이 참조했음을 밝혀둔다. Herfried Münkler, *Kriegssplitter: Die Evolution der Gewalt im 20. und 21. Jahrhundert* (Berlin: Rowohlt Berlin, 2015), 장춘익, 탁선미 공역, 『파편화한 전쟁: 현대 전쟁 폭력의 진화』(서울: 곰출판, 2017), pp. 101~102, 104~105.

에너지와 생산성은 일탈과 폭력을 통해서 나타난다. 이때 폭력은 생산과 창조를 의미한다. (2) 희생양이 축제의 구성요소이고, 이때 발생하는 폭력은 제의화된다. 희생양은 종교의식보다는 축제를 통해서 더 많이 더 구체적으로 나타난다는 뜻이고, 그렇게 해서 희생양을 폭력적으로 희생시키는 현상은 곧 폭력의 의식화(儀式化), 제의화(祭儀化)를 의미한다. 그렇다면 이때의 폭력은 제의화된 폭력이다. 이처럼 사회에 의해 공인되고 제도화되며 정당화된 사회적 폭력을 통해 그 사회는 평화를 보증받는다. 이때 폭력은 평화를 보증받기 위한 수단으로 합리화되고 정당화된다. 결국 평화는 폭력을 통해서만 구현될 수 있다. (3) 사회적 질서는 시간과 더불어 타락하기에 희생제의를 통한 갱신이 필요하다. 시간은 언제나 흘러간다. 만일 시간이 흘러가면서 사회가 타락하기에 희생제의, 축제 같은 것을 통해 회춘과 갱신이 필요하다면, 하나의 사회는 늘 희생제의, 즉 폭력을 필요로 한다는 결론이 나온다. 폭력은 사회가 건강하게 유지되고 생산적으로 되기 위해서 어쩔 수 없이 필요한 필요악처럼 언제나 발생해야 한다. 이것은 폭력의 일상화, 상시화, 제도화와 다를 바 없다. (4) 희생제, 즉 폭력을 통해 사회가 정화된다. 모든 사회는 다만 폭력을 통해서만 정화(淨化)된다. 폭력은 타락하고 병든 사회를 깨끗하게 만들고 치유해주는 기능을 갖는다. 폭력은 사회정화의 중요한 수단이다. (5) 희생제는 숭고한 잔여폭력이다. 평화를 위해 자신을 희생시키는 희생양의 입장에서 보면, 희생제는 폭력 그 이상도 이하도 아니지만, 그를 제외한 나머지 사회 구성원의 입장에서 보면, 희생양이 숭고하다고 말할 만하다. (6) 결국 축제(=일탈, 광란, 폭력)는 사회를 갱신하고 더 젊게 만들며, 정화하고, 반란이나 폭동이 일어나지 않게 만드는 사회 안정화 기능을 수행하며, 그 사회에 평화를 가져다준다. 물론 카유아의 희생제 해석에 대한 이러한 해석들이 얼마나 타당하고 설득력이 있는지와는 무관하게 분명한 사실은 카유아가 희생제와 축제에서의 방종 등의 폭력이 사회를 회춘시키고 정화하며 안정화한다고 생각했다는 점이고, 이러한 관점은 오늘날 우리에게 많은 고민과 논쟁의 여지를 안겨준다는 점이다.

다음으로 주목되는 인물은 지라르(René Girard)다. 그는 폭력이 인간이 이상적인 것을 받아들이려는 타인의 모방 욕망 또는 타인과의 경쟁 욕망에서 비롯되었다고 주장한다. 인류 역사는 다른 사람을 질시하고 경쟁우위를 점하려는 욕구에서 나온 원초적 폭력으로부터, 점차 갈등을 회피하고 공동체의 안정을 추구하기 위해 무고한 희생양에 대해 폭력을 행사하는 단계로 넘어감으로써 폭력의 악순환을 극복해왔다는 것이다. 그리고 이러한 폭력은 원초적 폭력과 구별되어야 하기에 '성스러운 것'으로 명명되고 간주되어왔다는 것이 지라르의 주장이다.[8]

마지막으로 또 다른 희생제 이론은 바타유(Georges Bataille)가 보여준다. 바타유에게도 카유아의 경우처럼 축제와 희생제는 하나다. 바타유는 희생제를 그 본질에서 탕진으로 이해하는데, 이것이 축제를 일상과 구분해준다. 그러나 바타유에게 축제는 재충전을 위한 일상으로부터의 도피의 시간이 아니라 오히려 그 극단적 반대다. 축제에서는 주체성이 합리성을 누르고, 성스러운 것이 속된 것을 누르고, 탕진이 일상 회계(會計)를 누르고 올라선다. 공양축제는 생산과 축적의 원칙이 아니

8 René Girard, *La violence et le sacre* (Paris: Editions Grasset & Fasquelle, 1972), 김진식, 박문호 옮김, 『폭력과 성스러움』 (서울: 민음사, 1997), pp. 9 ff.

라 지출과 탕진의 원칙이, 영속의 강박관념이 아니라 순간의 쾌락이 규정하는 경제의 핵심요소다.[9]

한편 심리학에서는 폭력을 무엇이라고 규정할까? 미국의 심리학자 메이(Rollo May)는 개인적 폭력이 "광기"와 "무기력"에 기원을 두고 있다고 진단한다.[10] 일반적으로 많은 심리학자, 사회과학자들이 폭력을 증오와 분노의 감정이 외부로 표출된 행위로 보는 데 반해, 메이의 입장은 통상적인 관점에서 벗어나지만 그것이 또한 인간의 폭력을 이해하는 데 새로운 관점을 제시한다는 점에서는 나름의 의미가 있다고 생각한다.

그밖에도 현대의 많은 사상가, 사회과학자들이 다양한 관점에서 폭력을 정의하고 그 기원과 원인에 대해 진단해왔지만, 정작 역사학계에서는 역사상의 폭력을 핵심 논제로 다루거나 정의하려고 시도하거나 원인과 예방책을 제시하는 경우가 없었다.

* * *

폭력의 개념과 관련해서 마지막으로 잠깐 거론하고 넘어가야 할 문제는 앞으로 이어지는 다음 장들에서 전개될 내용의 근거가 되는 폭력의 종류다. 서양지성사를 통틀어 보자면, 폭력의 분류는 그 개념을 이해하는 방향과 정도에 따라 매우 다양하게 시도되어왔다. 백과사전

9 Georges Bataille, *Théorie de la religion* (1948), 조한경 옮김, 『종교이론: 인간과 종교, 제사, 축제, 전쟁에 대한 성찰』(서울: 문예출판사, 2004), pp. 53 ff.

10 Rollo May, *Power and Innocence: A Research for the Sources of Violence* (New York: Norton, 1972).

(위키피디아 영어판)에서 제시하는 고전적인 분류로는, (1) '자신을 향한 폭력', (2) '개인 간의 폭력', (3) '집단 폭력' 등 세 종류의 폭력이 있다. 루터는 신학적 차원에 근거해 (1) '세속적 폭력'(칼)과 (2) '종교적 폭력'(말)으로 구분했고, 그로티우스는 (1) 자신의 자유와 자연법에 근거한 '긍정적 폭력', (2) 타인의 권리를 공격하는 '부정적 폭력', (3) 타인의 폭력을 방어하는 '합법적 폭력' 등 세 가지로 나누었다. 첫 번째 폭력은 폭력보다는 '자유'에 가깝고, 두 번째는 말 그대로 남에게 물리력을 행사하는 '폭력'이며, 세 번째 폭력은 '방어'를 뜻한다. 이보다 더 독특한 분류는 벤야민(Walter Benjamin)에 의해 이루어지는데, 그는 폭력을 (1) 신화적 폭력(mythische Gewalt)과 (2) 신적 폭력(göttliche Gewalt)으로 나눈다. 전자가 국가의 폭력처럼 법 제정적이고 경계를 설정하며 죄를 부과하면서 동시에 속죄를 시키는 위협적인, 피를 흘리게 하는 폭력이라면, 후자는 법 파괴적이고 경계가 없으며 죄를 면해주고 내리치는, 피를 흘리지 않은 채 죽음을 가져오는 폭력이다. 오늘날 가장 널리 통용되는 (1) '개인적 폭력'과 (2) '구조적 폭력'과 (3) '문화적 폭력'으로의 분류는 온전히 노르웨이의 평화연구자 갈퉁(Johan Galtung)에 기인한다. 가정 안에서 빈번히 이루어지는 개인적 폭력은 가해자가 힘을 행사함으로써 피해자를 괴롭히는 폭력이고, 구조적 폭력은 불평등한 정치적 또는 사회경제적 관계에서 오는 폭력을 말한다. 문화적 폭력은 언어, 예술, 종교, 이념, 도덕 등 상징적 차원에서 이루어지는 폭력을 뜻한다. 그밖에 최근에는 지젝(Slavoj Žižek)이 폭력을 (1) 직접적이며 가시적인 '주관적 폭력'과 (2) 간접적인 '객관적 폭력'으로 나누었는데, 객관적 폭력은 다시 언어를 통해서 구현되는 '상징적 폭력'과 (3) 정치와 경제의 시스템

이 정상적으로 작동할 때 나타나는 파국적인 결과로서의 '구조적 폭력'으로 구분된다. 그렇지만 나는 이 책에서 역사상 전개된 폭력들을 삶의 각 영역으로 나누어 (1) 정치외교적 폭력, (2) 사회경제적 폭력, (3) 문화예술적 폭력, (4) 종교이념적 폭력 등 네 가지로 분류해 고찰하고자 한다.

더불어 이 책의 연구범위와 방법적 측면에 대해 몇 마디 언급해야 할 듯하다. 이 책에서 다루어지는 폭력의 사례들은 대부분 고대부터 현대까지의 서양사에서 도출해냈지만, 경우와 필요에 따라서는 중국과 아랍 지역을 포함한 동양사 또는 한국사에서도 일부 발췌했다. 그렇지만 그 양과 질은, 내 전공 분야가 아닌 만큼 매우 미미하고 낮다. 방법론과 관련해서는, 유형별 폭력 개념을 다룰 경우 철학자들, 사상가들, 역사가들의 텍스트에 대한 정확한 이해, 즉 (1) '해석학적 방법'과 더불어 사상들의 단위요소 분석 및 텍스트와 콘텍스트 사이의 맥락을 고찰하는 (2) '사상사적인 방법' 또는 '지성사적인 방법'이 가장 먼저 고려될 수밖에 없다. 폭력을 유형화시키는 작업에서는 각종 폭력 사례들, 사건들의 비교, 분석, 해석, 통계, 도표화, 범주화, 유형화, 전형화 등 다양한 (3) '사회과학적 방법'이 활용될 것이다. 마지막으로 폭력의 역사이론화 작업에서 활용될 (4) '발견적 방법'을 빼놓을 수 없다. '폭력' 개념을 고찰하고 '역사에서의 폭력' 사례들을 유형화하고 난 다음 결론 부분에서 몇 가지 테제나 이론들이 바로 이 방법에 따라 새롭게 탄생할 것이다.

낯선 미지의 세계인 과거를 현재의 관점에서 밝히고자 하는 시도가 현재의 입장에서는 멋진 모습으로 보일지 몰라도 과거 그 자체에는 엄청난 폐해를 줄 수 있기에 역사연구가 '역사에 폭력 가하기'와 다를 바 없다는 점에서, 폭력을 역사학의 학문적 주제로 다루는 이 작업이 과연 정당한 것인지에 대해 많은 의문이 든다. 하지만 그러한 의문이 든다고 해서 이러한 작업을 방기하면 과거에 이런저런 이유로 또는 심지어 아무런 이유 없이 폭력을 당한 수많은 피해자와 희생자들의 영혼은 누가 위로해줄 것인가? 물론 역사가의 임무가 과거에 억압당해온 사람들의 영혼을 달래주는 것은 아닐지 모르지만, 나는 적어도 역사가에게는 과거에 폭력을 당한 사람들이 왜 그런 폭력을 당했는지 오늘날의 사람들에게 그 이유를 밝혀주고 해명해줄 의무가 있다고 생각한다. 그런 점에서 역사와 폭력의 관계를 밝히고, 역사상 폭력이 어떻게 전개되어왔으며, 그런 폭력들을 어떻게 유형화시킬 수 있는지 고민하고 연구하는 이 작업은 매우 중요하고 불가피한 일이라고 생각한다.

제2장

정치외교적 폭력(1):
국가와 정부

제2장

정치외교적 폭력(1): 국가와 정부

지금까지 펼쳐진 폭력의 개념과 특징, 종류 등의 규명은 지금부터 전개될 인류의, 그것도 주로 서양의 역사에서 펼쳐졌던 폭력들의 유형별 고찰과 그에 따른 범주화 작업의 주춧돌을 세우는 기초공사에 해당한다. 역사상 폭력들이 구체적으로 어떻게 나타났고, 그 의미와 기능은 무엇이며, 그것들은 어떻게 범주화 또는 유형화될 수 있고, 그러한 유형화의 작업시도와 그 결과물이 거꾸로 역사를 관찰하고 연구하거나 서술하는 데 어떤 도움을 줄 수 있는가를 고찰하는 일은 역사학 분야에서 그동안 거의 시도되지 못했다. 역사가 폭력의 장(章)이었고, 폭력이 역사 속에서 무수히 반복되어 나타났음에도 불구하고 역사가들의 직무유기와도 같은 이러한 폭력 문제에 대한 무관심과 몰이해 현상의 배후에는 역사학이 처한 위기 상황이 놓여 있다. 즉 역사를 거시적으로 관찰하는 눈이 없거나 부족하다는 것, 역사학 연구가 개별 사건에 대한 전문적 천착으로 세분화되어 자기 세계 속에 갇혀 있다는 것, 아니면 크게 본다 하더라도 기껏 전체적인 역사의 흐름을 이해하려는 정도에 머문다는 것이다. 역사를 바라보는 데 자신만의 눈, 통찰력이 없다는 것이고, 다른 말로 하면 철학이 없다는 것이다. 이러한 역사철학에 대한 요청은 철학이라는 눈으로 역사를 바라보아야 한다는 당위적 규율의 제시가 아니라 역사 전체를 아울러 종합적으로 관찰할 수 있는 관점, 즉 세계관이나 가치관을 갖는 것이 유용할 수 있다는 권유로 읽혔으면 한다.

가장 먼저 주목되는 범주는 정치와 외교 또는 군사 영역에서 자행된 '정치외교적 폭력'이다. 이와 관련해 가장 먼저 다루어질 주제로 '정치 실현의 장소'로서 '국가'와 '폭력'의 문제를 언급하지 않을 수 없다. 국가폭력의 적법성 여부 논란을 떠나서, 만일 우리가 폭력 개념이 힘, 즉 권력이라는 개념으로부터 유래했고, 권력의 실현이 정치를 통해 이루어지며, 정치의 실현 장소가 국가라는 것을 인정한다면, 국가와 폭력은 동일시된다. 이 명제는 단순히 '국가가 폭력을 행사하는 주체다'라는 주장을 넘어선다. 왜냐하면 국가는 폭력을 기반으로, 달리 말하면 폭력을 전제로 형성된 권력기구이기 때문이다. 그 점에서 국가폭력의 불법성을 폭로하는 행위는 국가를 국가로 인정하지 않겠다는 의지의 표명과 다를 바가 없다. 여기서 '시민 불복종'과 같은 반론 제기는 복잡한 정치적인 논쟁을 야기하기에 논외로 치자. 어쨌든 이 곤란한 문제, 즉 국가 속의 한 개인이 한편으로 평화와 안정을 누리며 살면서도 다른 한편 공권력과 법에 따라 처벌권이 행사되거나 전쟁 시에 동원되어 살인이나 죽음을 강요당하는 폭력성을 겪어야 하는 딜레마를 가령 프랑스 철학자 리쾨르(Paul Ricœur)는 다음과 같이 표현한다. "국가란 살인적 폭력에 의해 유지되고 세워지는 실재이다. 정당화될 수 없는 것과의 이 관계를 통해, 국가는 인간으로 하여금 두 가지 '고뇌의 윤리' 가운데서 감당해야 할 어려운 선택으로 몰아넣는다. 하나는 위정자를 보존하기 위해, 국가의 물리적 생존을 보장하기 위해 살인을 감당하는 것이며, 다른 하나는 증언을 하기 위해 배반을 감당해야 하는 것이다."[11] 개인적 윤리와 국가적 윤리 사이의 갈등과 충돌은 쉽게 해결될 수 있는 문제가 아니다. 그럼에도 불구하고 분명한 사실은 국가가 권력과 폭력을 행사하는 합법적 정치기구라는 통론이 인류 역사상 오늘날까지 쉽게 부정되지 않아 왔다는 점이다.

정치외교적 폭력은 크게 (1) 국내적[시민적] 폭력과 (2) 국외적[국제적] 폭력으로 나뉜다. 국내의 자국민을 향한 폭력 유형으로는 정권을 장악하기 위한 투쟁 과정에서 발생하는 폭력과, 장악된 정권을 유지하거나 확대하는 과정에서 통치자에 의해 피치자를 대상으로 자행되는 억압적 폭력 등 두 유형이 있다. 혁명, 내전 등은 전자에 해당하고, 숙청, 구금, 고문, 살해 등은 후자에 속한다. 국외적 폭력은 다시 (1) 쌍방적 폭력 (2) 침략적 폭력과 (3) 저항적 폭력으로 분류된다. 쌍방적 폭력의 대표적인 예는 대등한 국가끼리의 전쟁이다. 가령 18세기 영국과 프랑스 사이에 벌어졌던 해외 식민지 쟁탈전, 1941년의 독소전쟁, 1970년대의 이란-이라크 전쟁 등이 예시될 수 있다. 침략적 폭력의 예는 역사상 무수히 많다. 페르시아 제국의 다리우스와 크세르크세스, 알

11 Paul Ricœur, *Histoire et vérité* (Paris: Éditions du Seuil, 1955), 박건택 옮김, 『역사와 진리』(서울: 솔로몬, 2006), p. 315.

렉산더 대왕, 샤를마뉴, 나폴레옹, 히틀러 등이 감행한 또는 자행한 폭력들이 그 유형에 속한다. 그밖에 역시 침략적 폭력으로는 제국주의와 식민지화 등을 거론할 수 있는데, 로마제국, 칭기즈칸의 몽골제국, 서구 열강에 의한 세계분할로서의 19세기 제국주의 등이 거기에 포함된다. 유럽인들에 의한 아메리카 원주민 대량 살해와 식민지 경략도 물론 빼놓을 수 없다. 침략적 폭력의 일반 유형에서 벗어난 특수 사례로 학살을 들 수 있는데, 홀로코스트, 제노사이드, 인종청소 등이 거기에 해당한다. 반대로 저항적 폭력의 예로는 반식민주의와 반제국주의 운동, 테러리즘 등이 있는데, 전자의 지도자로는 볼리바르, 게바라, 파농, 마오쩌둥 등을 들 수 있고, 후자의 예로는 알 카에다, 탈레반, 하마스, 보코 하람, 이슬람국가(IS) 등의 이슬람계 테러단체 외에 적군파(RFA), 자유 조국 바스크(ETA), 아일랜드공화군(IRA) 등을 들 수 있다.

* * *

이제 본격적으로 국가와 폭력 문제를 짚어나가 보자. 굳이 아리스토텔레스의 정의를 들먹이지 않더라도 인간이 공동체를 이루며 살아갈 수밖에 없는 존재라는 점은 누구나 안다. 이때 공동체가 단순하고 원초적인 수준의 집단, 즉 가족 단위가 그저 특정 목적 없이 확대된 사회를 뜻한다면 문제될 것이 없어 보이지만, 그것이 한두 단계 더 나아가 권력, 제도, 규율, 법과 같은 특정 목적과 수단이 개입되어 복잡하게 구성된 사회 집단, 즉 국가를 의미한다면 문제는 몇백 년 동안 풀리지 않는 수학의 난제처럼 매우 복잡해진다. 국가는 법과 규율 등을 통해 국민

상호 간의 또는 외부의 적으로부터의 폭력을 억제하고 예방하는 수동적 권력기구이기도 하지만, 다른 한편 독재나 전제 권력을 휘두르는 국가일 경우는 말할 것도 없고 심지어 인권을 중시하는 민주국가라 하더라도 사형이나 징역형 같은 사법적 처벌제도 및 강제 징집이나 징세 등을 통해 폭력을 행사하는 능동적 권력주체이기도 하기 때문이다. 요컨대 국가는 폭력 실행과 관련해서는 수동적이면서 능동적이고 객체이면서 동시에 주체다. 여기서 나는 국가의 이러한 양면적 속성 중 우리 주제에 맞게 능동적인 폭력주체로서의 국가 개념에 초점을 맞추어 논의를 진행하고자 한다.

애초에 국가가 어떻게 탄생했는지에 관한 지루하고 답이 없는 인류학적 고찰은 생략하기로 하자. 차라리 몇몇 정치철학자나 정치사상가들의 논의를 끌어와 역사적 실상을 확인해보는 방법을 취하는 것이 훨씬 더 효과적일지도 모른다. 서양사에서 국가에 대한 최초의 방대한 철학적 성찰은 플라톤(Platon)에서 발견된다. 플라톤은 『국가론(*Politeia*)』에서 사회, 즉 폴리스는 자연적인 제도이자 인간 생활의 필요악이라고 주장하면서 인간의 선한 삶은 오직 폴리스 안에서의 공동생활을 통해서만 가능하다고 역설했다. 그러나 그가 이 저작에서 말하고자 하는 핵심은 잘 알려져 있다시피 정의(正義)와 관련된 국가의 개념과 본질을 밝힌 후 철학자가 통치하는 이상국가를 제시하는 것이었다. "철인(哲人)들이 국왕이 되거나, 아니면 지금 국왕 또는 치자(治者)라 불리는 자들이 진정한 철인이 되기 전에는, 그리하여 정치권력과 철학이 하나로 결합되고 지금은 둘 중 어느 하나만을 따로따로 추구하는 여러 자질들이 그렇게 하지 못하도록 제지당하기 전에는 [...] 국가들의 고통은, 아니, 인류 전체의 고통은 결코 종식되지 않을 것이다."[12] 플라톤은 이러한 생각을 실천에 옮기기 위해 실제로 오랜 기간을 그리스의 식민지였던 이탈리아 남부와 시칠리아(시라쿠사)에서 보내고 특히 시라쿠사의 폭군인 디오니시오스(Dionysios) 조정에 머물며 전 장관 디온(Dion)과 함께 그를 자신의 사상에 동화시켜 철학적 군주로 만들고자 했으나 끝내 실패하고 만다. 철학자가 정치가가 되는 일은 드무니, 정치가를 철학자로 만드는 것이 더 빠르고 효과적일 것이라는 판단에서 실행된 이 프로젝트가 실패로 끝난 것이다. 여기서 주목해야 할 점은, 이 프로젝트의 실패 원인이 디오니시오스가 다른 군주보다 더 폭력적이었기 때문도 아니고, 플라톤의 끈기가 부족해서도 아니라는 사실이다. 국가를 통치하는 정치가의 현실과 속성은 철학자나 사상가들이 생각하는 이상과 거리가 멀 수밖에 없다. 어쩌면 플라톤도 이 점을 일찍이 간파하고 특별히 성공을 기대하고 그런 시도를 했다기보다는 혹시나 하는 마음에서 그랬을 가능성이 크다. 왜냐하면 안 그랬다면 플라톤이 철인정치를 이상국가가 아니라 현실국가로 제시했을 테니까 말이다. 실현 가능성이 큰 일에 자신의 이상을 두는 일은 우매한 짓이다. 그만큼 현실정치에 대한 플라톤의 불신은 매우 컸을 가능성이 크다. 이 점을 현대 독일의 문화철학자 카시러(Ernst Cassirer)는 다음과 같이 지적한다.

> 그러나 나는, 플라톤이 국가를 "철학자의 본향"으로 보았다고 하는 예거(Werner Jaeger)의 테제를 받아들일 수 없다. 이때 국가가

12 Platon, *Platonis Republica*, ed. S. R. Slings, Oxford Classical Texts (Oxford: Oxford University Press, 2003), 천병희 옮김, 『국가』 (파주: 숲, 2017, 제1판 제1쇄 2013), p. 312 (=*Politeia*, 473d).

> "지상의 국가"를 의미한다면, 이것은 플라톤 자신의 판단과 정면으로 배치된다. 성 아우구스티누스와 마찬가지로 플라톤에게 철학자의 본향은 *신의 나라*(*civitas divina*)였지 *지상의 나라*(*civitas terrena*)가 아니었다. 그러나 플라톤은 이 종교적 경향이 그의 정치적 판단에 영향을 주도록 허락하지 않았다. 그가 정치사상가가 되고 정치가가 되었던 것은 그의 성향 때문이 아니라 의무감 때문이었다. 그리고 그는 이 의무감을 자신의 철학자들의 마음속에 심어주었다. 만일 이들이 자신들의 길을 가고자 했다면, 정치적 삶이 아니라 사색적 삶을 훨씬 더 선호했을 것이다. 그러나 이들은 지상으로 소환되어야 하며, 또 필요하다면 국가의 삶에 참여하도록 강요될 수밖에 없다. 철학자, 즉 언제나 신적인 질서를 다루어야 하는 사람은 자신의 수준을 낮추어 쉽사리 정치계로 되돌아가는 일을 하지 않을 것이다.[13]

실제로 플라톤이 현실을 이데아의 불완전한 모사, 즉 헛된 이미지로 보았고, 절대불변의 이데아를 만물의 본질이자 실체로 보았다는 사실에 이르면, 그의 정치 불신과 현실 부정의 태도를 충분히 이해할 수 있다. 플라톤에게 국가는 이처럼 불가피한 현실이지만, 결코 최선의 것, 신적인 것, 이상적인 것과는 거리가 멀었는데, 이러한 생각은 정치가들이 결코 철학자가 될 수 없다는 현실인식에 기초한다. 권력, 다른 말로 폭력을 추구하는 정치가와 사색 또는 평화를 추구하는 철학자 사이의 결코 메워질 수 없는 플라톤적 격차가 우리에게 국가의 태생적 폭력성을 암시해준다고 말한다면, 이는 지나친 주장일까?

중세를 넘어 르네상스 시기의 마키아벨리(Niccolò Machiavelli)에 오

---

13 Ernst Cassirer, *Der Mythus des Staates: Philosophische Grundlagen politischen Verhaltens* (Frankfurt a, M.: Fischer Taschenbuch Verlag, 1988; 1st ed. Zürich & München: Artemis Verlag, 1949), p. 84. 강조는 카시러.

면 국가의 폭력성은 이제 암시가 아니라 구체적으로 명시된다. 마키아벨리에 따르면, 폭력은 국가의 시작과 더불어 전형적으로 나타나는 현상이다. 그가 말하는 새롭게 한다는 의미의 혁신은 원리, 즉 시작(principio)으로 되돌아간다는 뜻이고, 이것은 다시 국가가 처음 탄생할 때처럼 처벌에 대한 공포심을 사람들에게 심어준다는 것을 의미한다. 정치와 도덕을 분리한 행보답게 폭력 문제 또한 그는 윤리적 비난이라는 무기로 그것을 단죄하기보다는 능력, 힘, 효력 등의 뜻을 갖는 '비르투(virtú)'라는 개념을 매개로 객관적으로 직시하면서 정면 돌파해나갔다. 그래서 그는 폭력의 사용과 그것의 효용성에 주목했다. 만일 개인이나 집단이 부패한 상황이 오면 부패상황의 교정은 해당 개인이나 집단의 비르투를 통해서, 즉 폭력의 적용을 통한 처벌의 공포를 통해서 가능하다. 마키아벨리는 시민의 부패로 인해 시민의식이 사라진 곳에서 시민의식을 부활시키기 위해서는 폭력 사용이라는 충격요법 외에 다른 방법이 없다고 생각했다. 이 점을 실증적으로 잘 보여주는 사례가 로마의 교황령 국가(로마냐)를 통일시킨 보르자(Cesare Borgia)에 대한 그의 평가와 인식이다. 그에 따르면, "체자레 보르자는 잔혹하다고 생각되었지만, 그럼에도 불구하고 바로 그 잔혹함이 로마냐를 그의 수중에 안겨주었고, 그곳을 통일했으며, 그곳에 결국 평화와 신뢰를 가져왔다."[14] 보르자의 통치에 따른 폭력이 혼란과 혼돈이라는 더 큰 폭력을 방지했다는 뜻이다. 폭력이 파괴적일 때는 비난받아 마땅하지만, 그

14 Niccolò Machiavelli, *Il Principe*, a cura di M. Martelli (Roma: Salerno, 2006), 곽차섭 옮김·주해, 『군주론: 군주국에 대하여』 (서울: 길, 2015), p. 207 (=*Il Principe*, XVII).

것이 생산적일 때는 칭송받아 마땅하다는 것이 마키아벨리의 생각이었다.

마키아벨리가 그 이전의 모든 선대 사상가들과 차별화된 "혁신적인" 점은 폭력을 이처럼 정치의 중심 문제 중 하나로 끌어들였다는 점만이 아니라 '국가'를 지칭할 때 — 전통적으로 사용하던 'civitas' 또는 'res publica' 대신 — 처음으로 'stato'로 표기했다는 점이다.[15] 1532년에 발표된 『군주론(*Il Principe*)』의 첫 문장은 "인민에 대한 통치권을 가졌거나 가지고 있는 모든 국가(tutti li stati, 단수는 lo stato), 모든 영지(tutti e' domini)는 예나 지금이나 공화국이거나 군주국이다."로 시작된다.[16] 이 책의 국내 역자는, "마키아벨리가 사용하고 있는 스타토(stato)—복수형은 스타티(stati)—란 말은 아직 비인격적인 현대 국가의 함의를 갖지 못하고 대개 누구의 권력이라는 소유적 함의를 담고 있으므로, 이를 '국가'로 옮기는 것에는 약간 시대착오적인 위험이 있다."고 지적한다.[17] 그럼에도 불구하고 원래는 중세 때 사회적 또는 법적 지위, 즉 '신분'이라는 뜻을 갖고 있던 이 술어가 앞의 인용문에서 보듯, '국가'라는 의미로 쓰였다는 점에는 추호의 의심도 없다. 마키아벨리는 이 책 12장에서 "오래된 국가든, 혼합 국가든, 새로운 국가든 모든 국가가 가져야 할 주요 토대는 좋은 법과 좋은 군대이다."라고 적시하는데,[18] 이는 국가가 폭력 수단을 핵심요소로 구성된 정치 공동체임을 천명한 것이다. 법

15 박상섭, 『국가와 폭력: 마키아벨리의 정치사상연구』 (서울: 서울대학교출판부, 2002), 229~256쪽.

16 Machiavelli, *Il Principe*, p. 11 (=*Il Principe*, I).

17 곽차섭, Machiavelli의 *Il Principe*, p. 11, 역주 1번.

18 Machiavelli, *Il Principe*, p. 151 (=*Il Principe*, XII).

은 처벌이라는 공포심을 전제로 한 통치 수단, 즉 간접적 폭력 장치이고, 군대는 외적으로부터의 방어와 외국으로의 침략을 위해, 또는 가끔씩은 시위, 반란, 폭동 등 일련의 국내 소요사태를 진압하기 위해 만든 무력 수단, 즉 직접적 폭력 장치이다. 마키아벨리의 이러한 관찰방식은 폭력을 국가의 키워드로 작용한다고 보았기 때문에 나온 것으로, 국가의 구성요소를 주권, 국민, 영토로 규정하는 오늘날의 개설적인 국가 정의(定義)와는 많이 다르다.

폭력성을 내포한 마키아벨리의, 아직은 전근대적인 '국가'는 홉스(Thomas Hobbes)에 오면 거대한 초인격적 권력기구로 승화된다. 홉스는 '근대국가'를 상징하는 작품 『리바이어던(*Leviathan*)』(1651)에서 국가(Commonwealth)의 탄생 목적이 자유를 사랑하고 타인을 지배하기를 좋아하는 인간의 안전을 보장하는 데 있음을 천명한 후, 이러한 안전보장은 그러나 정의, 공평, 겸손, 자비와 같은 자연법만으로는 지켜질 수 없다며 다음과 같이 일갈한다. "칼 없는 신의(信義)계약은 빈 말에 불과하며, 인간을 보호할 힘이 전혀 없다."[19] 이로부터 홉스는 안전을 지켜줄 힘, 즉 신의계약 이외에 요구되는 힘이자 일종의 폭력의 기반으로서 '공통권력(common power)'이라는 개념을 도출해낸다. 그는 이 권력을 확립하기 위해서는 공동체 구성원 모두의 의지를 하나의 의지로 결집하는 것, 그들이 지닌 모든 권력과 힘, 한마디로 주권을 '한 사람(one Man)'[군주] 또는 '하나의 합의체(one Assembly)'[의회나 정부]에 양

19 Thomas Hobbes, *Leviathan, or The Matter, Form, and Power of a Commonwealth, Ecclesiastical and Civil*, ed. William Molesworth, *The English Works of Thomas Hobbes of Malmesbury* (London: John Bohn, 1839~1845), vol. III, 진석용 옮김, 『리바이어던』 (파주: 나남, 2008), p. 227 (=*Leviathan*, XVII).

도하는 것이 필요하다고 역설한다. 이에 따라 개개인의 의지는 단 하나의 의지로 수렴되거나 통합되고, 만인이 만인과 맺은 신의계약을 통해 군주 또는 의회에 자신들의 권리를 완전히 양도할 것을 승인하며 폭력을 기반으로 해서 탄생한 이 거대한 권력체가 바로 근대국가, 곧 리바이어던이다. 이 영광스럽고 숭고한 순간을 홉스는 "'영원불멸의 하느님(immortal God)'의 가호 아래, 인간에게 평화와 방위를 보장하는 '지상의 신(mortal god)'이 탄생하는 것이다."라며 시적으로 표현한다.[20] 그러면서 약간 동어반복적이긴 하지만, 국가를 다음과 같이 정의한다.

> '다수 사람들이 상호 신의계약을 체결하여 세운 하나의 인격으로서, 그들 각자가 그 인격이 한 행위의 본인이 됨으로써, 그들의 평화와 공동방위를 위해 모든 사람의 힘과 수단을 그가 임의로 사용할 수 있도록 한 것'이다.[21]

여기서 새로운 인격을 지닌 자가 주권자(sovereign)로서 주권적 권력(sovereign power)을 쥐게 되며, 나머지 모든 사람은 백성(subjects)이 된다. 이 정의에 따르면, 이렇게 해서 탄생한 불멸의 신적 주권자로서의 국가에게는 하나로 결집된 모든 사람의 의지, 힘을 바탕으로 타인이나 타 협의체에 결코 양도될 수도 없고 분할될 수도 없는 주권, 즉 무소불위의 권력과 폭력이 행사될 수 있는 모든 정당한 합법적 근거가 마련된다. 달리 표현하면, 국가에게 악법을 포함한 모든 법을 제정할 권력, 비상시에는 그 법조차도 초월해서 초법적 폭력을 행사할 권리가 주어

20 Hobbes, *Leviathan*, p. 232 (=*Leviathan*, XVII).

21 Hobbes, *Leviathan*, p. 233 (=*Leviathan*, XVII).

지게 되는 것이다. 그래서 일부 평자들은 홉스의 국가이론과 사회계약론을, 전체의지 개념을 근거로 전개된 루소의 사회계약론과 더불어 전체주의 이데올로기가 등장하는 데 산파 역할을 했다고 주장하기도 한다.[22]

이렇게 해서 탄생한 근대국가는 실제로 자신의 역량을 십분 이상 발휘하는 모습이 서양 근대의 역사를 통해 실증적으로 확인된다. 폭력적인 근대국가의 탄생 모습은 가령 에스파냐에서 잘 드러나는데, 이 나라는 15세기 이베리아반도에 아라곤과 카스티야라는 두 왕국이 통합됨으로써 근대국가로 거듭나면서 국토회복(Reconquista) 과정에서 무슬림이나 유대교도 등 수많은 이교도를 추방하거나 박해하는 모습, 아메리카 대륙의 발견 이후에는 이 지역들을 무자비하게 식민통치하는 모습 등 폭력적인 장면들을 여과 없이 보여준다. 프랑스도 역시 루이 14세가 절대왕정 체제를 이루면서 국내 귀족들의 반란을 진압하거나, 위그노 교도들에게서 종교적 자유를 박탈하거나, 주변 국가들을 정복하려는 전쟁을 벌이거나, 국민이 기아로 굶주려 죽어갈 때 어마어마한 국고를 탕진하면서 베르사유 궁전을 거의 낭비벽이 심한 귀족 부인처럼 운영한 데서 잘 확인된다. 영국 또한 홉스의 담론 이후 17세기에 청교도혁명과 명예혁명이라는 두 차례의 폭력적 또는 폭력에 가까운 사건을

22 Cf. Hannah Arendt, *The Origins of Totalitarianism*, revised ed. (New York: Houghton Mifflin Harcourt, 1973), pp. 142–147; Edward H. Carr, *The Twenty Years' Crisis, 1919–1939: An Introduction to the Study of International Relations* (London: Macmillan: 1939), p. 144; Hans J. Morgenthau, *Politics among Nations: The Struggle for Power and Peace*, 2nd ed. (New York: Knopf, 1955), p. 52; Noel Malcolm, "Thomas Hobbes: Liberal illiberal", *Journal of the Eritish Academy* 4 (2016), pp. 113 – 136, etc.

겪었고, 여타 국가들도 비슷한 시기에 국가의 권력을 강화해나가는 과정에서 많은 폭력적 현상을 겪게 된다. 오죽하면 리슐리외(Richelieu)나 마자랭(Mazarin) 같은 당시 프랑스의 재상들이 국가의 존립과 팽창에의 욕구를 '국가이성(raison d'état)'이라는 말로 미화했겠는가.

근대국가의 폭력성은 프랑스혁명을 겪고 난 19세기에 들어와 민족국가로 거듭나면서 한 차원 높은 양상으로 마음껏 발휘된다. 이후 19세기 말의 제국주의 국가나 20세기 전반기의 전체주의 국가들은 민족국가가 각각 팽창적으로 또는 변태적으로 뒤틀린 괴물의 형상으로 탈바꿈해나간다. 그 모든 출발점이 민족국가였음은 두말할 필요도 없다. 이들에 대해서는 뒤에 가서 종교와 이념에서의 폭력 현상을 다룰 때 자세히 언급할 예정이기에 여기서는 민족국가의 폭력성에만 초점을 맞추어 논의를 진행해보자.

영국의 사회학자 기든스(Anthony Giddens)는 민족국가가 어떻게 폭력과 밀접한 연관을 맺고 등장하고 발전해서 현대에 이르렀는가를 비판적으로 고찰한 책 『민족국가와 폭력(*The Nation-State and Violence*)』을 1985년에 발표했다. 여기서 그는 폭력에 관한 규범적인 정치이론의 필요성을 역설하기 위해 역사적 접근방식으로 근대 민족국가의 폭력성을 짚어나간다. 그의 핵심 테제는, 전근대 시대의 "모든 전통국가"에서도 "그들 영토 내에서 폭력수단의 독점권을 주장"했지만, "이러한 주장"이 오직 "민족국가에서만" "성공적으로 실현"되었다는 것이다.[23] 이것이

---

23 Anthony Giddens, *The Nation-State and Violence: Volume Two of a Contemporary Critique of Historical Materialism* (Berkeley, CA: University of California Press, 1985), 진덕규 옮김, 『민족국가와 폭력』(서울: 삼지원, 1991), p. 148.

가능했던 이유는 시민혁명 이후 거의 국가종교라는 명칭까지 붙을 정도로 이전의 기독교적 신을 대체한 강력한 세속국가의 출현과 정착, 이미 절대왕정 체제에서 광범위하게 보급된 근대 관료체제와 행정체계, 국민 총동원령이나 징병제가 활용되면서 전통시대와는 비교도 할 수 없이 강력해진 군사력이 뒷받침되었기 때문이다. 이러한 흐름은 제국주의와 전체주의를 거치면서 절정에 달하고, 실제로 그 점은 20세기의 양차 대전을 통해 잘 드러난다. 기든스는 "민족국가는 다른 민족국가와의 관계에 의해서 존재하게 되며 확정된 경계(국경)의 영토에 대해 행정의 독점권을 유지하는 제도적 통치형태를 가리키게 된다. 또 그 지배는 국내외의 폭력수단에 대한 직접적인 통제권과 그것은 법에 의해 보장받게 된다."고 결론짓는다.[24]

여기서 근대뿐 아니라 전통시대까지도 포함해, 즉 동서고금을 통틀어 태생적으로 밀착된 '국가와 폭력'의 연관성에 관한 중요한 관점이 등장한다. 바로 국가가 폭력을 배타적으로 독점한다는 점이다. 기든스 이전에 이미 20세기 초반에 사회학을 근대과학으로 확립한 독일의 사회학자 베버(Max Weber)는 1919년에 행한 강연「직업으로서의 정치」에서 국가와 폭력 문제를 심도 있게 펼쳐나간다. 그는 만일 "정치"를 "정치적 조직체", 즉 "국가를 운영하는 일"이라고 한다면, 여기서 "국가란 무엇인가?"라고 묻는다. 베버는 국가를 정의하기 위해서는 적어도 모든 국가에 적용할 수 있는 보편적 목적이 존재해야 하지만 그와 같은 목적은 존재하지 않기 때문에 결국 목적이 아니라 수단, 즉 모든 국가

24 Giddens, *The Nation-State and Violence [...]*, p. 149.

에서 공통적으로 발견되는 '폭력행위'라는 수단을 통해 정의해야 한다고 설명한다. "모든 국가는 폭력에 그 기초를 두고 있다"는 트로츠키의 말을 인용하면서, 베버는 국가란 "어느 일정한 영토 — 이때 이 '영토'는 특징에 속한다 — 안에서 *정당한 물리적 폭력의 독점*을 (성공적으로) 관철시킨 인간 공동체"라고 정의한다.[25] 여기서 국가가 "정당한 물리적 폭력"을 독점한다는 것은 국가 내의 개인이나 집단 및 단체가 행사하는 모든 여타의 폭력은 정당하지 않음을 의미한다. 가령 국가가 행하는 살인 행위로서 사형 집행은 합법적이고 정당하지만, 린치를 비롯한 그 외의 모든 개인이나 집단에 의한 살해 행위는 불법이고 법에 의해 처벌받는다. 법 제정의 주체도 국가지만, 처벌 주체 또한 국가다. 국가는 이처럼 개인이든 집단이든 국가 이외의 주체가 행사하는 폭력을 불법적이라고 선언함으로써 모든 물리적 폭력수단과 폭력행사 자체를 온전히 배타적으로 독점한다. 독점하면서 국가가 행사하는 폭력만을 합법적인 폭력으로 선포한다. 베버는 이러한 국가 개념이 근대 이전이 아니라 근대 이후에 들어와서야 확립된다고 보았다. 마지막에 가서 그는 다시 원래 출발점으로 되돌아와서 "폭력"을 "정치적 수단"으로 인정했을 때, "*정치적* 행위"란 "폭력적 수단을 가지고 책임윤리를 따라서 수행하는 것"이기에 정치란 "불가능한 것"에 도전할 "열정"과 "균형 감각"을 갖고 무언가를 돌파해내는 일이라고 결론 내린다.[26]

이러한 베버의 통찰에 따르면, 국가란 결국 폭력을 둘러싼 주도권

25 Max Weber, "Politik als Beruf", *Max Weber Gesamtausgabe*, eds. Wolfgang J. Mommsen & Wolfgang Schluchter (Tübingen: J. C. B. Mohr, 1992), vol. 1-17, pp. 158~159. 강조와 괄호 모두 베버.

26 Weber, "Politik als Beruf", pp. 247, 248, 251~252.

싸움에서 최종 승리자로 자리 잡는다. 이 관점은 특히 일본의 철학자 도시히토(萱野稔人)에 의해 2005년에 발표된 『국가란 무엇인가』에서도 공유되는데, 그는 특이하게도 국가를 실체도 아니고, 사람들 사이의 관계도 아니며, 오히려 "하나의 운동, 즉 '폭력과 관련된 운동'"이라고 정의한다.[27] 그는 폭력의 배타적 독점 외에 국가가 부가적으로 가져야 할 요소로, "단체에 의한 조직적인 폭력 행사일 것", "사회의 다른 주체에 의한 폭력 행사를 억제할 수 있을 만큼 강대함을 보유할 것", "그 폭력 행사가 단순한 파괴가 아니라 일정한 지역에 대한 '지배'를 목표로 할 것", "자신만이 폭력에 대한 권리를 가질 것을 실효적으로 요구할 수 있을 것" 등을 든다. 대체로 동어반복적인 느낌이 들지만, 이러한 요소들의 첨가를 통해서 국가란 결국 "폭력이 조직화되고 집단적으로 행사되는 구조"이자 "폭력이 집단적으로 사용되는 하나의 역사적인 형태"로 규정된다.[28] 이 정의를 도시히토 자신의 용어로 변환해서 표현하면 국가란 '독점적으로 조직된 폭력의 역사적 구조화 운동'이라고 재정의할 수 있을 것이다.

국가를 '폭력수단의 배타적 독점기구', '조직화된 폭력기구' 또는 '폭력운동'의 차원을 넘어 '폭력 덩어리 그 자체'로 인식한 대표적 사상가는 러시아의 문호 톨스토이(Leo Tolstoy)다. 그는 "국가는 집중되고 조직된 형태의 폭력을 대변한다."는 간디(Mahatma Gandhi)의 구호에 힘입어 이 세상에 존재하는 모든 정부는 폭력적이라고 포효한다. "모든 정

27 萱野稔人(카야노 도시히토), 『国家とはなにか』(東京: 以文社, 2005), 김은주 옮김, 『국가란 무엇인가: 국가의 본질에 대한 역사적 고찰』(고양: 산눈, 2010), 8쪽.

28 萱野稔人(카야노 도시히토), 『国家とはなにか』, 36쪽.

부는 대개 국민에게 복종을 강요하기 위해 또 그들의 노동 생산물을 강탈하기 위해 군대를 필요로 한다. 하지만 어떤 국가도 홀로 존재할 수 없다. 한 국가의 국경선 너머에는, 똑같이 폭력을 사용하여 국민을 착취하고 언제든 이웃 국가의 노예화된 국민들을 약탈하려는 다른 국가가 존재한다. 따라서 모든 정부는 내부 문제를 해결하기 위해서뿐만 아니라 외국의 약탈을 막기 위해 군대가 필요하다. 결과적으로 모든 국가는 다투어 군사력 증강에 나설 수밖에 없다."[29] 이처럼 모든 정부는 국가라는 이름으로 우리에게 소중한 모든 것을 포기하도록 강요하기에 결국 모든 국가는 폭력적일 수밖에 없다. "감옥, 죄수선, 단두대, 교수대" 등이 바로 국가의 야만성을 대변한다.[30]

이로 인해 정부와 국가는 국민의 삶을 타락시키고 황폐화한다. 그렇기에 톨스토이는 국가와 정부를 없애야 한다고 주장한다. 이에 대한 톨스토이의 논리는 단순명쾌하다. 가령 이런 식이다.

> 노예제는 법에서 비롯된다. 법은 정부가 만든다. 따라서 우리들은 정부를 폐지해야만 노예제에서 해방될 수 있다. 하지만 어떻게 정부를 없앤단 말인가? 폭력으로 정부를 없애려는 모든 시도는 지금까지 언제 어디서나 똑같은 결과를 낳았다. 쫓겨난 정부의 자리에 새로운 정부가 들어섰던 것이다. 게다가 새로운 정부는 이전의 정부보다 종종 더 가혹했다. [...] 따라서 노예제로부터 벗어나는 방법은, 그런 방법이 존재한다면, 새로운 폭력을 모색하는 데서 찾을

29 Leo Tolstoy (Lev Nikolayevich Tolstoy), *Government is Violence: Essays on Anarchism and Pacifism*, ed. David Stephens (London: Phoenix Press, 1990), 조윤정 옮김, 『국가는 폭력이다: 평화와 비폭력에 관한 성찰』(서울: 달팽이, 2008), p. 36.

30 Tolstoy, *Government is Violence [...]*, pp. 41~42.

것이 아니라 정부의 폭력을 없애는 노력에서 찾아야 할 것이다.[31]

그렇다면 어떻게 하면 정부의 폭력을 없앨 수 있을까? 톨스토이가 제시한 방법은 훗날 간디를 비롯한 비폭력 무저항주의자들이나 평화연구자들에게까지 영향을 준 방법이다. 이에 대한 자세한 논의는 나중에 비폭력에 대한 담론 부분에서 다시 언급될 터이니, 여기서는 생략하기로 한다. 앞의 인용문만 보자면, 국가와 정부가 폭력적이니, 이들을 폐지하고 없애야 한다고 주장하는 톨스토이는 분명 무정부주의자에 가깝다. 실제로 톨스토이 자신도 그 점을 굳이 부인하지 않는다. 그는 자신을 아나키스트라 칭하지 않았지만 아나키즘이 모든 점에서 옳고 그 사상에 동의한다는 점을 분명하게 밝혔기 때문이다. 다만 톨스토이는 그 이전 또는 동시대의 아나키스트들이 폭력을 즐겨 사용했던 점에서 그들과 거리를 두었다.

그렇다면 톨스토이는 왜 국가에 반대했을까? 톨스토이는 '국가'를, 사람들의 일그러진 욕망을 부추기고 세계를 파멸로 밀어 넣는 악마로 간주했다. 귀족으로 태어나 국가의 혜택을 받으며 자랐고 장교로 전쟁에 참전하기도 했던 톨스토이가 국가를 '악의 축'으로 지목했던 이유는 그의 생활조건이 국가권력과 멀지 않아 국가의 사악한 면을 분명하게 볼 수 있었기 때문일 것이다. 그는 풀뿌리 민중을 착취하고 억압하는 존재가 바로 국가라고 주장했다. 가령 하루 1루블 정도의 돈을 받고 이틀 동안 잠도 자지 않고 꼬박 36시간 동안 영하 25도의 추운 날씨에 찢어진 옷을 입고 무거운 짐을 옮기는 철도역 노동자, 열악한 환경에

31 Tolstoy, *Government is Violence [...]*, pp. 162~163.

서 쥐꼬리만 한 월급을 받고 하루 12시간 고막을 뚫을 듯한 굉음 속에서 직기 앞에 서서 일하며 죽어가는 3,000명의 여성 견직물 공장 노동자, 2주마다 일요일 하루를 쉬려면 24시간 일해야 하는 툴라의 주물 공장 노동자 등 "우리 주위에서 천천히 그리고 대개 고통스럽게 죽어가고 있는 수백만 명의 노동자들에 관한 한, 그들의 노동 생산물로 우리가 편의와 쾌락을 얻는 것임에도 불구하고 우리는 두 눈을 굳게 감고 있다."[32] 이러한 비인간적인 노동착취라는 폭력은 사람들이 필요한 만큼만 누리고 산다면 행사될 필요도 없지만, 한 사람이 너무 많은 욕심을 부리면서 폭력이 발생한다. 이때 국가는 약자의 편이 아니라 강자의 편에 선다. 부조리한 착취를 정당화하고 다수를 억압하기 위해 또는 부조리함에 저항하는 민중들에게 경찰과 군대를 동원해 공권력을 행사하고 심지어 목숨을 빼앗기도 한다. 이때 국가는 자신의 잘못을 은폐하거나 미화하려 든다. 또 국가가 폭력성을 공격받을 때면 언제나 외부의 적을 핑계로 애국심을 자극한다. 이처럼 국가는 자기 나라의 국민을 착취하기 위해 경찰과 군대 같은 공권력을 유지하면서 존재하는 권력주체로서 존재 그 자체만으로 폭력을 행사하는 정치기구라는 것이 톨스토이 주장의 핵심 요지다.

정도의 차이는 있지만 실제로 톨스토이의 주장은 현대의 많은 국가와 정부에서 저지른 국내외적인 폭력 사건을 통해 입증된다. 20세기에 중국, 아프가니스탄, 쿠바, 북한, 캄보디아, 세르비아, 체첸 등에서 인권 탄압과 박해가 자행되었고, 히틀러, 스탈린, 프랑코, 폴 포트, 페

32 Tolstoy, *Government is Violence [...]*, pp. 103~112.

론, 이디 아민, 호메이니, 피노체트, 밀로셰비치 등 이른바 광기의 '반(反)인간'들이 등장했다. 물론 20세기가, 인간의 자유와 기본원리가 가장 크게 신장된 시기인 것은 맞지만, 동시에 정치적 탄압, 대량학살, 인종청소가 자행된 시기이기도 했다. 20세기에 정치적 등기로 학살된 사람들의 숫자는 대략 1억6천7백만에서 1억7천5백만 명에 이르는 것으로 추산된다. 대량파괴와 살상의 메커니즘과 기술이 그 효율성에서 급속히 발전하면서 벌어진 일로 모두 국가 범죄에 해당한다.

어차피 시야를 넓힌 김에 동양, 특히 중국의 과거로 눈을 돌려보자. 인류의 잔혹한 죽음의 역사를 고찰한 중국의 작가 리수충(李書崇)은 전근대 시대 중국에서 국가가 얼마나 사람들을 잔혹하고 고통스럽게 죽였는지 다음과 같이 설파해 나간다.

> 인간의 무서운 면은 그 잔혹한 행위를 통해 나타난다. 인류 역사가 문자로 기록되기 시작한 그때부터 인간은 자신의 잔혹함을 당당하게 기록해왔다. 중국 역사를 예로 들면, 삼묘(三苗)시대에 이미 '오학(五虐)'과 관련된 기록이 있다. "절인이비(截人耳鼻), 탁음경면(椓陰黥面)"(귀와 코를 자르고, 궁형(宮刑, 생식기를 불구로 만드는 형벌)과 묵형(墨刑, 몸에 낙인을 찍어 글자를 새기는 형벌)을 시행했다—옮긴이) 오학은 하나라에 이르러 대벽(大辟, 목을 베는 형벌—옮긴이), 빈벽(臏辟, 정강이를 도려내는 형벌—옮긴이), 궁벽(宮辟, 생식기에 가하는 형벌—옮긴이), 의(劓, 코를 베는 형벌—옮긴이), 묵(墨)이라는 오형(五刑)으로 바뀌었다. 오형의 다섯 가지 형벌은 다시 주나라에 이르러 묵(墨), 의(劓), 궁(宮), 월(刖, 발꿈치를 자르는 형벌—옮긴이), 살(殺)로 바뀌었다. 오학이나 오형은 중국의 고전적인 형벌로

어느 것 하나 고통스럽지 않은 것이 없다.[33]

리수충은 여기에 나열된 혹형(酷刑)이 극히 고전적인 일부에 지나지 않음을 강조하며 국가가 자행하던 수도 없이 다양한 잔혹 형벌을 열거한다. 가령 죄인을 발가벗겨 끓는 물에 담갔다가 다시 꺼내 쇠갈퀴로 살가죽을 긁어 벗겨내는 '쇄세(刷洗)', 최대 수천 조각으로 살점을 아주 조금씩 도려내고 사지를 절단하면서 사람을 산 채로 토막 내는 '능지처참(凌遲處斬)' 또는 '책형(磔刑)', 막대추의 쇠갈고리를 죄인의 항문에 연결해 창자를 끄집어내어 죽이는 '추장(抽腸)형', 죄인의 목덜미에서부터 항문까지 칼질하고 살가죽을 벌려 마치 박쥐처럼 만들어 찢어 죽이는 '박피(剝皮)형', 정수리에 못을 박아 넣는 '정로(釘顱)형', 다리가 없는 커다란 가마솥에 마치 고기 삶듯 사람을 산 채로 삶아 죽이는 '확팽(鑊烹)형' 등이 그것이다.[34] 전근대 중국의 이러한 잔혹한 형벌의 역사에서 보이는 세 가지 특이한 점은, (1) 첫째 이 모든 잔혹한 형벌이 정권을 부여잡은 통치자가 국가라는 이름으로 집행되었다는 점이고, (2) 둘째는 문명의 발달과 함께 이러한 혹형이 더욱 정교하고 완벽한 형태로 발전했다는 점이며, (2) 셋째는 이것의 발전 정도나 방향이 대부분 죄인에게 최대한 그리고 장시간 고통을 주는 쪽으로 나아갔다는 것이다. 이러한 점은 비단 중국에서만 보이는 현상은 아니었을 것이다. 동서고금을 막론하고 잔혹성과 폭력성만 놓고 따졌을 때 지구상에 인간을 따라올 생물 종은 없어 보인다.

---

33 리수충(李書崇), 『死亡簡史』(四川文藝出版社, 2008), 양성희 옮김, 『인류 역사 속에 살아 숨 쉬는 죽음 이야기』, (서울: 시그마북스, 2011), 263~264쪽.

34 리수충(李書崇), 『死亡簡史』, 265~283쪽.

한국의 국가폭력 사례도 만만치 않다. 특히 현대 한국에서는 국가폭력의 시험 장소이자 실행 장소로 불러도 좋을 만큼 다양한 형태와 다양한 방식으로 폭력이 전개되어왔다. 한국의 정치학자 조현연은, "한국의 국가폭력은 조선총독부로 상징되는 파시즘적 식민지 지배체제에 그 기원을 두고 있다"고 주장한다.[35] 해방 이후 곧바로 발발한 한국전쟁으로 냉전의 최전선에 위치하게 된 한국에서는 이승만이나 박정희 같은 통치자들이 반공과 근대화와 산업화를 내세우며 공공연하게 국가폭력을 자행해왔다. "폭력 그 자체로서의 국가폭력은 무엇보다 '내부의 적은 죽여도 좋다'는 인식하에서 비인간적이며 반사회적인 인권 유린과 불법적인 체포, 구금, 고문, 투옥 등을 통해 사회 정의를 마비시켰다." 이에 따라 "국가폭력의 네트워크"가 형성되었는데, "국가폭력의 네트워크는 폭력행위를 정당화하는 지배 이데올로기로서 반공 이데올로기와 레드 콤플렉스의 동원, 무소불위의 힘인 국가보안법 체계와 그 구체적인 실행체로서 '남산', 억압된 사회화 과정을 통해 국민으로부터 무의식적 동의를 이끌어내는 제도 교육, 지배 이데올로기를 선전하고 확산하는 반동적 보수언론, 권력에 영합하는 해바라기성 지식인들의 '먹이사슬 카르텔'로 구성되어 있다." 이런 모든 제도와 법, 체계가 결국 국가폭력과 살의(殺意) 정치에 기여하는 장치들, 네트워크라는 것이다.[36]

국가와 폭력을 일대일 대응관계로 보는 일 또는 완전한 일치로 간주하는 것은 분명 과장된 시각이거나 편향된 관점일 수 있다. 하지만 그 둘 사이의 관계에서 그렇게 보아도 무방한 부분이 분명 존재한다는

35 조현연, 『한국 현대정치의 악몽-국가폭력』 (서울: 책세상, 2000), 19쪽.

36 조현연, 『한국 현대정치의 악몽-국가폭력』, 21~38쪽.

사실, 그렇게 이해해도 그리 크게 어긋난 생각은 아니라고 주장할 여지가 많다는 점만으로도 국가의 폭력성에 주의를 환기하고 관심을 촉구하며 연구를 진작시킬 필요가 있다는 사실에 이의를 제기할 사람은 그리 많지 않을 것이다. 국가를 지나치게 사악한 존재로만 보는 데 거부감이 이는 사람이 있다면, 그는 언젠가 무서운 국가주의자로 전락하거나 타락할 가능성이 농후한 사람임이 분명하다는 점에 누구나 수긍하길 간절히 빌어본다.

제3장
정치외교적 폭력(2): 전쟁과 분쟁

제3장

정치외교적 폭력(2): 전쟁과 분쟁

폭력적인 정치체로서 국가가 자행하는 가장 큰 규모의 폭력은 당연히 전쟁이다. '전쟁'은 정치 영역에서 출발하지만, 나중에는 그 영역을 벗어나 그 자체로 고유의 작동 원리와 메커니즘을 갖는 매우 폭력적인 현상이다. 근대적 전쟁 담론은 기본적으로 19세기 전쟁학의 아버지로 불리는 클라우제비츠(Carl von Clausewitz)로부터 시작한다. 그에 따르면, 전쟁이란 "다른 수단으로 정치를 계속하는 것"이다.[37] 이 정의에서 주목할 점은 전쟁이 '정치의 다른 수단'이 아니라, '다른 수단을 통한 정치의 연속'이라는 것이다. 뒤집어 말하면, 정치는 전쟁의 다른 이름이다. 인간을 정치적 공동체에서 살아갈 수밖에 없는 "정치적 동물

---

37 Carl von Clausewitz, *Vom Kriege* (1832), ed. Werner Hahlweg (Bonn: Dümmler, 1991, 19th ed.), 김만수 옮김, 『전쟁론』(서울: 갈무리, 2016), p. 79.

(zoon politikon)"로 규정한 아리스토텔레스의 독법[38]을 따르자면, 전쟁은 공동체를 이루며 살아가는 인간 본성의 일부를 구성한다. 왜냐하면 공동체를 이루며 살아가는 인간의 사회적 존재성은 그로부터 수많은 관계 양상, 특히 그 중에서도 갈등과 분규 등을 필연적으로 불러일으킬 수밖에 없는데, 그 갈등과 분규가 개인이 아니라 집단적 차원에서 표출된 것이 바로 전쟁이기 때문이다. 그 점에서 전쟁은 공동체와 문명을 이루는 하나의 핵심적 구성요소로서 인간 역사와 더불어 시작해 오늘날에 이른다고 할 수 있다. 즉 아리스토텔레스식으로 정의하면 인간은 '투쟁적 동물(zoon agonizomenon)'인 셈이다.

역사와 전쟁은 마치 시작과 끝을 함께하는 샴쌍둥이 또는 자웅동체와 같다는 인상을 주는데, 이러한 인상은 단순한 착각이 아님을 역사가 실증한다. 더구나 전쟁이 가령 또 다른 정치외교적 폭력 현상으로서 혁명에 역사 시기적으로 선행한다는 사실은 그 인상에 진실성의 옷을 입혀준다. 인류 역사와 더불어 시작된 전쟁의 이러한 역사적 시원성은 특히 원시사회와 전쟁 사이의 관계를 규명하고자 했던 20세기 프랑스의 인류학자 또는 종교이론가들의 연구를 통해서도 확인된다. 그중 한 사람인 클라스트르(Pierre Clastres)는 「폭력의 고고학: 원시사회들에서의 전쟁」에서 전쟁이 원시사회의 토대였고 그 존재의 삶 자체이며 목적이었다고 주장한다. 그에 따르면, "전쟁은 원시사회의 구조이지, 결여된 교환이라는 우발적 실패가 아니다. 이러한 폭력의 구조적 지위에 상응

---

38 Aristoteles, *Politics*, trans. H. Rackham (London: William Heinemann Ltd.; Cambridge: Harvard University Press, 1959, 1st ed. 1932), p. 9 (*Politica*, 1253a 3).

하는 것이 '야만인들'의 세계에서 폭력의 보편성이다."[39] 쉽게 말해 원시 사회는 전쟁으로 구성되어 있고, 야만인들의 세계에서 폭력은 보편적이었다는 것이다. 좀 더 단순화시켜 표현하면, 전쟁은 원시사회 깊숙이 박혀 있는 뿌리이자 견고한 구조물이었고, 야만인들의 삶에서 폭력은 일상이었다는 것이다. 원시인들의 삶과 역사가 전쟁과 그 밖의 폭력으로 구조화되어 있었다는 이러한 주장은 그로부터 수 만 년 또는 수십만 년이 지난 오늘날까지도 폭력이 우리 삶의 일부를 구성할 만큼 보편적이라는 사실에 비추어보면 결코 과장된 것이 아님을 쉽게 알 수 있다. 실제로 클라스트르는 원시사회에서의 전쟁의 기원을 (1) 식량 획득을 위한 사냥에 있다고 보는 '자연주의적 관점', (2) 생산력의 저발전과 물질적 재화들의 희소성 때문에 그 재화들을 서로 획득하려는 집단들 사이의 경쟁에 있다고 보는 '경제주의적 관점' (3) 상업적 교환과 상호 교류가 실패했을 때 나타난다고 보는 '교환주의적 관점' 등 세 가지 입장에서 고찰할 수 있음을 여러 학자의 담론에 기대 정리하면서, 원시사회는 궁극적으로 교환의 장소이기도 하지만, 동시에 폭력의 장소이기도 했다고 결론 내린다.[40] 원시사회의 이러한 특성으로부터 클라스트르는 폭력을 인간 종의 특성으로 간주한다. "행동으로서의 공격, 즉 폭력의 사용은 종으로서의 인류의 속성으로 간주되기에 이른다. 결국 인간 종의 동물학적 속성으로서의 폭력은 환원 불가능한 종의 현실로, 인간의

39 Pierre Clastres, "Archeologie de la violence: La guerre dans les sociétés primitives", *Libre* 1 (1977), pp. 137~173, P. Clastres, *Recherches d'anthropologie politique* (Paris: Éditions du Seuil, 1980), 변지현, 이종경 옮김, 『폭력의 고고학』(서울: 울력, 2009, 초판 2002), pp. 245~297, here pp. 279~280.

40 Clastres, "Archeologie de la violence [...]" pp. 253~270.

생물학적 존재에 뿌리를 내리고 있는 자연적 소여로 파악된다."[41] 요컨대 교환보다 폭력에, 상호 교류보다 호전성에 더 방점을 둘 때 원시사회에서의 인간들은 "전쟁을-위한-존재(être-pour-la-guerre)"로 정의된다.[42]

원시종교에서 자주 거행되는 '축제'와 '전쟁'의 유사성에 대한 통찰을 통해서도 전쟁이 역사만큼이나 오래되었다는 역사적 시원성은 어렵지 않게 유추된다. 일상용어로 '노는 것'과 '싸우는 것'이 유사한 본질을 갖는다는 발상 자체가 매우 생소하고 특이하지만 바로 그 생소함 덕분에 이 관점은 더욱 기발하고 신선하며 발견적인(heuristic) 것처럼 보인다. 앞서 언급했던 프랑스 종교철학자 카유아는 나름의 깊이 있는 사유를 통해 서로 이질적으로 보이는 이 두 현상이 얼마나 많은 부분에서 속성들을 공유하는지 그 공통요소들을 끝없이 열거한다. 가령 "강력한 사회화", "모든 설비와 자원, 세력에 대한 전적인 공유화", 활동 시간의 "중지", "집단적 흥분", "동요와 과도함", 나름의 "규율"과 "규범", "끔찍하고 법규에 어긋난 폭발", "무질서와 혼란", "격렬한 본능의 무절제한 폭발", "축제에서의 근친상간"이나 "전쟁 속에서의 살인"과 같은 금지됐던 행위와 태도의 허용과 권장 및 강요, "교묘한 것들"에 대한 훌륭한 평가, "발산형 폭력", "파묻혀 있던 일차적 본능"의 회복, "억압되었던 본능들"의 본질화와 신성화, "종교적 반향", 신성모독, 사회적 자원과 자산의 낭비와 소비, "위대한 시대"나 "새로운 시대"에 대한 기대 또는 약속의 징표, "우주의 본질적인 주요부분"으로서 갖는 "종교적 가치", "문명" 또는 "창조"의 원천, "삶에 대한 가장 기본적인 사랑의 형

41 Clastres, "Archeologie de la violence [...]" pp. 253~254.

42 Clastres, "Archeologie de la violence [...]" p. 248.

태", 국가와 미래의 건설 또는 구원의 힘, 파괴와 재생의 힘, "성(聖)의 시간", "신이 그 모습을 드러내는 시간", 인간을 열광하게 하고 전율하게 하는 사건, 혼돈과 광신 및 공포의 조장, 개인이 아닌 집단(국가)의 운명, "열을 내어 도달하고자 하는 종말", "모든 사회를 끔찍하게 뒤죽박죽 만드는 혼합", "희생의 시간이며 모든 규칙이 파기되는 시간이요, 치명적이긴 하지만 신성화시키기도 하는 위험의 시간이며 헌신과 방종의 시간", "황홀과 젊음" 및 "불멸성", 비인간성 및 신성성 등이 그것이다.[43]

이 모든 요소가 역사상의 수많은 전쟁, 특히 20세기의 전쟁들에 적용되거나 일치한다고 주장하는 것은 분명 과장일 것이다. 그렇지만 많은 부분에서 그 둘 사이의 유사성 또는 교차점이 발견된다는 사실, 실제로 우리로 하여금 수긍하지 않을 수 없도록 만드는 묘한 매력과 흡입력을 갖고 있다는 점 역시 부인할 수 없다. 중요한 점은 전쟁이라는 현상이 원시종교에서의 희생제의(犧牲祭儀) 또는 축제만큼이나 인류 역사에서 목격되는 폭력의 최초의 형식이자 양상이라는 것이다. 역사를 관찰하다 보면 전쟁이 역사적 시원성만 갖는 것이 아니라 역사적 연속성도 갖는다는 사실을 쉽게 알 수 있다. 전쟁이 인간 사회에서 발견되는 폭력 현상 중 가장 오래된 형식이라는 것은 그만큼 그것이 반복성, 순환성을 갖는다는 사실을 대변한다. 원시시대에서 현대에 이르기까지 인류 역사상 전쟁이 단 한 차례도 발생하지 않은 세기가 없다는 사실을 통해 우리는 전쟁이 역사적 보편성과 일반성, 어쩌면 역사에서의 절대

43 Caillois, *L'Homme et le sacré*, pp. 249~277.

성을 갖는다는 불편한 진실과 마주하게 된다. 그동안 수많은 사상가와 학자들은 그래서 '평화'를 안정적이고 영속적인 일반현상이 아닌 '전쟁의 부재(不在)' 상태 또는 그 기간으로 이해해왔다. 평화 기간에 간헐적으로 전쟁이 있어 온 것이 아니라, 전쟁의 와중에 사이사이에 평화 기간이 이어졌다는 것이다. 실제로 '로마의 평화(Pax Romana)'로 불리는 초대 황제 아우구스투스 사후 200년이라는 기간은 로마의 역사에서 – 물론 그 이전이나 이후와 비교했을 때 눈에 띄게 적긴 했지만 – 제위권을 둘러싼 또는 쿠데타를 통해 황제 자리에 오르고자 했던 여러 후계자와 군벌들 사이에 치러진 크고 작은 내전, 변경지대에서의 게르만족과의 지속적인 전투, 심지어 기독교도들에 대한 끔찍한 박해 등 한마디로 수많은 전쟁과 폭력으로 얼룩진 시대였다. 마찬가지로 '영국의 평화(Pax Britannica)'로 알려진 19세기(1815~1914) 역시 – 물론 그 이전 세기들이나 이후 세기와 비교해서 두드러지게 적긴 했지만 – 유럽 대륙 내에서뿐만 아니라 바깥에서도 식민지를 쟁취하기 위한 꽤 많은 전쟁과 전투들이 펼쳐졌던 시대였다. 따라서 이때의 '평화'란 전쟁 발발 횟수가 비교적 또는 상대적으로 적었음을 나타내는 수사학적 표어이거나, 아니면 전쟁이 적거나 없어서 평화로웠다기보다는 해당 국가가 해당 시기에 상대적인 정치적 안정과 더불어 사회경제적 번영을 이루던 시대였음을 강조하기 위한 학술적 용어로 이해된다.

'전쟁의 역사적 보편성' 테제는 결국 역사를 전쟁의 연속으로 이해하고 해석하는 태도로부터 생성된다. 그러나 전쟁의 이러한 일반성 관찰은 그 대상에 대한 현상적 이해에는 도움이 될지 모르나 결코 본질적 이해에 도달하도록 해주지는 못한다. 전쟁에 대한 세부적이고 면밀한 접근은 우선 전쟁의 종류와 속성에 대한 관찰을 통해 이루어낼 수 있다.

전쟁의 종류에 대해 학자들 사이에 합의에 이른 분류법은 따로 없는 듯하다. 시대의 흐름에 따라, 특히 현대에 올수록 새로운 전쟁 형식이나 양상 등이 등장하면서 전쟁의 종류는 수도 없이 많아질 수 있고, 심지어 전쟁이 새로운 환경과 조건에 따라 진화해간다는 사실에 이르면 전쟁의 종류를 구분하는 것이 의미 없는 행위가 아닌가 하는 의심이 든다. 그럼에도 불구하고 일반적으로 수용 가능한 분류법이 없는 것은 아니다. 가장 전통적이고 고전적인 방식은 17세기 그로티우스로부터 유래한다. 그는 1625년에 출간한『전쟁과 평화의 법률에 관해서』에서 전쟁에는 (1) 첫째, 개인적인 사람들 사이의 전쟁, (2) 둘째, 국가에 대한 개인의 전쟁, (3) 셋째, 개인에 대한 국가의 전쟁, (4) 넷째, 국가들 사이의 전쟁 등 네 종류가 있다고 주장하면서 인간의 욕구들 사이에서 생기는 갈등과 소송 등도 모두 여기에 포함된다고 주장한다. 이것은 개인들끼리의 분쟁도 전쟁의 범주 안에 집어넣은, 매우 포괄적인 분류법이기 때문에 오늘날의 기준으로 통용될지는 미지수다. 그러면서 그로티우스는 이것들을 다시 세부적으로 고찰해나간다. 제1권에서는 정당한 전쟁에 관한 문제를 다루면서, 온당한 전쟁의 사유로 '공격에 대한 방어', '빼앗긴 것을 되찾는 것', '징벌을 하는 것' 등 세 가지를 제시한다. 그러나 다른 나라들에 대한 징벌은 오직 이 나라들이 신법과 자연법을 위반했을 때에만 행해져야 함을 분명히 한다. 제2권에서는 재산, 영리권, 상속권, 유언, 혼인법, 단체의 권리, 통치권, 조약법, 약속과 맹서, 국가권력, 법률해석, 보상, 공사(公使)의 권리, 형법 등이 다루어진다. 제3권에서는 전쟁과 관련된 온갖 문제들을 다루는데, 가령 전쟁의 일반적 규칙들, 전쟁 목적으로 신하들의 재산을 요구할 권리, 보복, 전쟁 선포, 적을 죽일 권리, 기타 육체와 생명에 관한 권리, 약탈과 강탈, 포로와 패배한 자에 대한 권리, 포로가 집에 돌아갈 권리, 평화조약, 항복, 휴전, 인질, 재산의 저당 등에 관한 권리를 언급한다.[44]

정치학자나 법학자가 아닌 역사가들의 분류법으로 눈을 돌려보자. 가령 영국의 역사가 블랙(Jeremy Black)은 15세기에서 현대까지 유럽을 중심으로 한 세계사에서의 전쟁들을 관찰한 후 이들을 (1) 다른 문화권 간의 전쟁, (2) 동일 문화권 내의 전쟁, (3) 내전 등 크게 세 가지 유형으로 분류한다.[45] 첫 번째 범주로 오스만제국과 기독교 세력 간의 전쟁이나 유럽과 남북아메리카와의 전쟁을 통한 접촉 또는 유럽과 동아프리카 및 남아시아와의 식민지전쟁 등이, 두 번째 경우에는 기독교 세력 간의 전쟁이, 세 번째 사례로 미국의 남북전쟁 등이 거론된다. 이들 세 유형은 문명권의 구분을 없애고 국가 단위로 재범주화했을 때 다시 (1) 국가 간의 전쟁과 (2) 내전 등 두 가지 유형으로 분류할 수 있다. 이런 식으로 역사상 전쟁들은 그 기준과 단위에 따라 여러 양식과 유형으로 분류될 수 있다.

전쟁의 종류를 나누어보는 이러한 시도에서 특별히 어려운 점은 하나의 사건으로서 전쟁이 앞으로 살펴볼 혁명, 반란, 폭동, 독립, 통일, 테러 등 다른 종류의 정치외교적 폭력 현상들과 뒤엉켜서 발생했을 때이다. 프랑스혁명 와중인 1791년부터 시작된 '혁명전쟁'과 루터의 종

---

44 Hugo Grotius, *De Jure Belli ac Pacis* (Paris, 1625), ed. Richard Tuck, *The Rights of War and Peace* (Indianapolis: Liberty Fund, 2005).

45 Jeremy Black, *Why Wars Happen* (London: Reaktion Books, 1998), 한정석 옮김, 『전쟁은 왜 일어나는가』 (서울: 이가서, 2003), p. 57.

교개혁에 영향을 받은 농민들의 반란으로 촉발된 1524년의 독일 '농민전쟁', 아니면 1859~1861년에 발생한 '이탈리아 통일전쟁' 등이 대표적인 사례다. 이들은 각각 혁명, 반란, 통일과 맞물리면서 발생한 복합적 성격의 전쟁들이다. 혁명전쟁이 혁명이 아닌 것처럼 농민전쟁이 반란이 아닌 것은 분명하지만, 혁명이라는 사건을 빼고서 혁명전쟁을 관찰할 수 없듯이 반란이라는 개념을 제외하고서 농민전쟁을 논한다는 것은 불가능한 일이다. 이 문제점들에 착안해서 보자면, 역사상 전쟁들은 어쩌면 (1) '순수 전쟁'과 (2) '유사 전쟁'으로 구별해서 이해할 필요가 있을지 모른다. '순수 전쟁(pure war)'은 그 명칭에서나 성격에서 명확히 전쟁으로 간주되는 전쟁이요, '유사 전쟁(pseudo war)'은 전쟁으로 불리거나 전쟁처럼 보이기는 하지만, 다른 주된 폭력 현상의 원인이나 결과 또는 병행해서 부수적으로 종속되어 발생하는, 전쟁이 아닌 전쟁을 말한다. 더 쉽게 구분하자면, '순수 전쟁'은 그것이 영토나 국가를 침략해서 해당 지역을 정복하기 위한 것이든 아니면 상대방에 대한 복수나 응징을 위한 것이든 순수히 전쟁만을 목적으로 해서 발발한 전쟁을 말하고, '유사 전쟁'은 혁명이나 개혁, 반란이나 폭동, 또는 식민지 쟁탈이나 독립 및 민족통일처럼 애초에 분쟁이 아닌 다른 목적을 두고 폭력 현상이 발생했으나 그 과정에서 뜻하지 않게 전쟁으로 비화한 경우를 말한다.

'순수 전쟁'과 '유사 전쟁'의 구별을 위한 이러한 고찰에서 도출해낼 수 있고 또 우리가 주목해야 하는, 전쟁에 관한 역사적 고찰에서 어쩌면 중간 소결론에 해당하는 중요한 테제가 하나 있다. 그것은 바로 전쟁이 정치외교적 폭력의 여러 역사적 실상에서 보편성을 갖는다는 점이다. 무슨 말이냐 하면, 정치외교상의 그 어떤 폭력 현상이라 하더라도 주도적이든 부수적이든 전쟁이 나타나지 않은 사례를 찾기 어렵다는 뜻이다.[46] 심지어 전쟁은 정치외교상의 영역과 범주를 초월해서 나타나는 범역사적 현상으로 간주되기도 한다. 나중에 살펴볼 종교이념적 폭력에서도 그 진가를 발휘함을 볼 수 있는데, 가령 종교개혁 이후 16~17세기 유럽 전역을 휩쓸었던 '종교전쟁'을 그 대표적 사례로 거론할 수 있다. 이처럼 영역을 넘나들고 언제 어디서나 발견되는 전쟁 현상과 관련해 독일의 정치학자 뮌클러(Herfried Münkler)는 현대의 전쟁 폭력이 어떻게 전개되어왔는지를 고찰한 책에서 '전쟁은 사라지지 않고 다만 진화할 뿐'이라는 의미 있는 테제를 제시한다. 이처럼 전쟁은 역사상 언제나 있어 왔고 또 앞으로도 사라질 것처럼 보이지 않는다는 점에서 이를 편의상 '전쟁의 역사적 보편성'이라는 용어로 정리해보자.[47]

한편 이들 다양한 종류의 전쟁들이 각각 어떤 특징들을 갖는지 따져 묻는 행위는 통계나 계량적 방법을 취하는 정치학이나 사회학 등 사회과학적 영역에서는 의미가 있을지 모르나, 목적이나 가치, 도덕성 등을 중시하는 인문과학적 관점에서 보면 별 의미가 없다. 우리는 흔히 문명 간의 전쟁이나 국가 간의 전쟁이 동일 국가 내에서 벌어지는 내전

46 피를 흘리지 않고, 즉 전쟁을 치르지 않고 평화적으로 그 정치적 목적을 달성한 대표적 사례로 우리는 영국에서 1688~1689년에 발생한 '명예혁명'을 들 수 있다. 제임스 2세의 프랑스로의 도주와 피신으로 군사적 충돌은 발생하지 않았지만, 이러한 예외적인 사례를 역사에서 찾는 것은 결코 쉬운 일이 아니다.

47 Herfried Münkler, *Kriegssplitter: Die Evolution der Gewalt im 20. und 21. Jahrhundert* (Berlin: Rowohlt Berlin, 2015), 장춘익, 탁선미 공역, 『파편화한 전쟁: 현대 전쟁 폭력의 진화』(서울: 곰출판, 2017), p. 30.

보다 더 잔혹하거나 야만적일 것이라고 추측하기 쉬운데, 실제 역사를 들여다보면 그것을 실증할 방법이나 근거는 전혀 없다. 역사상 수많은 내전도 충분히 그리고 빈번히 비인간적인 양상으로 전개되어왔기 때문이다. 그 야만성의 정도를 세 유형의 전쟁들 사이에서 서로 비교하는 것은 무의미한 것을 넘어서 우매하면서도 쓸데없는 짓처럼 보인다. '끔찍한 평화(horrible peace)'라는 표현이 어폐가 있는 것만큼이나 '부드러운 전쟁(soft war)'이라는 표현 또한 형용모순처럼 보인다면, 이는 어떤 형태가 되었든 모든 전쟁이 갖는 기본적인 성격이 매우 폭력적이고 무자비할 수밖에 없음을 웅변한다. 만일 이런 표현이 가능하다면, '지속 가능한 잔인한 폭력성'이야말로 전쟁이 어떤 현상인지를 잘 보여주는 상징적 구호다. 실제 역사를 들여다보면 원시시대의 전쟁부터 현대에 펼쳐진 두 차례의 세계대전에 이르기까지 잔혹함과 끔찍함의 참상이 기록되지 않은 전쟁을 찾아보기 어려울 정도다. 오죽하면 전쟁이 상대적으로 적었던 세기의 19세기 한복판에서 펼쳐졌던 크림전쟁(1854~1856)에서의 참상을 목도한 나이팅게일이 인도적인 차원에서 치료가 필요한 부상자들에 대한 공격을 중지해줄 것을 호소했겠는가. 결국 '폭력성' 또는 '비인간성'만을 척도로 전쟁의 종류와 유형의 비교를 통해 그들 사이의 차이점이나 공통점 등을 추출하는 일이 큰 의미가 없음을 다시 한번 알 수 있다.

전쟁에 대한 다양한 이론은 역사학이 아니라 주로 정치학, 군사학 등의 분야에서 쏟아져 나왔다. 이 분야의 고전으로 불리는 『전쟁론』의 저자 클라우제비츠는 이미 언급한 대로 근대적 전쟁이론의 선구자다. 전쟁을 "증오감과 적대감이라는 원시적 폭력성", "개연성과 우연의 도박", "정치의 수단이라는 종속적 성질"이라는 "경이로운 삼중성(wunderliche Dreifaltigkeit)"으로 이루어졌다고 본 그는[48] 아리스토텔레스식으로 정치를 확대 이해했을 때 우리가 갖거나 기대하는 통념을 공유하는 발언을 쏟아냈다. 즉 그는 전쟁을, 한 사회가 가지고 있는 모든 가용 인적, 물적 자원의 동원과 타 공동체와의 대규모 충돌이라는 사회적 행위로 간주했다. "그래서 우리는 전쟁이 과학의 영역이 아니라 사회관계의 영역에 속한다고 말한다."[49] 전쟁은 여기서 물리적 폭력을 행사하기 위해 국가가 남성들로만 구성된 집단을 조직해서 수행하는 정치외교의 한 수단으로 이해된다. 그에 따르면, 전쟁은 '무역'과 같은 사회에서의 사업 경쟁에 유비되며, 근대 국가의 진화와 밀접하게 연관된다. 클라우제비츠는 전쟁이 국가, 군대, 국민의 세 개의 층위로 이루어져 있고, 그 각각은 이성, 전략, 감정을 통해 움직이며, 또 그 각각은 다시 강한 압박, 상대방의 무장해제, 대중의 감정과 정서 강화를 목표로 한다고 보았다. 전쟁 안에 내포된 이 세 개의 층위가 완벽한 조화를 이루었을 때 이로부터 동시대 철학자 헤겔의 '절대이성(die absolute Vernunft)' 또는 훗날 사회학자 베버의 '이상형(Idealtypus)'을 연상시키는 "절대전쟁(der absolute Krieg)"이라는 개념이 도출된다.[50] 결국 고전적인 전쟁이론에 따르면, 전쟁은 국가가 수행하는 사회적인 고강도 정치행위다.

그러나 클라우제비츠의 전쟁이론은 오늘날 다양한 양상으로 전개되는 현대의 전쟁 현상들을 설명하는 데는 뚜렷한 한계를 갖는다. 실제

48 Clausewitz, *Vom Kriege*, p. 82.

49 Clausewitz, *Vom Kriege*, p. 181.

50 Clausewitz, *Vom Kriege*, pp. 801, 952~956, 960~961, 977.

로 클라우제비츠 이후 다양한 전쟁이론들이 쏟아져 나왔고, 오늘날에도 새로운 전쟁이론은 계속해서 양산되는 중이다. 21세기에 등장한 새로운 전쟁과 과거의 전쟁을 구별한 학자로 영국의 갈등연구가 캘도어(Mary Kaldor)가 주목된다. 그녀는 유고슬라비아 해체전쟁을 기준으로 구전쟁과 신전쟁을 구별한다. 낡은 전쟁이 국가가 주도하는 고강도 전쟁이었다면, 새로운 전쟁은 냉전 또는 세계화의 영향을 받은 내전, 소규모 전쟁, 저강도 전쟁(low-intensity conflict)의 형식으로 전개된다. 이런 전쟁들에서 국가의 주도적 역할과 기능은 지속해서 약화하거나 감소하고 있고, 이에 따라 국가 간의 전쟁은 이제 과거의 일이 되어버렸으며, 전쟁을 주도하던 국가의 자리를 새로운 유형의 조직폭력과 집단이 차지하면서 전쟁의 사유화 경향이 두드러지게 나타났다는 것이다. 전쟁 수행에서의 국가 역할의 감소는 유고슬라비아 내전에서 보듯, 극단적인 경우 국가 해체로까지 이어지기도 한다. 조직범죄의 증가와 준군사집단의 등장으로 폭력이 사유화되면서, 그리고 민간인과 민간단체를 겨냥한 테러가 보편화하면서, 전쟁과 범죄와의 구분과 경계가 모호해지기거나 사라지기도 한다.[51]

이렇게 촉발된 새로운 전쟁에 대한 다양한 담론은 앞서도 잠깐 거론한 현대 독일의 대표적 전쟁이론가 뮌클러에 의해 좀 더 발전된 양상으로 표현된다. 그는 캘도어가 구전쟁과 대비되는 신전쟁의 윤곽을 드러내 주기는 했지만, 이를 확인시켜주는 이론적 모델을 제시하지는 못

51 Mary Kaldor, *New and Old Wars: Organized Violence in A Global Era* (Stanford, Calif.: Stanford University Press, 1999), 유강은 옮김, 『새로운 전쟁과 낡은 전쟁: 세계화 시대의 조직화된 폭력』(서울: 그린비, 2010), pp. 15~32.

했다고 비판하면서, 신전쟁의 특징을 (1) 점진적인 전쟁의 민영화(전쟁의 독점자로서 국가의 능력 상실), (2) 전쟁폭력의 비대칭화(비무장 민간인들을 향한 폭력집단의 폭력), (3) 전쟁의 탈군사화(전쟁 수행에서 정규군의 독점적 지위 상실) 등 세 가지로 정리한다.[52] 더 나아가 그는 최근에 새로운 전쟁 양상들을 지칭하는 새로운 개념들을 만들어내기까지 했다. 즉 뮌클러는 아군과 적군의 구별, 싸우는 대상의 인적, 물적, 지리적 경계가 명확하며, 전쟁의 목표도 분명했던 전쟁은 제1차 세계대전을 계기로 사라졌고, 대신 오늘날에는 그 모든 것이 불분명하고 유동하는 전쟁으로서 "하이브리드 전쟁" 또는 "트랜스내셔널 전쟁"이 등장했다고 주장한다.[53] 이러한 새로운 전쟁 개념을 통해서 뮌클러가 말하고자 한 바는, 앞서도 언급했던 것처럼, 새로운 국제질서나 정치환경에 맞게 폭력이 계속해서 진화해가고 있다는 사실이다. 유럽통합과 냉전의 종식으로 현대 세계에서 전쟁이 사라졌다는 주장은 환상에 불과하다는 것이다. 뮌클러는 오늘날 새로이 등장한 이러한 전쟁들을 크게 (1) 세계질서 전쟁, (2) 분리 및 정체성 전쟁, (3) 자원전쟁 등 세 개의 범주로 나누어 고찰한다. 첫 번째 유형의 예로는 "이라크가 점령한 쿠웨이트를 해방시키기 위해 수행된 1990~1991년의 걸프 전쟁, 독재자 사담 후세인을 무너뜨리기 위한 2003년 미국과 영국의 이라크 점령"이, 두 번째 유형

52 Herfried Münkler, *Die neuen Kriege* (Reinbek bei Hamburg: Rowohlt, 2002), 공진성 옮김, 『새로운 전쟁: 군사적 폭력의 탈국가화』 (서울: 책세상, 2012), pp. 42 ff., 60 ff., 142 ff., 171 ff.; Herfried Münkler, "Privatisierung des Krieges. Warlords, Terrornetzwerke und die Reaktion des Westens", *Zeitschrift für Politikwissenschaft* 13 (2003), pp. 7~22; Herfried Münkler, *Der Wandel des Krieges: Von der Symmetrie zur Asymmetrie* (Weilerswist: Velbrück Wissenschaft, 2006), pp. 115 ff., 209 ff.

53 Münkler, *Kriegssplitter [...]*, pp. 23~25.

의 예로는 대량학살과 인종청소를 동반했던 "유고슬라비아 해체전쟁"이, 세 번째 유형의 사례로는 "소말리아와 르완다에서의 전쟁들"이 각각 대표적이다.[54]

정치학자들이 아닌 역사학자들은 전쟁을 어떻게 담론화해왔을까? 일반화시킬 수는 없지만, 대체로 종속변수보다 독립변수를 중심에 두고 사회의 구조와 변화를 설명하려는 경향이 강한 사회과학자들과는 달리, 인문학자들은 사회현상을 특정 이론적 틀보다는 인간과 생활의 다양성에 초점을 두고 관찰하려고 노력한다. 그러다 보니 정치학자들이 보지 못한 새로운 관점이 제시되기도 한다. 가령 스코틀랜드 역사가 맥밀란(James McMillan)은 프랑스 학자들[55]이 제시한 '전쟁문화(war culture)' 개념에 입각해서 20세기의 두 차례의 세계대전을 고찰한다. 그에 따르면, 제1차 세계대전의 경우 전쟁문화는 '문화동원(cultural mobilization)'과 '문화실천(cultural practices)'의 두 층위에서 탐구될 수 있다. 첫째 차원은 "그 자신의 원인[전쟁 목적 등]을 정당화시키고 적을 정의하고, 실제로는 악마화시키기 위해" 사용된 "언어와 재현"을 탐구하는 것이고, 둘째 차원은 "전쟁터에서와 민간인 등 양자(兩者)에 대해 펼쳐진 폭력"을 연구하는 것이다.[56] 전쟁을 전통적인 의미의 정치나 군

54 Münkler, *Kriegssplitter [...]*, pp. 271~274.

55 N. Beaupré, A. Duménil and C. Ingrao, "Des guerres 1914–1918 et 1939–1945 àl'étude des expérience de guerre de 1914–1945", A. Duménil, N. Beauprèand C. Ingrao, eds., *1914-1945. L'Ere de la guerre, vol. 1: 1914-1918, Violence, mobilisations, devil* (Paris: Agnés Viénot Éditions, 2004), pp. 11~36, here pp. 17~18.

56 James McMillan, "War", Donald Bloxham & Robert Gerwarth, eds., *Political Violence in Twentieth Century Europe* (Cambridge: Cambridge University Press, 2011), pp. 40~86, here p. 41.

사 분야의 폭력 현상으로서가 아니라 언어와 이미지 등 상징의 재현과 연관된 문화와 연관시킨 접근 방식과 관점이 신선하고 독특하다. 전체 역사를 놓고 보면 전쟁이 그 안에서 펼쳐진 하나의 폭력 현상에 불과할지 모르지만, 전쟁 그 자체를 주제로 놓고 보면 전쟁은 역사의 온갖 영역에 걸쳐 있고 수많은 요소와 영향을 주고받는다. 이런 식의 논의가 나중에 다룰 '문화와 예술 영역에서의 폭력'과 연관시켜 담론화될 수 있음은 물론이다.

이처럼 전쟁을 역사적 관점에서 바라보다 보면 반드시 짚고 넘어가야 할 중요한 테마가 있다. 민간인 또는 양민 학살, 주택이나 건물에 대한 의도적 방화, 약탈과 강탈, 여성들에 대한 성폭행 등 이른바 전쟁범죄들이 그것이다. 이러한 행위들은 전쟁이라는 커다란 폭력 현상에 '전리품'이라는 명목하에 부수적으로 또는 불가피하게 딸려오는 소소하고 부차적인 작은 폭력들로 간주되기 쉽지만, 사실 피해자들 입장에서는 자신들의 생명과 삶의 터전 및 인격 또는 영혼의 파괴라는 점에서 이만큼 끔찍한 폭력도 없다. 민간인 학살의 경우, 동서고금을 막론하고 역사상 언제나 되풀이되어왔는데 그 대미를 지난 세기 나치에 의한 유대인 학살이 장식한 듯 보이지만, 사실은 20세기 후반 유고슬라비아나 르완다 사태에서 보듯 아직도 현재 진행 중이며 이보다 더 끔찍한 사례가 향후 발생하지 않으리라고는 그 누구도 장담하지 못한다. 여성들에 대한 성범죄 또한 역사상 대부분의 전쟁 도중이나 직후의 혼란 상황 속에서 흔하게 벌어지는 중범죄다. 가령 제2차 세계대전 직후 베를린을 비롯한 독일 피점령지역에서 자행된 독일 여성들에 대한 소련군의 집단강간을 들 수 있는데, 이에 대한 통계는 제대로 잡히지 않아 정확한 숫자는 알 수 없지만 대략 적게 잡아 수십만에서 최대 200만 명 정도의 피해자가 발생한 것으로 추정된다. 당시 많은 여성이 강간 직후 살해당하거나 자살로 생을 마감했다. 사실 멀리 갈 것도 없이 태평양전쟁 중에 일본군에 강제로 동원되어 성노예 생활을 강요당했던 조선, 중국, 필리핀, 대만의 위안부 여성들도 이러한 전쟁범죄의 희생자들이다.

역사가에 의해 펼쳐진 독특한 전쟁이론의 또 하나의 독특한 사례는 전쟁이 평화에 기여하거나 평화를 지켜냈다는 역설적 테제다. 이 테제를 제시한 사람은 영국 역사가 모리스(Ian Morris)다. 그는 2014년에 발표한 『전쟁! 무엇에 이로운가?: 영장류에서 로봇까지 문명의 갈등과 진보』라는 제목의 방대한 저술에서 전쟁이 어떻게 인류 평화에 기여했는지를 네 가지 주요 논점에 초점을 맞추어 흥미롭게 밝혀나간다. (1) 첫째, 여러 전쟁을 겪으면서 사람들은 더 크고 조직화된 사회를 만들 수 있었다는 점이다. (2) 둘째, 더 크고 평화로운 사회를 만들기 위해 생각해 낼 수 있는 최악의 방법이 바로 전쟁이지만, 그럼에도 불구하고 전쟁은 현재까지 인류가 찾아낸 유일한 방법이라는 것이다. (3) 셋째, 전쟁에 의해 규모가 커진 사회는 우리를 안전하게 해주었을 뿐 아니라, 역사적으로 보았을 때 우리를 부유하게도 했다는 점이다. (4) 넷째, 그런데 이렇게 너무 좋다 보니 전쟁이 스스로 할 일을 중단해 버렸다는 것이다.[57] 변증법적 사유 또는 역발상의 아이디어가 없었더라면 도저히 나올 수 없는 이 테제들은 그 진위나 타당성 여부를 떠나서 인류 역사

57 Ian Morris, *War! What Is It Good For?: Conflict and the Progress of Civilization from Primates to Robots* (New York: Farrar, Straus and Giroux, 2014), 김필규 옮김, 『전쟁의 역설』 (서울: 지식의날개: 한국방송통신대학교출판문화원, 2015), pp. 9~16.

상의 전쟁들을 이런 식의 역설로도 이해하고 관찰할 수 있다는 풍부한 담론 가능성을 열어 주었다는 점에서 학술적으로 크게 기여했다고 판단된다.

모리스가 취한 것과 같은 전쟁에 대한 이러한 긍정적 관점은 전쟁과 관련해 이 장(章)에서 다룰 마지막 주제에 해당한다. 고대부터 갈등, 분쟁, 투쟁, 전쟁 등을 미화하거나 찬양한 담론은 역사상 늘 있어왔다. 가령 고대 그리스인들은 서로 경쟁하는 것(das Agonale)을 즐겨 해서 그러한 것들이 일상생활 속에 아예 스며들어 있는 경우가 허다하다. 가령 비록 폴리스 상호 간의 화합과 전쟁 중인 경우 전쟁의 일시 중단과 평화를 목적으로 한다지만 궁극적으로는 운동선수들 사이의 경쟁을 통해 우승자를 가리기 위해 기원전 776년부터 4년 주기로 올림피아의 제우스 신전에서 모든 폴리스가 벌인 체전이라든지, 디오니소스 축제 때 연극 무대에 올릴 드라마를 현상 공모하는 연극제전을 거행함으로써 우승 작품을 선발했던 일 등이 그 대표적 사례다. 이 경쟁적인 것이 때로는 적대적인 것(das Antagonistische)으로 발전해서 결국 전쟁으로 이어지는 경우도 많았지만, 하여튼 이 상호경쟁은 그리스인들에 의해 생활화되어 있었던 것으로 보인다. 그래서인지 그리스 철학자와 사상가들 사이에서는 투쟁이나 전쟁을 찬양하는 담론이 자주 목격된다. 변증법의 창시자로 알려진 고대 그리스의 초기 철학자 헤라클레이토스(Herakleitos)는 "모든 일은 하나의 대립으로써 성취된다"거나 "투쟁[전쟁]은 만물의 아버지이자 왕"이라고 역설했다.[58] 시대를 좀 건너

58 Wilhelm Capelle, ed., *Die Vorsokratiker* (Stuttgart: Alfred Kröner, 1968), pp. 133, 135.

뛰어 19세기로 오면 독일 고전문헌학자이자 역사철학자 라소(Ernst von Lasaulx)도 적대 관계는 모든 생성의 원인이요, 세력들 간의 대립으로부터 조화가 생성되고, 사물 불일치의 조화가 또는 조화로운 불화가 발생한다고 주장했다.[59] 역시 동시대의 스위스 역사가 부르크하르트(Jacob Burckhardt)는 "하나의 민족은 오직 전쟁 속에서, 즉 다른 민족들과 서로 비교해보는 투쟁 속에서 자신의 완전한 민족적 힘을 알게 되는데, 왜냐하면 그 힘은 오직 그 시기에만 존재하기 때문이다."라고 설파했다.[60] 20세기 초반에 독일의 작가 윙거(Ernst Jünger)도 전쟁을 우리가 누구인지를 알게 해주는 "우리의 아버지"라고 불렀으며,[61] 역시 동시대의 독일 작가 살로몬(Ernst von Salomon)도 전쟁을 인간의 억압되었던 본능들이 다시 본질적이고 신성한 것으로 전화되는 영광스러운 순간이라고 선언했다.[62]

전쟁에 대한 이러한 찬양들은 급기야 전쟁에 대한 절대적 신앙으로까지 발전하기도 한다. 앞서도 잠깐 언급했던 카유아는 전쟁의 종교적 성격을 다음과 같이 표현한다.

> 사람들은 전쟁을 마치 터무니없는 사악한 대재앙처럼 간주한다. 인간의 체면은 전쟁을 거부하는 것처럼 보인다. 그리하여 인간

59 Ernst von Lasaulx, *Neuer Versuch einer alten auf die Wahrheit der Tatsachen gegründeten Philosophie der Geschichte* (München: Literarisch-Artistische Anstalt, 1856), p. 85.

60 Jacob Burckhardt, *Über das Studium der Geschichte.* Der Text der "Weltgeschichtlichen Betrachtungen" auf Grund der Vorarbeiten von Ernst Ziegler nach den Handschriften, ed. P. Ganz (München: C. H. Beck, 1982), p. 344.

61 Ernst Jünger, *Der Kampf als inneres Erlebnis* (Berlin: E. S. Mittler & Sohn, 1926, 1st ed. 1922), p. 3.

62 Ernst von Salomon, *Die Geächteten* (Berlin: Ernst Rowohlt, 1930).

> 노력의 최초의 목표는 그 전쟁을 피하는 것이다. 그러나 사람들은 곧 그 전쟁을 불가피한 것으로 여긴다. 전쟁은 운명에 맞먹을 정도로 거대해진다. 그것은 폐허와 황폐를 낳는 끔찍한 자연의 재앙이 갖는 위엄을 지니게 된다. 그리하여 지성은 아직 그 전쟁을 단죄하나 인간 심정은 그 전쟁을 불가피한 세력으로서, 즉 인간이 자신의 한계 밖에 두거나 그 밖에 있다고 인정하는 그런 세력으로서 존중하고 있다. [...] 전쟁은 더 이상 이 세계에 하나의 우연한 사고로서가 아니라 우주의 규칙 그 자체로서 개입하게 된다. 그것은 조화로운 우주의 본질적인 주요 부분이 되며, 그런 사실로 인해 확고한 종교적 가치를 획득하게 된다. 사람들은 전쟁의 혜택들을 찬양한다. 그것은 더 이상 야만적인 것이 아니라 문명의 원천이며 문명이 피운 가장 아름다운 꽃인 것이다. 모든 것은 전쟁에 의해 창조되며 평화란 침체와 노쇠에 의해 모든 것을 쇠퇴시킨다. 따라서 모든 사회를 재생시키고 그 사회들을 죽음으로부터 구해내기 위해서는 전쟁이 필요하다. 전쟁은 돌이킬 수 없는 시간의 영향으로부터 그 사회들을 보호한다. 사람들은 이러한 피의 목욕에 '청춘의 샘물'이 갖는 덕목을 부여한다.[63]

전쟁은 여기서 한 사회에 에너지를 부여하고 활기를 불어 넣어주는 '재생의 힘'으로 정의된다. 괴벨스(Joseph Goebbels)가 말했던 것처럼 "전쟁은 삶에 대한 가장 기본적인 사랑의 형태이다."[64] 전쟁은 마비되어 죽어가는 질서를 깨뜨리며, 인간으로 하여금 위대하고도 끔찍한 파괴를 통해 새로운 미래를 건설하도록 강요하는 힘이다.[65]

---

63 Caillois, *L'Homme et le sacré*, pp. 262~263.

64 Joseph Goebbels, *Michael. Ein deutsches Schicksal in Tagebuchblättern* (München: Franz-Eher-Verlag, 1929).

65 Hermann de Keyserling, *La Révolution Mondiale et la Responsabilité de l'Esprit* (Paris: Éditions Stock, 1934), pp. 69~70, 171; Hermann de Keyserling, *Méditations sud-américaines Traduit de l'allemand par A Beguin* (Paris: Éditions Stock, 1941), pp.

이런 식의 담론들은 특정 대상에 대한 미화가 심해지면 어떻게 찬양이 되고, 찬양이 도를 넘으면 그 대상이 어떻게 숭배되어 신성시 또는 종교화되기까지 하는지 잘 보여주는 적절한 사례처럼 보인다. 우리는 위험스럽고 아슬아슬한 경계 부근까지 온 듯한 이런 식의 전쟁 찬양에 대한 담론을 여기서 멈추고자 한다. 사실 이 책의 목적은 그 반대면 반대였지 결코 폭력 찬양에 있지 않기 때문이다. 따라서 독자들은 전쟁에 대한 담론이 실제 이런 식으로 흐르기도 했고 또 흐를 수도 있다는 가능성에 대한 경고와 경계 차원에서 언급한 것으로 이해해주기 바란다.

* * *

이러한 다양한 전쟁이론들과 그에 대한 풍부한 담론들을 통해 몇 가지 주목할 만한 사실들이 그 민낯을 드러낸다. 첫째, 수행 주체의 변화와 무관한 전쟁의 지속적인 폭력성이다. 즉 전쟁 수행의 주체가 아무리 국가에서 준군사조직이나 조직폭력 집단 등으로 이전 또는 변화했다고 해서 전쟁의 폭력성의 정도나 강도가 줄어들거나 사라졌다고 볼 근거는 전혀 없다. 그 점에서 예나 지금이나 전쟁은 여전히 역사상 모든 폭력을 대표하는 지배적인 양식으로 남아 있다. 시대적 조건과 환경에 따라 계속 진화해오면서 변한 것은 형식이지 내용은 아니었던 것이다. 둘째, 전쟁 발발의 연속성이다. 이전 세기와 비교해 오늘날 전쟁 발발의 횟수가 확연히 줄어들었고 세계대전과 같은 대규모 전쟁이 대체

121~122. 다음 문헌에서 재인용함. Caillois, *L'Homme et le sacré*, p. 264.

로 사라졌으며 전쟁의 양상이 국지전이나 내전, 소규모의 저강도 전쟁 등으로 바뀐 것은 분명하지만, 그렇다고 해서 미래에 전쟁이 전혀 발발하지 않을 것이라고 확신할 근거는 적어도 최근까지의 역사를 통찰했을 때에도 발견되지 않는다. 환언하면, 지금까지 그래왔던 것처럼 앞으로도 전쟁은 누가 어떤 목적으로 누구를 겨냥해 수행하든 결코 사라지지는 않을 것이라는 점이다. 이러한 전쟁이론들은 전쟁의 지속 가능성만 확인시켜줄 뿐이다. 셋째, 전쟁이라는 폭력 현상 자체가 보여주는 관점의 다양성이다. 전쟁을 긍정하든 부정하든, 모든 것을 파괴하는 사건으로 보든 평화에 기여하는 현상으로 보든, 정치외교적 폭력으로 보든 사회문화적 현상으로 보든, 중요한 점은 전쟁이 다양한 관점에서 관찰되고 연구될 수 있는 폭력 연구의 중요한 테마라는 것이다. 전쟁이 언제나 비록 최고는 아닐지 몰라도 적어도 상당히 매력적인 학술적 연구의 대상으로 남아 있게 될 것이라는 점에 이의를 제기할 사람은 없을 것이다.

제4장

정치외교적 폭력(3): 혁명과 테러

제4장

정치외교적 폭력(3): 혁명과 테러

다음은 '혁명'으로 눈을 돌려 보자. 정치외교적 폭력의 한 유형으로서 혁명은 전쟁과는 일반적으로 다른 원인, 목적 및 목표, 과정, 결과, 영향 등을 갖는다. 모든 전쟁의 원인, 목표, 과정, 결과가 일치하지 않듯이, 모든 혁명의 원인, 목적, 과정, 결과 또한 당연히 동일하지 않다. 그러나 일반론은 두 현상 사이의 차이를 극명하게 보여준다. 첫째, 투쟁 당사자들의 성격에서 전쟁이 – 물론 내전의 경우 예외적일 수 있지만 대체로 – 내집단이 아닌 타집단 사이의 투쟁 형태로 나타난다면, 혁명은 내집단 안에서 다른 계층들 사이의 권력 쟁취 또는 피지배계층의 권익 향상을 목표로 발생한다. 둘째, 목표 또한 확연히 다른데, 전쟁이 주로 침략을 통한 영토 확장에 목표를 둔다면, 혁명의 목적은 자국 정부를 향한 저항과 정권 장악에 놓인다. 셋째, 역사 시기적으로 전쟁이 혁명에 앞선다. 전쟁은 국가 형성 이전의 원시 사회에서부터 있어 온 모든 투쟁 또는 분쟁의 원형이라는 점에서 국가 형성 이후 정권 장악을 목적으로 발생하는 혁명에 발생 시기적으로 선행한다. 전쟁의 역사적 선행성은 다른 정치 폭력 형식에도 적용된다. 즉 전쟁은 국가 탄생 이후에야 가능한 폭력 현상인 반란이나 테러보다도 시기적으로 앞서서 발생한다.

기존의 개념사적 연구는 '혁명(revolution)'이라는 술어가 애초에는 오늘날과는 전혀 다른 의미로 쓰이다가 1789년 프랑스혁명이라는 구체적이고 역사적인 사건과 함께 '혁명적으로' 변했다는 사실을 잘 입증해 준다.[66] 기독교적 고대 말에 등장하여 원래 우주 천체의 복귀적 운행, 시간의 순환적 회귀 등의 뜻으로 쓰이던 'revolutio'라는 말은 기독교적, 종교적으로 정적인 세계관이 지배하던 중세보다도, 고대의 재발견에

66 '혁명' 개념에 대해서는 다음 문헌들을 참조할 것. Art. "Revolution, Rebellion, Aufruhr, Bürgerkrieg", O. Brunner, et al., eds., *Geschichtliche Grundbegriffe* (Stuttgart: Klett-Cotta Verlag, 1984), vol. 5, pp. 653~788; Dietrich Geyer, Art. "Revolution", W. Besson, ed., *Das Fischer Lexikon: Geschichte* (Frankfurt a. M.: Fischer Taschenbuch Verlag, 1961), pp. 308~313; Karl Griewank, *Der neuzeitliche Revolutionsbegriff: Entstehung und Entwicklung*, ed. Ingeborg Horn-Staiger (Frankfurt a. M: Europäische Verlagsanstalt, 1969); Hannah Arendt, *Über die Revolution* (München: Piper, 1963); Karl-Heinz Bender, *Revolutionen: Die Entstehung des politischen Revolutionsbegriffes in Frankreich zwischen Mittelalter und Aufklärung* (München: Wilhelm Fink Verlag, 1977); Hans Barth, "Revolution und Tradition", *Saeculum* 14 (1963), pp. 1~10; Theodor Schieder, "Das Problem der Revolution im 19. Jahrhundert", Th. Schieder, *Staat und Gesellschaft im Wandel unserer Zeit* (München: Oldenbourg, 1958), pp. 11~57; Ernst Schulin, "Der geschichtliche Begriff der Revolution", *Die Französische Revolution - Impulse, Wirkungen, Anspruch. Vorträge im Sommersemester 1989* (Heidelberg: Heidelberger Verlagsanstalt, 1990), pp. 9~20; Reinhart Koselleck, "Historische Kriterien des neuzeitlichen Revolutionsbegriffs", R. Koselleck, *Vergangene Zukunft: Zur Semantik geschichtlicher Zeit* (Frankfurt a. M.: Suhrkamp, 1992), pp. 67~86; Helmut Berding, "Revolution als Prozeß", K.-G. Faber & C. Meier, eds., *Historische Prozesse* (München: dtv, 1978), pp. 266~289, etc.

고무되어 자연 현상과는 다른 인간 사회의 '변화'에 대한 새로운 관념과 역동적인 역사 과정에 대한 새로운 인식을 얻게 된 르네상스와 인문주의를 거치면서 동적이고 근대적인 의미지평을 얻을 수 있었다. 코페르니쿠스, 케플러, 갈릴레이 등 16~17세기의 자연과학자들에 의해 새로이 수용된 'revolution'이라는 용어는 이제 하늘에서부터 지상으로 내려와 주로 천문학과 점성학에서 사용되다가 곧이어 정치 영역으로 넘어와 전용(轉用)되기 시작했다. 17세기 영국의 정치적 동요들은 '혁명'이라는 단어가 정치적으로 변형되어 사용된, 그럼으로써 정치화된 개념적 실험무대이자 역사적 실현장소가 되었다. 그러나 이때까지만 해도 '혁명'은 가령 영국의 의회적 정치권력의 확립과 강화라는 역사적 전통으로의 복귀와 그것의 유지를 추구하던 청교도혁명과 명예혁명에서 보듯이, 여전히 원래 출발점으로의 회귀라는 애초의 의미에서 완전히 벗어나지 못했다. 따라서 근대적 의미의 혁명 개념은 18세기 계몽주의와 더불어 비로소 등장하고 전개되기 시작한다. 계몽주의 사상가들 사이에서 "유행어(Modewort)"가 된 이 개념은[67] 더 이상 국가 형태의 반복이나 회귀의 뜻이 아니라 "왕위나 왕조 교체(Thron- und Dynastienwechsel)"라는 국가 변화의 현상이라는 뜻으로,[68] 또는 볼테르에서처럼 인간 생활의 모든 영역이 이성의 빛으로 향하도록 만드는 계몽화 현상, 즉 "정신혁명(révolution des esprits)"의 뜻으로,[69] 또는 농민전쟁이나 종교전쟁 같은 폭동, 봉기, 반란, 내전 등이 더 이상 발생하지 않고 명예혁명의

67 Koselleck, "Historische Kriterien [...]", p. 74.

68 Geyer, Art. "Revolution", p. 309.

69 Schulin, "Der geschichtliche Begriff der Revolution", p. 12.

모델처럼 평화적이고 무혈적으로 진행되는 정치 변화 사건의 뜻으로,[70] 그래서 결국은 루소나 튀르고(A. R. J. Turgot)에서처럼 진보의 이념과 인류의 '완전성'을 실현하는 미래지향적이고 낙관주의적인 "아름다운 혁명"의 뜻으로[71] 사용되었다. 그러나 국가 전체를 뒤흔드는 정치적 대변혁으로서, 단순히 지배자나 지배 왕조의 교체가 아니라 국가의 정체(政體)와 헌법의 변화로서, 지배계급과 피지배계급의 전도(顚倒) 현상으로서, 인간의 사회·경제·문화·생활의 근본적인 구조적 변화로서 현대적 의미의 혁명 개념은 말할 것도 없이 프랑스 대혁명에 그 역사적 기원을 두고 있다. 혁명 개념의 근본적인 변화와 그 개념의 현대적 의미로의 결정적 고착화를 초래한 프랑스혁명은 이미 18세기 중엽 영국에서부터 시작된 산업혁명과 더불어 "혁명 문제들에 대한 깊이 있는 사유"야말로 우리 시대의 "가장 강력한 체험"이 되도록 결정할 만큼 커다란 사건이었다.[72] 쉽게 말해 19세기 이래 혁명에 대한 모든 현대적 사유와 경험, 논의는 프랑스혁명으로부터 유래한다.

프랑스혁명을 직간접적으로 겪은 19세기 역사학자들의 혁명에 대한 고찰은 이전 시대, 특히 계몽주의 시대 사상가들과는 전혀 다른 토대 위에서 출발한다. 미래에 펼쳐질 이상 사회의 비전 제시라는 혁명의 이념적 측면의 배후에 또는 그와 평행으로 실제 혁명 과정의 폭력적이고 파괴적인 모습은 그 어느 곳보다도 그리고 그 누구보다도 인접한 독일어권 지역의 당시 지식인들에게 지워지지 않을 깊은 인상을 심어

70 Koselleck, "Historische Kriterien [...]", p. 75.

71 Griewank, *Der neuzeitliche Revolutionsbegriff [...]*, pp. 162, 165~169.

72 Schieder, "Das Problem der Revolution im 19. Jahrhundert", p. 12.

주었다. 19세기 벽두에 헤겔은 혁명을, "모든 역사적 변천들"로 파악한 프랑스 계몽주의 사상가들과 달리 단순한 역사적 사건과 과정으로서가 아니라 자기 시대에 경험한 세계사적 흐름에서의 "변혁의 독특한 형식"으로서 프랑스혁명이라는 구체적 현실을 위한 용어로 사용했다.[73] 그가 비록 혁명을 종결되거나 고립된 사건이 아니라 역동적이고 복합적인 역사적 현상으로 이해했던 것은 사실이지만, 동시에 자유 의식을 향한 인류의 커다란 행보의 한 발전단계로 해석하면서 혁명 개념을 그 자체로 추상화시켰다는 점도 간과되어서는 안 된다. 그 결과 헤겔은 프랑스혁명이 이성의 원칙과 자유의 이념이라는 추상성으로부터 자코뱅파의 테러리즘과 광신주의라는 현실성으로 너무 급격히 넘어감으로써 결정적 실수를 범했다고 보았다. 이러한 헤겔의 혁명관은 이후 독일 역사가들이 혁명을 반대하거나 경계하는 보수화 경향을 노정(露呈)하는 데 결정적인 방향타 역할을 한다. 가령 현대사 서술의 중요성과 어려움을 강조했던 19세기 독일의 로마사가 니부어(Barthold Georg Niebuhr)는 비록 "혁명을 시대적 산물"로 간주하면서 이전 시대와 구분되는 현재의 독특성을, 그리고 "혁명시대사" 연구의 정당성을 인정하고는 있지만, 프랑스혁명의 폭력성 경험을 자신의 로마사 서술의 기조로 삼았다. "이제 우리는 우리 앞에 다가온 [...] 파괴를 목도한다. 마치 로마 세계가 우리의 시간 계산법으로 3세기 중엽에 경험했던 것처럼 말이다. 즉 복지, 자유, 교육, 학문의 파괴를 말이다."[74]

73 Griewank, *Der neuzeitliche Revolutionsbegriff [...]*, p. 210.

74 Barthold Georg Niebuhr, *Römische Geschichte*, 3 Vols. (Berlin: Verlag von S. Calvary, 1873), vol. 2, p. ix (=Vorrede zur zweyten Auflage des zweyten Theiles, 1830).

혁명을 진보적으로 이해했건, 보수적으로 이해했건 중요한 점은 역사상 그 이전의 어떤 혁명 또는 그에 비견할 만한 그 어떤 사건도 프랑스혁명만큼 그 이후의 사람들에게 삶의 지표가 될 만큼의 강력한 영향력을 행사한 사건이 없었다는 점이다. 혁명 개념의 다양성은 20세기에 들어와 근현대의 네 개의 묵직한 혁명들을 비교 분석한 브린튼(Crane Brinton)의 고전적 연구를 통해 정형화된 역사적 형상으로 재정비된다. 그의 기념비적 저작『혁명의 해부』는 영국혁명, 미국혁명, 프랑스혁명, 러시아혁명 등 역사상 유명한 네 개의 혁명을 비교 분석해 유형적으로 고찰한 책이다. 이 책에서 브린튼은 혁명을 "여태까지는 안정되어 왔던 정치사회의 일대 변혁"으로 정의한다.[75] 매우 평범해 보이는 이 정의를 토대로 브린튼은 네 개의 혁명을 하나의 유형으로 묶어 혁명이 어떤 배경과 목적, 어떤 이유와 조건에서 발생해 어떤 유형의 혁명가들과 어떤 사건 과정을 거쳐 어떻게 종말을 고하고 어떤 영향을 미치는지 개괄적으로 서술해나간다. 이후 이 분야에서 또 하나의 고전이 탄생하는데, 그것은 아렌트가 1963년에 발표한『혁명론』이다. 이 책에서 아렌트는 폭력 현상으로서 혁명을 모든 탄생에 내재된 새로운 시작의 가능성과 불가항력적 과정이라는 맥락에서 정의했다.[76] 최근의 좀 더 명쾌한 정의는 미국의 사회과학자 골드스톤(Jack A. Goldstone)에 의해 제시되었다. 골드스톤은 2014년에 출판된 책에서 혁명을 "사회 정의의 이름으로 대중을 동원하여 – 군사적 동원이든 민간인의 동원이든 둘

---

75 Crane Brinton, *The Anatomy of Revolution* (Englewood Cliffs. N. J.: Prentice-Hall, 1957; 1st ed. 1938), 차기벽 옮김,『혁명의 해부』(서울: 학민사, 1983), p. 14.

76 Hannah Arendt, *On Revolution* (New York: Viking Press, 1963), 홍원표 옮김,『혁명론』(파주: 한길사, 2004), pp. 85~134.

다든 – 정부를 강제로 무너뜨리고 새로운 정치제도를 만들어내는 것"으로 정의한다.[77]

브린튼이나 아렌트 또는 골드스톤 이전이나 이후에도 수많은 역사학자, 정치학자, 사회과학자들이 혁명을 정의해왔지만, '전쟁' 개념과 마찬가지로 누구나 동의하여 합의에 이른 '혁명'에 대한 정의는 아직껏 발견되지 않는다. 그렇다면 혁명은 왜 발생하고 어떤 과정을 거쳐 전개되며 후대에 어떤 결과와 영향을 주는 사건인가를 이 대표적 저술가들, 특히 최근의 연구자인 골드스톤의 담론을 토대로 내 나름의 사유와 성찰을 곁들여 고찰해보기로 하자.

골드스톤에 따르면, 우선 혁명은 (1) '정부전복', (2) '대중동원', (3) '제도변화', (4) '사회정의' 등 네 가지 요소를 모두 담고 있는 사건이어야 한다. 이 요소들이 중요한 이유는 우리가 혁명을 이해할 때 혁명과 유사해 보이지만 혁명이 아닌 유사 개념들로부터 혁명 개념을 걸러내는 유의미한 작업에서 그것들이 일종의 시금석 역할을 하기 때문이다. 이 시약에 근거해서 볼 때 네 가지 요소들을 모두 만족시키지 못하는 반란, 봉기, 폭동, 파업, 사회운동, 개혁운동, 쿠데타, 내전, 모반, 게릴라전 등은 혁명이 될 수 없다. 가령 '농민반란(peasant revolt)'의 경우, 농촌에서 일어나는 봉기로서 이들의 목표는 정부의 도움을 얻어 현지 문제를 해결하는 것이지 정부 자체를 교체하는 것은 아니기 때문에 혁명과는 구분된다. '곡물폭동(grain riot)' 역시 대중을 동원하는 것은 맞지만 농민반란과 마찬가지로 정부 교체보다는 정부의 도움을 얻고자 하

---

77 Jack A. Goldstone, *Revolutions: A Very Short Introduction* (Oxford: Oxford University Press, 2014), 노승영 옮김, 『혁명』(파주: 문학동네, 2016), p. 17.

기 때문에 혁명이 아니다. '파업(strike)' 또한 기존 정부를 전복시키기 위한 집단행동이라기보다 노동자들이 고용주를 위해 일하지 않도록 동원하는 행위이기 때문에 혁명으로 불리지 않는다. 전통적 농촌 사회가 아니라 현대 대중사회에서 자주 벌어지는 '사회운동(social movement)'은 미국에서의 흑인 민권운동이나 베트남전쟁의 반대 운동처럼 연좌농성, 행진, 불매운동, 국가건물이나 공공장소 점거 같은 전술을 쓰면서 종종 파괴적이거나 정권폭력을 유발할 수 있지만, 대다수의 경우 그 목표는 특정 집단의 불만을 해결하는 것에 국한되기 때문에 역시 혁명과는 거리가 있다. '개혁운동(reform movement)'은 기존 정부 제도의 변화를 명시적으로 추구하는 것은 맞지만, 기존 정부를 무너뜨리려 하기보다는 법정이나 선거에서의 승리, 새로운 법률 통과, 헌법 개정 등 제도변화를 위한 합법적 절차를 추진하여 목표를 달성하고자 하기 때문에 역시 혁명이라고 볼 수 없다. 정부의 강제적 전복을 야기하는 가장 흔한 행위인 '쿠데타(coup d'État)'는 권위주의적 지도자 한 명이나 소규모의 지도자들이 정부를 장악하기에 정부교체 및 제도변화에는 해당하지만, 결정적으로 대중동원이나 시민투쟁이 결여되어 있기 때문에, 그리고 그 과정에서 폭넓은 사회정의의 원칙을 내거는 경우가 드물기 때문에 역시 혁명으로 간주될 수 없다. '급진적 사회운동(radical social movement)'은 대다수 사회운동과 달리 국가의 강제 전복을 꾀하지만 소수의 추종자를 넘어서 이 목표를 공유하는 다양한 집단의 폭넓은 연대를 만들어내지 못하는 경우가 대부분이기 때문에 유효한 혁명 운동이 되지 못한다. '내전(civil war)'은 곧잘 정부를 강제로 무너뜨리지만 혁명적 이상을 품은 지도자가 자신의 이상을 실현하기 위해 정부를 무너뜨릴 군대를 조직하고 대중이 지지할 때만 이를 혁명전쟁이라고 부르고, 이 시도가 성공하여 정치제도가 바뀌었을 때 이를 혁명이라고 부른다. '모반(rebellion)'은 기존 정부의 권위를 인정하지 않고 무너뜨리려 하는 집단이나 개인의 모든 행위를 말하는데, 법원이 통치자의 명령에 대한 승인을 거부하는 엘리트의 반란이 일어날 수도 있고, 군중이 광장을 점거하고 정부의 해체를 요구하는 민란이 일어날 수도 있지만, 이러한 시도가 성공했을 때에만 우리는 혁명이라고 부른다. 결론적으로 이들 반란, 폭동, 파업, 사회운동, 쿠데타, 내전 등은 모두 혁명 과정에서 일어날 수 있는 혁명 투쟁의 중요한 구성요소지만, 이들이 혁명과 일치하는 것은 아니다. 혁명이 되기 위해서는 정부의 강제적 전복, 대중동원, 사회정의라는 이상의 추구, 새로운 정치제도의 창조 등의 요소가 조합되어 있어야 한다. 따라서 혁명은 "선지자적 지도자가 군중의 힘에 의지하여 새로운 정치 질서를 강제로 성립시키는 과정"을 일컫는다.[78]

사실 골드스톤의 주장대로 이 모든 유사 혁명적 운동들이 혁명이 아닌 것은 분명하지만, 이들은 대부분 혁명과정에서 발단적 사건으로, 진행과정에서 핵심적 사건으로, 혁명의 결과 마지막에 발생하기도 하는, 즉 혁명을 구성하는 중요한 행위들이다. 가령 1917년 러시아혁명은 페트로그라드 공장 노동자들의 파업과 폭동이 발단되어 나중에 혁명으로 이어졌고, 1789년 프랑스혁명의 첫해 7월의 대공포 와중에 발생한 농민반란 역시 혁명을 가속화하는 데 결정적 역할을 수행했다. 그 점에서 반란, 폭동, 파업 등을 혁명이 아니라고 단정하기보다는 혁명의

78 Goldstone, *Revolutions [...]*, pp. 17~24.

일부를 구성한다고 주장하는 편이 더 합당해 보인다. 왜냐하면 이 모든 과정을 한데 묶은 총체적 사건을 우리는 혁명이라고 부르기 때문이다. 즉 그 폭력적 소요사태들은 혁명의 여집합이 아니라 혁명과의 교집합으로 보는 것이 더 타당하다.

그렇다면 혁명은 왜 발생하는가? 양자(兩者) 사이 투쟁의 의미가 강한 전쟁이라는 폭력 현상보다는 혁명이라는 복합적 폭력 사건의 원인을 밝히기가 훨씬 어렵다는 점은 여러 학자가 이미 인지해왔고 인정한 사실이다. 다시 골드스톤에 따르면, 혁명의 첫 번째 원인으로 지목되는 것은 '빈곤'이다. 그러나 그는 혁명이 흔히 가정되는 것처럼 아주 빈곤하거나 기아선상에서 허덕이는 사람들에 의해 발생하는 사건이 아니라고 강조한다. "실제로 혁명은 최빈국보다는 중간 소득 국가에서 일어나는 경우가 더 많다. [...] 이것은 가난한 농민과 노동자가 정권 수호의 의지로 충만한 전문 군사 조직에 맞서 정부를 무너뜨릴 수 없기 때문이다. 혁명이 일어나려면 상당수의 엘리트-특히 군부-가 이탈하거나 혁명의 편에 서야 한다. 실제로 대부분의 혁명에서 민중을 조직하여 정권 전복을 지원하는 것은 엘리트다."[79] 마치 아리스토텔레스가 『형이상학』에서 'dynamis'와 'dynaton' 개념을 설명하면서 소멸하는 것조차도 '소멸할 힘'이 필요하다고 말했던 것처럼,[80] 혁명도 사람들이 혁명을 일으킬 만한 힘과 에너지와 역량 및 자원을 필요로 한다. 그밖에 '불평등'이나 '계급 격차'가 심해도 혁명이 발생한다. 하지만 그 정도가 너

79 Goldstone, *Revolutions [...]*, p. 27.

80 Aristoteles, *Metaphysik*, trans. Hans Günter Zekl (Würzburg: Königshausen & Neumann, 2003), pp. 225~226 (=*Metaphysica*, 1019a 15~1019b 16).

무 심하면 체념이나 절망으로 이어지기가 쉽고, 반대로 그 정도가 약해도 혁명은 일어나지 않는다. 더구나 불평등이 심하면 빈곤층은 유효한 혁명 세력을 만들어낼 자원을 확보하지 못한다. 따라서 혁명은 이러한 빈곤과 불평등이 정부의 잘못에서 비롯되었다는 믿음이 확산될 때 발생한다. 혁명의 또 다른 원인은 '근대화'다. "개발도상국 여기저기에서 혁명이 터져 나오던 1960년대와 1970년대에는 이 견해가 그럴듯했다. [...] 그러나 더 깊이 연구했더니 근대화는 모든 곳에서 똑같이 일어난 하나의 변화 꾸러미가 아니었다. [...] 근대화와 혁명 발발의 관계에 일관성이 없음은 분명하다."[81] 끝으로 혁명의 원인으로 지목받는 마지막 원인은 '새로운 이념의 전파'다. "혁명적 동원"에서는 분명 "이념적 전환"이 중요한 역할을 하는 것은 맞다. "하지만 이 견해로는 사람들이 위험한 새 정치사상에 이끌리는 이유를 설명할 수 없다. [...] 새로운 이념이 혁명적 행동을 이끌어내려면 이미 엘리트의 위치에 변화가 일어나 새로운 신념을 중심으로 사람들을 조직할 공간과 기회가 창출되어야 한다. 새로운 이념은 혁명 사상의 일부다."[82] 따라서 혁명의 원인으로 지목한 이 여러 요인이 있다고 해서 곧바로 혁명적 변화가 일어나는 것은 아니다. 왜냐하면 사회라는 것은 마치 콘크리트 벽처럼 충분한 힘을 가한다고 해서 바스러지는 수동적 구조가 아니기 때문이다. 따라서 혁명은 "충분한 빈곤, 불평등, 근대화, 이념 변화"와 더불어 "수많은 능동적 개인과 집단"의 힘과 "행위"들이 한데 어우러졌을 때 비로

81 Goldstone, *Revolutions [...]*, pp. 28~29.

82 Goldstone, *Revolutions [...]*, p. 29.

소 발생한다.[83]

골드스톤은 혁명이 실제로 발발하기 위해서는 이러한 원인과 이유를 근간으로 해서 다시 다섯 개의 조건들이 충족되어야 한다고 주장한다. 첫째는 "경제적 또는 재정적 압박"이다. 이 요소는 더 이상 설명이 필요 없는 당연한 조건이다. 둘째는 "엘리트 사이에 소외와 대립이 커지는 것"이다. "엘리트는 늘 지위를 놓고 다툰다. 가문, 정당, 파벌 간의 경쟁은 일상사다. 하지만 대체로 통치자는 집단끼리 싸움을 붙이고 충성에 대한 보상을 제공함으로써 이 경쟁을 활용하고 엘리트에게서 지지를 얻어낼 수 있다. 안정된 엘리트는 유능한 신진 세력을 모집하고 흡수할 수도 있다. 소외가 일어나는 경우는 엘리트 집단이 자기네가 조직적으로 또한 부당하게 특혜에서 배제된다고 느낄 때다. 노장 엘리트가 자신이 신진 엘리트에게 부당하게 밀려난다고 느낄 수 있는가 하면, 신진 엘리트가 앞길이 부당하게 가로막혔다고 느낄 수 있다." 셋째는 "혁명적 동원"이다. 혁명이 발발하기 위해서는 "불의에 대한 대중적 분노의 점진적 확산"이 반드시 필요하다. "이 대중적 분노가 극단적 빈곤이나 불평등의 결과일 필요는 없다. 문제는 불가피하거나 자신의 잘못이 아닌 이유로 사람들이 사회에서 자신의 올바른 자리를 잃고 있다고 느끼는 것이다. 농민은 토지를 빼앗기거나 과도한 지대와 세금, 그 밖의 부담에 짓눌릴 수 있고, 노동자는 일자리를 찾지 못하거나 생필품 가격은 오르는데 임금은 그대로 상황에 직면할 수 있고, 학생은 기대하고 바라는 일자리를 찾지 못할 수 있고, 어머니는 자신이 자녀를 부

83 Goldstone, *Revolutions [...]*, pp. 29~30.

양하지 못한다고 느낄 수 있다. 이 집단들이 엘리트나 통치자의 부당한 행위 때문에 이러한 어려움을 겪는다고 느낀다면, 이들은 자신의 곤경에 주의를 환기하고 변화를 요구하는 반란에 동참하는 위험을 감수할 것이다." 넷째는 "공유되고 설득력 있는 저항의 서사를 보여주는 이념"이다. "이 이념은 새로운 종교 운동의 형태를 띨 수도 있다. 영국 청교도주의에서 이슬람 지하드 운동에 이르는 근본주의 종교 집단은 종종 부도덕한 통치자에게 저항하는 봉기를 정당화했다." 마지막 다섯 번째는 우호적인 "국제 관계"이다. "결정적 시기에 외국이 정권 반대파를 지원하거나 통치자에 대한 지원을 중단하면서 혁명이 성공을 거둔 경우가 많았다. 반대로, 외국이 반혁명을 지원하려고 개입한 탓에 실패하거나 뒤집힌 혁명도 많다." 이들 다섯 가지 조건들이 맞아떨어지면 위기 상황에서 쉽게 혁명이라는 급진적 변화 운동이 발생할 가능성이 매우 크다.[84]

이렇게 해서 혁명이 발발하면 그것은 여러 단계를 거쳐 진화해간다. 혁명의 각 단계에서 나타나는 모습들을 하나의 정형화된 모델로 제시한 최초의 근대적 인물은 아이러니하게도 역사에 대한 이론적, 철학적 접근을 비판하고 거부했던 부르크하르트였다. 그는 혁명의 전형적 과정들이 크게 다섯 단계의 경로를 밟는다고 보았다. (1) 과거의 모든 것(구체제!)에 반박하고 저항하는 부정적이고 고발적인 측면과 미래에 대한 기대로 가득 찬 긍정적이고 이상적인 측면을 동시에 갖는 혁명의 초반부, (2) 위기가 연장되고 확대되면서 둘 이상의 위기들이 중첩되는

84 Goldstone, *Revolutions [...]*, pp. 35~41.

현상을 보이거나 하나의 지배적이고 주도적인 세력에 반발하는 또 다른 세력의 등장과 그들 사이의 테러와 공포를 동반한 갈등과 투쟁의 중반부, (3) 혁명 이전의 모든 질서를 원상 복구하려는 반동적인 움직임이 발생하는 후반부, (4) 쿠데타를 통한 전제주의의 등장과 정착으로 특징지어지는 종말부, (5) 혁명 이후 왕정복고 체제가 들어서는 완결부 등이 그것이다.[85] 이 정형화된 모델의 가장 큰 특징이자 동시에 한계는 그것이 부르크하르트가 살던 당대를 기준으로 가장 최근에 있었던, 아니 전 인류의 역사를 통틀어 가장 중요한 사건 중의 하나인 프랑스혁명을 모델로 해서 만들어졌다는 것이다. 큰 사건이고 중요한 사건이니 그럴 수 있다고 쳐도 모든 혁명이, 모든 위기가 프랑스혁명을 모델로 해서 밟아 나간다는 주장은 분명 과장이고 억지이며 오류일 것이다.

그런데 문제는 그러한 현상이 부르크하르트가 살던 당대로 끝나지 않고 그 이후의 세기에도 계속 이어지고 있다는 점이다. 가령 앞서도 인용한 1938년 발표한 『혁명의 해부』에서 브린튼도 역시 탐구 대상으로 삼은 네 개의 혁명들로부터 추출했다며 다섯 단계의 혁명 과정을 제시하고 있는데, 이들 모두는 프랑스혁명을 모델로 해서 만들어졌다. 즉 (1) 혁명의 위기를 합법적인 방법으로 극복하고자 하는 개혁주의자들에 의한 '온건파의 지배' 단계, (2) 온건파가 밀려나고 정치적 전복이 일어나는 '극단주의자들의 권력 장악'의 단계, (3) 그들 중 일부가 더 과격해지면서 나타나는 '공포 정치'의 단계, (4) 이들의 급진적 추동력에 제동을 거는 '반동의 공세' 단계, (5) 마지막으로 혁명의 성과들이 계속해서

85 최성철, 「현재의 경험에서 역사의 인식으로-야콥 부르크하르트(Jacob Burckhardt)의 역사이론에 대한 연구」, 『서양사론』 71 (2001), 85~113쪽.

모습을 바꾸어나가는 제한된 규모의 중앙집권적 '무단 정치'의 단계 등이 그것이다.[86] 물론 브린튼 자신도 네 개의 혁명 중 사회적, 계급적 혁명으로서 영국혁명, 프랑스혁명, 러시아혁명 등 세 개의 혁명은 매우 유사한 과정을 밟아가고, 다만 지역적, 민족적 혁명이었던 미국혁명만이 개념도식에 맞지 않는 예외적 운동이었다고 인정하기는 하지만, 그는 위의 다섯 단계를 개념틀로 해서 혁명을 해부해나갔다.

이러한 의혹, 즉 혁명의 단계를 구분하는 도식이 '프랑스혁명'을 모델로 삼고 있지 않나 하는 의혹은 현대 21세기 혁명 연구자들에게도 그대로 이어져 나타난다. 가령 골드스톤은 혁명 과정을 (1) 제1단계: 권력 쟁취 단계, (2) 제2단계: 헌법 제정 단계, (3) 제3단계: 각종 현안 해결 및 개혁 작업 단계, (4) 제4단계: '혁명 이후의 권력 투쟁' 단계 등 네 개로 잡고 있는데,[87] 이 단계들은 전형적으로 프랑스혁명에만 들어맞는 도식이다. 즉 러시아혁명의 경우 헌법 제정은 혁명이 모두 종결된 1924년에야 공포되었고, 영국혁명의 경우도 혁명 이후 권력 투쟁의 모습은 거의 보이지 않았다. 결국 이쯤 되면 예나 지금이나 프랑스혁명을 혁명모델로 삼지 않는 혁명 연구자가 거의 없다는 결론에 이르는데, 혁명 연구자들의 반복되는 오류처럼 보이는 이러한 현상은 사실은 오류가 아니라 일말의 진실을 담고 있는 현상으로 이해할 필요가 있다. 이 말은 즉 프랑스혁명이야말로 인류 역사에 가장 큰 족적과 영향, 그리고 깊은 인상을 남긴 혁명의 전형, 베버식으로 표현하면 혁명의 '이념형(Idealtypus)'에 해당하는 사건이라는 것이다. 따라서 우리는 혁명 연구

86 Brinton, *The Anatomy of Revolution*.

87 Goldstone, *Revolutions [...]*, pp. 55~59.

자들이 반복해서 오류를 저지르고 있다고 한탄하거나 푸념을 늘어놓을 것이 아니라, 오히려 반대로 프랑스혁명을 개념도식 또는 정형모델로 설정해 두고 특정한 혁명을 연구하고 분석할 때 이 혁명이 왜 그리고 어떤 부분에서 프랑스혁명의 전형적인 도식에 들어맞지 않는지를 연구해야 할지 모른다. 본 논의의 취지에서 좀 벗어나는 얘기일 수도 있는데, 나는 이 점이 바로 인문과학이 여타의 사회과학이나 자연과학과 결정적 차이를 노정하는 경계 부분이라고 생각한다. 개별현상을 근거로 인간을 탐구하는 인문과학은 사회과학이나 자연과학에서 중시하는 학문적 규칙과 정률(定律)이 따로 없기에 아무리 그것이 사전(事前)에 설정되어 있다 하더라도 반드시 그것을 따를 필요가 없고 또 어쩌면 따를 필요가 없어야 한다. 왜냐하면 그러한 학문적 가설처럼 세워진 원칙에 들어맞지 않는 모습들이 많이 드러나면 날수록 우리는 역설적으로 인간과 인간적 삶의 다양한 모습들을 더 많이 이해하고 인식하면서 인문학적 소양과 지식을 넓혀갈 수 있기 때문이다.

혁명의 결과는 일반적으로 특정되지 않는다. 다시 골드스톤에 따르면, 그 결과를 언제 평가해야 할지 모르기 때문이다. 예컨대 “1917년 러시아 혁명의 주된 결과는 1930년대 스탈린의 농업 집단화로 수백만 명이 목숨을 잃은 것일까? 아니면 소련이 나치의 맹공을 이겨내고 1960년대에 세계의 두 초강대국 중 하나로 올라선 것에 주목해야 할까? 1989~1991년 소련 붕괴는 72년 전 러시아 혁명의 필연적 결과로 봐야 할까, 1980년대 고르바초프를 비롯한 소련 지도자들의 잘못된 선택 때문이라고 봐야 할까? 1776년 미국 독립 혁명의 결과는 1787년에 채택되어 200년 이상 유지된 헌법일까? 아니면, 미국 독립 혁명과 헌법 타협의 결과는 1860년대에 미국이 피비린내 나는 내전에 빠진 것일까? 혁명의 결과는 많고 다양하며 드러나는 시점도 제각각이다. 미국 독립 혁명은 민주주의를 만들어냈다고 칭송받지만, 실은 인구의 절반 이상인 여성과 노예는 100년 넘도록 투표권을 누리지 못했다. 무산계급 문화대혁명 시기에 중국은 내부 갈등과 이념 다툼으로 갈라지고 빈곤해진 것처럼 보였지만, 20년 뒤에는 근대의 성장 기적을 달성했으며 세계 2위의 경제 대국이 되었다." 그럼에도 불구하고 혁명의 결과에는 "몇 가지 뚜렷한 원리"가 있는데, 첫째는 결과가 금세 드러나지 않는다는 것이고, 둘째는 혁명의 결과가 "사회혁명", "반제국주의혁명", "민주화혁명" 등 몇 가지 유형으로 나뉜다는 점이다.[88] 이러한 유형들은 앞으로 역사가 진행되면서, 그리고 우리가 예측할 수 없는 새로운 유형의 혁명들이 발생하면서 더 누적되어 갈 것이다. 가령 2016년 말에 발생한 우리나라의 '촛불혁명'처럼 사소한 사건이 발단되어 외관상 합법적 선거절차를 거쳐 선출된 대한민국 대통령이 탄핵을 받고 새로운 대통령이 선출됨으로써 평화적으로 정권교체가 이루어진 사례는 말할 것도 없고, 표면적으로는 민주화 혁명이라는 범주에 들어가는 것처럼 보여도 실제로는 그렇지 않은 수많은 혁명들, 가령 반쪽짜리 민주주의로 귀결되거나 오히려 군사정권으로 끝나고 만 1848년 유럽혁명, 1911년 신해혁명, 튀니지와 이집트의 2011년 아랍혁명, 터키혁명, 메이지 유신, 이집트의 나세르혁명 등도 모두 새로운 유형의 혁명들이다. 결국 역사적 경험의 축적과 더불어 혁명의 유형, 모델도 새롭게 축적되어 갈 것

88 Goldstone, *Revolutions [...]*, pp. 63~67.

이다.

혁명과 관련한 논의의 마지막 주제는 '반(反)혁명'이다. 혁명을 반대한 담론, 이른바 반혁명론의 고전으로 평가받는 아일랜드 출신의 영국 정치가 버크(Edmund Burke)의 『프랑스혁명에 관한 성찰』이 출판된 것은 프랑스혁명이 발발한 이듬해인 1790년 11월이었다. 근대 보수주의의 원천이자 시발점이 된 이 책에서 버크는 수호되고 유지되어야 할 옛 전통과 정체가 어떻게 혁명이라는 끔찍한 사건을 통해 하루아침에 붕괴되고 파멸되어버렸는지 개탄하면서 혁명을 비판했다. "이것[프랑스혁명]은 자연에 반하는 것이었다. 나머지도 그런 식으로 뒤따른다. 그들은 성공을 거둔 데서 벌을 받게 되었다. 법률은 전복되고, 법정은 와해되고, 산업은 활기를 잃었으며, 상업은 소멸했다. 세금을 납부하지 않았으나 인민들은 가난해졌다. 교회는 약탈당했으나 한 신분도 구제되지 못했다. 정치적·군사적 무정부 상태가 왕국의 헌법이 되었다. 인간에 관한 것과 신에 관한 것이 모두 공공 채권이라는 우상을 위해 희생되었으니, 그 결말은 국가의 파산이었다."[89] 버크가 보기에 프랑스인들이 저지른 근본적인 오류는 새로운 시작이라는 명분하에 현재를 위해 과거를 완전히 지워버린 데 있었다. "당신네[프랑스인들]는 잘못 시작했다. 왜냐하면 당신들에게 속하는 모든 것을 멸시하면서 시작했기 때문이다. 당신들은 밑천 없이 사업을 시작한 것이다. 만일 당신 나라의 바로 앞 세대가 별로 영광스럽게 보이지 않는다면, 그들을 지나쳐버렸

89 Edmund Burke, *Reflections on the Revolution in France: and on the Proceedings in Certain Societies in London Relative to that Event*, ed. and intro. by Conor Cruise O'Brien (Harmondsworth: Penguin Books, 1969), 이태숙 옮김, 『프랑스혁명에 관한 성찰』(파주: 한길사, 2017), pp. 90~91.

으면 될 것이다. 당신들의 주장을 더 이전의 조상들로부터 끌어오면 될 일이었다. 그러한 조상에 대한 경건한 애호 속에서, 당신의 상상력은 요즈음의 천박한 행동을 넘어서 그들에게서 덕과 지혜의 기준을 인식했을 것이다. 그리고 당신들은 닮고자 하는 모범과 더불어 향상되었을 것이다. 프랑스인을 어제 갓 태어난 사람들로 간주하거나 1789년 해방의 해까지는 미천하고 예속된 가련한 사람들로 여기도록 하는 선택을 하지 않았을 것이다."[90] 버크는 프랑스인들이 일으킨 혁명 자체가 잘못이라기보다는 그들이 시도한 정치 변혁이 잘못된 방향으로 나아갔다고 보았다. 이 외에도 버크는 프랑스혁명이 어떻게 그리고 왜 잘못된 사건이었는지를 조목조목 비판해 나간다. 버크의 사상에 영향을 받은, 그리고 이후에 혁명이 진행되는 과정에서 펼쳐진 끔찍한 테러와 피로 얼룩진 폭력적 사건들을 접한 독일 교양 지식인들은 프랑스혁명에 대한 태도를 애초의 지지와 열광에서 반대와 비판, 심지어 혐오와 경멸로 바꿔 나갔다. 이로써 독일이 영국과 더불어 보수주의 사상의 온상이 되었다는 점은 이미 앞서 지적했다.

버크의 담론에서 또 하나 우리가 눈여겨보아야 할 중요한 점은 앞서 인용문에서 드러난 것처럼 혁명에 대한 그의 고전적 또는 영국식 이해다. 즉 출발점으로의 회귀, 위대하고 화려했던 옛 전통으로의 복귀는 바로 프랑스혁명 이전까지의, 특히 영국적 이해에 바탕을 둔 혁명 개념이었다. 프랑스의 현대 법학자이자 신학자인 엘륄(Jacques Ellul)도 이론이나 기구도 없이 즉흥적으로 발생하는 '저항'과 하나의 주의(主義)와

90 Burke, *Reflections on the Revolution in France*, p. 86.

계획, 프로그램, 이론의 요소, 정치 기구 등을 갖고 전개되는 '혁명'을 구별하면서, 혁명의 본질은 오히려 새로운 변화보다 출발점으로의 회귀에 있다고 보았다. 그에 따르면, "혁명은 이미 존재하는 것을 변화시키는 시도가 아니다. 혁명은 개혁과는 아무런 관련이 없다. 혁명은 처음으로 다시 되돌리는 것이다. 혁명 계획은 이상주의자의 이론을 주장하는 것도 아니고, 사회의 여차여차한 요소를 변화시키려는 시도도 아니다. 혁명 계획은 언제나 출발점으로 가져 오며, 여기에서 모든 것은 새로운 출발점을 갖게 된다."[91] 물론 그렇다고 해서 버크가 혁명이라는 정치적 사건을 옹호했다거나 프랑스혁명이 '진정한 혁명의 길'을 밟아 가지 못한 것으로 생각했다고 주장하려는 것은 아니다. 하지만 버크나 엘륄의 논의 속에는 다분히 그것이 혁명이라는 옷을 입든 안 입든 올바른 정치 변화의 프로그램이 과연 어디에 있는지에 대한 깊은 고민과 성찰이 담겨 있다는 공통점이 있다.

이 논거에 입각해서 보면 '반혁명'도 그 운동을 일으킨 사람들의 입장에서는 잘못된 정치 프로그램에 대한 나름 혁명적인 저항의 시도라고 할 수 있다. 단순히 '변화에 대한 저항'이 아니라 '잘못된 변화에 대한 교정의 시도'로서 말이다. 변화라는 명분의 오류를 수정하고 원래의 바른 체제로의 복귀를 지향하는 정치적 실천이 혁명과는 거리가 멀다고 누가 감히 말할 수 있겠는가. 프랑스혁명 시기의 방데(Vendée) 반혁명이 그랬고, 러시아혁명 시기의 적군에 맞선 러시아 백군의 저항이 그랬다. 그래서 그랬는지 「상식(Common Sense)」(1776)이라는 제목의 팸플

91 Jacques Ellul, *Autopsie de la révolution* (Paris: Éditions de la Table Ronde, 2008), 황종대 옮김, 『혁명의 해부』(대전: 대장간, 2013), p. 71.

릿을 통해 미국혁명을 촉발시킨 페인(Thomas Paine)은 1791년 시대정신에 충실하게 미국혁명과 프랑스혁명을 권리와 자유가 보장되던 화려한 과거로의 복귀를 지향한다는 의미에서 아예 "반혁명(counter-revolution)"으로 명명하자고 제안하기에 이른다.[92] 이른바 혁명이 반혁명으로 이해되고, 반혁명이 혁명이 될 수도 있다는 점이 분명해진 것이다. 이 점에서 보면 '변화에의 지향'과 '변화에 대한 저항'이 '혁명'과 '반혁명'을 가르는 기준점이 될 수 없음을 알 수 있다.

혁명과 역사의 필연적 관계는 두 말의 여지가 없을 만큼 명백하다. 전쟁과 마찬가지로 혁명도 역시 – 시기적으로 전쟁보다는 약간은 뒤였지만 – 인류 역사의 진행과 더불어 등장하고 발생해 변화하며 진화를 거듭해왔다. 그 이전의 경험이 반영된 경우도 있지만, 어리석은 전철을 밟는 경우도 허다했다. '혁명'이라는 용어 또한 시대에 따라 "정치적 변화의 순환적 패턴", "자연 질서의 복원", "폭력적이고 영구적인 정치적 변화" 등을 뜻했고, 오늘날에는 급기야 "민주적 권리의 평화적 주장"을 의미하는 단계에까지 이르렀다.[93] 따라서 미래에 혁명이, 그것도 어느 지역에서 어떤 유형의 혁명이 어떻게 발생할지 우리는 전혀 알 수 없다. 다만 역사적 경험에 비추어 앞으로도 어떤 유형이 되었든, 어떤 식으로든 권력을 올바로 또는 정의롭게 사용하지 않는 정부가 있는 한 혁명은 발생할 가능성이 크다는 점만은 분명히 말할 수 있다.

결론적으로 서양에서 혁명은 고대 로마제국 말기에 등장해서 주로

---

92 Thomas Paine, "Rights of Man"(1791), Th. Paine, *The Complete Writings of Thomas Paine*, 2 Vols. (New York: Citadel Press, 1945), vol. 1, p. 356 (=제2부 서문).

93 Goldstone, *Revolutions [...]*, p. 72.

천문학 분야에서 행성 등이 한 바퀴 궤도를 따라 돌다가 원래 출발점으로 되돌아온다는 의미로 쓰이다, 프랑스혁명을 계기로 그 뜻이 근본적인 정치사회의 변혁을 의미하는 용어로 변화하고 정착한 개념이다. 따라서 혁명은 단어 그 자체만 놓고 보면, 아렌트가 올바로 지적했듯이, '변화'를 지향하지 '폭력' 자체를 목표로 삼지 않는다. 그러나 역사상의 모든 혁명에서 폭력이 발생했다는 사실은 두 말의 여지가 없다. 즉 혁명이 폭력적 현상인 것은 맞지만, 혁명이 반드시 폭력과 동일시되어서는 안 된다.[94]

* * *

이 장에서 마지막으로 짤막하게 살펴볼 정치외교적 폭력 유형은 테러다.[95] 테러 또한 인류의 역사만큼이나 오래되었다는 것이 많은 학자들의 공통된 의견이다. 역사에 기록된 대표적인 사례로 기원전 44년의 카이사르(Julius Caesar)에 대한 암살사건이나 기원후 66년에서 73년

94 여기서 우리가 혁명이라는 개념을 정치외교적인 영역으로 한정해서 그렇지, 역사가들이 즐겨 사용하는 것처럼 다방면으로, 예컨대 경제나 문화 등의 영역으로 넓히면 '혁명'이라는 용어는 폭력과 무관할 때가 더 많다. 가령 경제 분야에서는 가격혁명, 상업혁명, 산업혁명 등이, 문화 분야에서는 문자혁명, 지적혁명, 과학혁명 등이 그 예에 속한다.

95 반란, 폭동 등은 실패한 혁명이라는 점에서 혁명에 대한 이 장(章)에서의 고찰에서 간접적으로 다룬 것으로 간주한다. 물론 고대의 노예반란, 중세 말의 수많은 농민반란, 르네상스 시기의 도시반란(치옴피의 난), 종교개혁 시기의 재세례파의 난, 제국기사의 난, 절대왕정 시기의 귀족들의 반란(프롱드 난) 등 역사상 수많은 반란들은 그 자체로 하나의 중요한 역사적 연구 테마일 수 있고, 더구나 혁명과 이들 실패한 혁명들과의 개념적, 유형적 비교는 또 다른 흥미로운 연구주제인 것은 분명하지만, 정치외교적 폭력의 유형상 이들은 혁명과 유사한 현상으로 간주되기에 생략하기로 한다.

사이에 로마의 지배에 저항해 유대계 종파인 '젤롯(Zealot)' 소속의 단원들(Zealots)이 예루살렘의 시장 같은 곳에서 대낮에 군중들 사이에서 튀어나와 긴 겉옷 속에 감추고 있던 단검(sica)을 이용해 로마 관리나 유대인 협력자들을 살해하거나 납치함으로써 결국 대중폭동으로까지 이어진 사건을 들 수 있다.[96] 특히 젤롯파의 암살 행위는 종교와 테러리즘의 밀접한 연결을 보여준 거의 최초의 사례라고 할 수 있다. 초기의 고대 테러리즘은 이처럼 정치적·종교적 목적에 의해 국왕 살해자, 폭군 살해자, 힌두교의 폭력배 및 무슬림 암살자로부터 발생했다.[97] 하지만 '테러리즘'이라는 용어가 프랑스혁명 당시 반혁명 세력에 대항하기 위해 자코뱅파가 주도한 정부에 의해 시행된 '공포정치(Reign of Terror)'로부터 유래했다는 점은 익히 알려진 사실이다.[98]

'테러' 또는 '테러리즘'은 가해자와 피해자의 입장 차이가 너무도 클 뿐만 아니라 그 양쪽의 경계를 특정할 수 없는 경우가 많고, 그러다 보니 학자마다 너무도 다양한 정의들을 제시해서 그에 대한 '적절한 정의'가 여전히 현재 진행 중인 개념이라고 할 수 있다.[99] 그럼에도 불구하고

---

96 Bruce Hoffman, *Inside Terrorism* (New York: Columbia University Press, 1998), p. 88. 젤롯 단원들은 또한 그들이 단검을 사용했기에 '단검을 휘두르는 사람들'이라는 뜻의 '시카리(Sicarii)'로도 알려져 있다. 영어의 '극단적 파르티잔'이나 '광신적 열광자'를 뜻하는 일반 명사 'zealot'도 이들에게서 유래한다.

97 Audrey Kurth Cronin, "Behind the Curve: Globalization and International Terrorism", *International Security* 27 (2003), pp. 30~58; Cindy C. Combs, *Terrorism in the Twenty-First Century* (Upper Saddle River, NJ: Prentice Hall, 1997); Jessica Stern, *The Ultimate Terrorists* (Cambridge: Harvard University Press, 1999), etc.

98 Hoffman, *Inside Terrorism*, p. 14.

99 Alex P. Schmid, ed., *The Routledge Handbook of Terrorism Research* (London & New York: Routledge, 2011), pp. 39 ff.; Richard Jackson, et. al., *Terrorism: A Critical Introduction* (Basingstoke & New York: Palgrave Macmillan, 2011), pp. 99 ff.;

우리는 여기서 그에 대한 몇몇 관점 또는 담론을 검토해보지 않을 수 없다. 테러에 대한 고전적 견해 또한 아렌트에 의해 제시되었다. 그녀에 따르면 "테러"는 "권력에 대한 폭력의 승리에서의 자멸적인 요인"이 가장 분명하게 드러나는 폭력 형식이다. 그리고 우리는 프랑스혁명, 러시아혁명, 홀로코스트 등의 역사를 통해 테러의 "섬뜩한 성공"과 "결과적인 실패"에 대해 그 어떤 세대보다도 잘 알고 있다.[100] 예컨대 프랑스혁명 당시 자코뱅파의 지도자들, 특히 로베스피에르에 의해서 자행된 테러리즘은 그것이 활개치고 절정에 달했을 때는 영원히 지속될 것 같아 보였지만, 궁극적으로 너무도 허무하게 그 자신이 테러리즘의 가공할 희생자가 되면서 참담하게 실패했던 정치 프로젝트다. 그만큼 테러는 모든 공적 조직이 와해된 뒤에 나타나는 절망적 폭력이다. 그래서 아렌트는 "테러와 폭력은 동일하지 않다"고 결론 내린다. 즉 "테러는 오히려, 폭력이 모든 권력을 파괴하면서도, 완전한 통제를 포기하지 않고, 반대로, 유지하고 있을 경우에 나타나는 통치 형태이다. 흔히 테러의 유효성은 거의 전적으로 사회적 원자화 수준에 달려 있다고 지적되어 왔다. 온갖 종류의 조직적인 반대가 사라져야만 테러의 완전한 강제력이 활개 칠 수 있다."[101] 이 점에서 테러는 전쟁이나 혁명보다도 더 특수한 환경과 조건에서 발생하는 폭력 양태로서, '폭력의 보편성'을 대변하는 전쟁이나 혁명과 달리 '폭력의 특수성'을 상징한다고 할 수 있다.

Hoffman, *Inside Terrorism*, pp. 13 ff.; Charles Townshend, *Terrorism: A Very Short Introduction* (Oxford: Oxford University Press, 2002), 심승우 옮김, 『테러리즘, 누군가의 해방 투쟁』(서울: 한겨레출판사, 2010), pp. 1[illegible] ff.

100 Arendt, *On Violence*, pp. 54~55.

101 Arendt, *On Violence*, p. 55.

테러에 대한 합의된 정의가 있는 것은 아니지만, 많은 학자가 시도한 개념 정의나 설명 등을 종합해서 그들이 나름 동의할 만하다고 판단되는 테러의 공통요소 또는 공통특징을 뽑으면 다음과 같다. (1) 첫째 행위의 성격에서 무력을 불법적으로 사용한다는 점, (2) 둘째 범행 주체가 국가인 경우도 있지만, 대체로 개인이나 단체 등 국가의 하위 행위자라는 점, (3) 셋째 정치적 동기에서 민족 해방이나 국민국가 건설 또는 종교의 교세 확장 등 그 목적이 뚜렷이 설정되어 있다는 점, (4) 넷째 대상 또는 목표물에서 비무장 민간인이나 소극적 군사목표를 공격한다는 점, (5) 다섯째 수단과 방법 면에서 살인, 납치, 협박, 강요, 시설파괴 등 비정규적인 수단과 방법을 이용한다는 점, (6) 여섯째 의도와 결과의 측면에서 공포심을 유발하고 개인이나 정부에 압력을 행사한다는 점 등이다.[102]

역사상 현대로 올수록 폭력이 줄어들었다는 점을 실증적으로 연구한 미국의 심리학자 핑커(Steven Pinker)는 테러에 대해 매우 흥미로운 통찰을 제시한다. 먼저 그는 테러가 실제 피해 규모에 비해 공포의 확산이 엄청나게 큰 불(不)비례의 특이한 폭력임을 지적한다. "테러는 특이한 폭력이다. 공포와 피해의 비가 비뚤어져 있기 때문이다. 살인, 전쟁, 집단 살해의 사망자에 비교하면, 전 세계 테러의 희생자는 고작 통계적 잡음 범위에 불과하다." 통계자료를 보면, 1968년 이래 국제 테러에 의한 사망자는 연간 400명 미만이고, 1998년 이래 국제 테러에 의한 사망자는 연간 약 2,500명이다. '테러와 테러 대응 연구 컨소시엄'의

102 윤태영, 『테러리즘과 대테러리즘』 (창원: 경남대학교출판부, 2014), 22~23쪽.

'세계 테러 데이터베이스'에 따르면, 1970~2007년까지 세계적으로 사망자가 500명 이상인 공격은 9·11을 포함해 딱 두 건밖에 없었다. 이 수치를 다른 예방 가능한 사망 원인들의 사망자 수와 비교해 보면, 매년 미국인 4만 명이 교통사고로 죽고, 2만 명이 추락으로 죽으며, 1만 8,000명이 살인으로 죽고, 3,000명이 익사로 죽으며, 3,000명이 화재로 죽고, 2만 4,000명이 사고로 독을 먹어 죽으며, 2,500명이 수술 합병증으로 죽고, 1만 7,000명은 교통사고가 아닌 다른 불특정 사고들과 그 후유증으로 죽는다. 1995~2001년까지 매년 테러로 죽은 사람보다 벼락, 사슴, 땅콩 알레르기, 벌침, '잠옷의 발화 또는 녹아내림'으로 죽은 사람이 더 많았다. 결국 테러범이 노리는 것은 피해 규모가 아니라 공포의 확산이고 이를 통해 사람들이 공황상태에 빠지는 것임을 알 수 있다. 공황이야말로 테러의 본질이다. 그래서 핑커는 "테러리즘"을 "비국가 행위자가 정치적, 종교적, 사회적 목표를 추구하고자 비(非)교전자(민간인이나 비번인 군인)에게 사전에 계획된 폭력을 가하는 것"이라고 정의한다.[103] "그럼으로써 정부에게 무언가를 강제하거나, 더 많은 청중을 협박하거나, 사람들에게 메시지를 전달하려고" 한다. "테러리스트의 목표는 정부가 자신의 요구에 굴복하는 것일 수도 있고, 정부의 보호 능력에 대한 대중의 신뢰를 훼손하는 것일 수도 있고, 정부를 자극하여 대대적인 억압을 유도함으로써 시민들이 정부에게 등을 돌리거나 폭력적 혼돈이 벌어지면 그 틈을 노려 자신들이 득세하는 것일 수도 있

103 Steven Pinker, *The Better Angels of Our Nature: Why Violence Has Declined* (New York: Viking, 2011), 김명남 옮김, 『우리 본성의 선한 천사』 (서울: 사이언스북스, 2014), pp. 591~592.

다.” 그런데 특이한 점은 대부분의 폭력 가해자들이 이기적인 동기와 욕구에서 폭력을 행사하는 것과 달리, 테러리스트는 개인의 이익이 아니라 대의를 좇아 움직인다는 점에서 “이타적”이라는 데 있다. 또 그들은 불시에 은밀하게 행동하기 때문에, 일반적으로 “비겁하다”는 평을 듣지만, 그래도 “선전과 주목”을 원하고, “공포”를 통해 그것을 이루려고 노력하기 때문에 “소통을 추구한다.” 테러리즘의 또 하나의 주목할 특징은 그것이 “약자가 강자에게 쓰는 전략”으로서 일종의 “비대칭 전투의 한 형태”라는 것이다. 결국 테러는 “공포 심리를 지렛대로 씀으로써, 실제 인명이나 재물에 대한 피해보다 훨씬 큰 감정적 손상을 입힌다.”[104]

역사상 테러가 정치원리와 통치방식의 골자로 사용된 가장 대표적이고 전형적인 근대적 사례는 아마도 프랑스혁명 당시 로베스피에르가 행한 ‘공포정치’일 것이다. 가령 중국의 진시황이나 페르시아의 다리우스 1세와 같은 동방의 전제군주, 칼리굴라나 네로와 같은 로마의 폭압적 황제, 근대 초 이반 뇌제(雷帝, Ivan the Terrible) 같은 러시아의 폭군적 차르, 근대의 절대왕정을 대표하는 루이 14세와 프리드리히 대왕 같은 절대군주, 아니면 20세기의 무솔리니, 스탈린, 히틀러 같은 전체주의 체제의 제왕적 독재자들, 이들도 모두 나름의 공포를 기반으로 해서 통치를 했던 것은 사실이지만, 그 정치체제의 개념, 통치방식의 특성, 파급효과의 규모 등의 측면에서 로베스피에르의 공포정치를 따라올 수 없다. 심지어 아렌트는 바스티유 함락에서 3년 후 9월학살로 막을 내리

104 Pinker, *The Better Angels of Our Nature [...]*, pp. 592~593.

는 민중 봉기의 결과로서 '대공포'와 자코뱅파의 혁명지도자들, 특히 로베스피에르를 중심으로 한 청렴한 사람들(the Incorruptible)이 공포정치를 통해 자행한 '테러'를 동일선상에서 보면 안 된다고 강조한다. 아렌트는 아마도 전자가 결과적으로 지배계급을 놀라게 한 민중들에 의한 봉기, 반란, 준동이었다면, 후자는 혁명과 덕을 반대하거나 지지하지 않는 모든 프랑스 국민의 공포심에 기반을 둔, 한마디로 혁명의 신격화와 국가종교에 기반을 둔 정치체제였기에 그렇게 본 듯하다. 그래서 그녀는 프랑스혁명 당시의 "테러"를 "혁명의 동기를 가속화시키기 위해 의식적으로 사용하는 제도적 장치"로 간주한다.[105] 이 경우 테러는 혁명의 추진을 독려하는 가속 엔진이다. 혁명은 테러의 도움을 받아 자신의 궤도를 이탈 없이 뻗어 나갈 수 있다. 그 점에서 혁명을 혁명답게 만드는 가장 강력한 수단 중 하나가 바로 테러다.

이처럼 역사적으로 특수한 환경과 조건에서 그 나름의 독특한 의미와 가치를 갖던 테러는 오늘날에 와서는 – 핑커가 지적했듯이 – 약자가 강자에게 가하는 비대칭 정치행위의 한 수단이자 공포와 공황에 근거한 폭력 양식으로 변질되어 버렸다. 오늘날 이슬람 근본주의자들, 이슬람 무장단체들이 서방 국가들의 무고한 비무장 국민을 향해, 또는 바스크족이나 쿠르드족처럼 아직껏 국가를 형성하지 못한 민족들이 국가 형성을 방해하는 주변 국가들의 선량한 비(非)교전 국민을 향해 무차별적으로 자행하는 잔인한 폭력 수단으로 전락한 '테러'는 앞으로도 정치외교적 힘의 균형이 비대칭적으로 존재하는 한, 결코 사라질 것 같

105 Arendt, *On Revolution*, p. 186.

지 않다. 심지어 핑커는 "만일 핵무기 공격의 가능성이 현실이 된다면, 미래에는 테러가 파국적인 인명 피해를 낳을 수도 있을 것"이라고 예견한다.[106] 테러와 같은 폭력 수단을 막는 방법을 고민하고 발견하는 것은 이 책의 본래 주제에서 벗어나기 때문에 여기서 더 이상의 논의는 진전시키지 않겠다. 다만 나는 다양한 형태의 정치외교적 폭력 현상들의 특징과 본질에 대한 여기서의 탐구와 그에 관한 담론이 그것들을 예방하는 대책이나 정책을 찾아내는 데 아주 조금이라도 보탬이 되길 바랄 뿐이다. 더구나 이들 정치외교적 폭력의 다양한 유형들이 어떻게 서로 동일하거나 유사하고 어떻게 서로 다른지를 파헤쳐보는 비교 분석 작업이 후속연구를 통해 추가로 이어진다면 정치외교상의 폭력을 좀 더 근원적으로 이해할 수 있는 길이 열리지 않을까 기대해 본다.

106 Pinker, *The Better Angels of Our Nature [...]*, p. 595.

제5장
사회경제적 폭력:
계급과 자본 그리고 빈부격차

제5장
사회경제적 폭력: 계급과 자본 그리고 빈부격차

사회적 폭력이란 '구조적 폭력'을 말하는데, 일반적으로 사회계급 간의 갈등, 경쟁, 억압, 차별 등을 통칭한다. 대체로는 지배계급과 피지배계급 사이의 갈등이 문제가 되며(갈등사회학), 이는 언제나 경제체제 또는 정치체제 등과 맞물려 논의된다. 전자와 연결되는 이유는 그것이 사회적 부(富)의 불평등한 분배와 연관되어 나타나기 때문이고, 후자와 연결되는 이유는 그것이 항상 정치적 권리와 자유의 불균등한 부여를 통해 야기되기 때문이다. 이러한 구조적 폭력의 관점에 따르면, 가령 노예제 사회 하에서의 노예주, 봉건제 사회에서의 영주, 자본제 사회에서의 부르주아 등은 이미 그들의 존재 자체가 각각 노예들, 농노들, 노동자들에게 폭력을 가하는 가해자로 간주된다. 폭력을 행사하지 않아도 그 지위에 앉아 있다는 사실 자체가 폭력이 되는 셈이다. 그 점에서 자본주의 자체를 "구조적 제노사이드(Structural Genocide)"로 보는 학자

도 있다.[107]

사회의 구조 자체가 인간에게 폭력을 행사한다고 보는 관점은 사실 전통적인 폭력 개념에 따르면 이해할 수도 없고 수용될 수도 없다. 왜냐하면 일반적으로 폭력이란 외부에서 물리적으로 힘을 가할 때 나타나는 것으로서 그것을 통해 가해자와 피해자가 구분되며, 피해의 사실이 실증적으로 확정될 수 있는 현상이기 때문이다. 마치 하나의 범죄가 발생했을 때 범죄 구성요건으로서 가해자가 있고, 피해자가 있으며, 범죄 사실이 확증되어야만 경찰이나 검찰, 또는 변호사나 판사들이 작업을 진행해나갈 수 있듯이 말이다. 예컨대 정치적 폭력의 경우 가해자가 정치 서열상 남에게 폭력을 행사할 수 있는 권력자의 자리에 있는 통치자일 경우는 말할 것도 없고, 아무리 그것이 국가나 정부 같은 추상화된 권력기구에 의한 것이라 하더라도 일반적으로 그 가해자의 실체가 분명히 특정될 수 있다. 그러나 사회가 개인에게 폭력을 행사한다고 주장한다면 이것은 모호하기 그지없다. 특히나 사회는 눈에 보이지도 않고 우리의 감각기관을 통해 확인되는 실체가 아니기 때문에 이때의 폭력이 무엇을 말하는지, 어떻게 폭력이 행사될 수 있는 것인지 알 길이 없다. 더 심각한 문제는 사회적 폭력을 인정할 경우 인간은 살아 있는 한 폭력에서 벗어날 수 없는 존재가 되어버린다는 점이다. 왜냐하면 인간은 – 적어도 아리스토텔레스의 정의에 따르자면 – 반드시 공동체를 이루며 살아갈 수밖에 없는 '사회적 존재'이기 때문이다. 이 관점에 따르면, 마치 그리스도교에서 인간을 탄생부터 죄를 짓는 원죄적

107 Garry Leech, *Capitalism: A Structural Genocide* (London: Zed Books, 2012).

존재로 보는 것처럼, 인간은 태어나면서 '폭력의 피해자'로 살아갈 수밖에 없는 존재가 된다. 마치 하이데거가 인간을 "죽음을 향해 가는 존재(Sein-zum-Tode)"로 규정했듯이,[108] 사회적 폭력 담론의 주창자들에 따르면 인간은 늘 폭력의 환경에 내던져져서 언제나 폭력을 당하며 살아가는 '폭력 속의 존재(Sein-in-der-Gewalt)' 또는 '폭력에 둘러싸인 존재(Sein-um-der-Gewalt)'가 된다.

* * *

사회 자체가 폭력의 예방을 목적으로 탄생했다는 인간 공동체의 폭력 기인설은 많은 사회학자가 동의하는 가설이다. 현대 독일의 사회학자 조프스키(Wolfgang Sofsky)는 사회의 탄생 배경에 폭력이 놓여 있음을 강조한다. 사회는 인간들이 서로 관계를 맺고자 하는 사회적 욕구나 노동의 필요에서가 아니라 육체적 공격과 신체적 고통에 대한 불안과 공포에서 벗어나고자 상호 계약을 맺고 공동체를 형성한다는 것이다. 폭력의 경험이 사람들로 하여금 서로 협력하고 단합하도록 만들기에 모든 지배 또는 법률의 근저에는 자의, 불안, 공포가 놓여 있다. 사회질서란 무질서와 혼란에 대한 불안감을 극복하기 위해 개인의 자유를 억압하고 배제하고 또 공동체의 안정과 획일적 동질성을 목표로 고안된 규범과 규칙[법] 같은 강제체제의 다른 이름이다.[109] 그 점에서 모

108 Martin Heidegger, *Sein und Zeit* (Tübingen: Niemeyer, 1967, 1st ed. 1927), pp. 252 ff.

109 Wolfgang Sofsky, *Traktat über die Gewalt* (Frankfurt a. M.: Fischer Verlag, 1996), 이한우 옮김, 『폭력사회』 (서울: 푸른숲, 2010), pp. 13~30.

든 규정이나 규범 또는 법률은 폭력을 내포한다. 인간을 '폭력 속의 존재'로 규정한 나의 테제에 입각해서 보면, 조프스키의 관점은 이를 뒤집은 것이다. 그러나 어느 관점을 수용하든 내용은 동일하다. 즉 인간은 삶의 불안과 공포에서 벗어나고자 사회를 만들었지만, 그렇게 해서 만들어진 사회는 다시 인간을 폭력 속으로 몰아넣는다. 반대로 인간은 폭력의 환경 속에 태어나면서 불안과 공포를 느끼기 때문에 공동체를 형성하지만, 바로 그 폭력을 통해서 사회질서를 유지하고자 한다. 닭이 먼저냐 달걀이 먼저냐로 싸울 필요는 없을 것이다.

역사적으로 사회의 구조적 폭력 개념을 처음 제시한 인물은 노르웨이의 평화학자 갈퉁이다. 그는 평화를 연구하는 사람답게 폭력에 대해 다른 학자들과는 전혀 다른 방식, 즉 일반인들로서는 도저히 상상할 수도 없을 정도로 독특하고 특이한 변증법적 방법으로 접근한다. 그에 따르면, "폭력은 인간들이 자신의 현실적인 육체적, 정신적 능력을 그 자신의 잠재적인 능력보다도 더 적게 발휘하는 데 영향을 받게 될 때 발생한다." 무슨 뜻이냐 하면, 만일 A라는 한 사람이 100이라는 잠재적 능력을 보유하고 있다고 가정해보자. 그가 100이라는 잠재적 능력을 제대로 발휘할 수 있다면 그가 속한 사회는 폭력이 없는 사회이지만, 만일 그렇지 못하고 10 또는 20 정도밖에 발휘할 수 없다면 그 사회는 폭력적인 사회가 된다. 갈퉁은 단순히 신체적이고 물리적인 폭력만이 아니라 심지어 정신적이고 정서적인 폭력까지 인정했을 때조차도, 그것만 가지고는 폭력을 제대로 정의할 수 없다고 생각했다. 왜냐하면 그러한 직접적인 폭력이 가해지지 않더라도 그 자신이 살아가는 사회에서 무언가를 능력껏 또는 마음껏 행동하며 살아갈 수 없을 때, 즉 그가 속한 사회가 제도적, 구조적으로 제약을 가할 때 폭력은 발생하기 때문이다. 갈퉁에 따르면 폭력을 눈에 보이고 느낄 수 있는 물리적 현상으로만 협소하게 정의할 경우 어쩌면 "전혀 수용할 수 없는 사회질서들"이 어처구니없게도 "평화"와 동일한 것으로 간주될지 모른다. 따라서 그는 "하나의 넓은 의미의 폭력 개념이 불가피하다. 그리고 그것은 하나의 논리적인 확장일 수밖에 없다"고 주장한다.[110]

이렇게 해서 탄생한 확장된 의미의 폭력이 '잠재력과 현실성 사이의 괴리'에 입각한 폭력 개념이다. 갈퉁은 "폭력"을 "잠재적인 것과 현실적 것 사이의 차이, 즉 그럴 수 있었던 것과 실제로 그런 것 사이의 차이를 발생시키는 원인"으로 정의한다. 환언하면 "폭력이란 잠재적인 것과 현실적인 것 사이의 격차를 더 크게 하거나 그 간격을 줄이는 것을 어렵게 만드는 어떤 것"이다.[111] 앞뒤 맥락을 떼어놓고 이 폭력 정의만 액면 그대로 보면, 어느 누구라도 이게 무슨 소리인지 도무지 알 수 없을 것이다. 더구나 마치 아리스토텔레스의 형이상학에서 얘기하는 가능태와 현실태 사이의 관계를 연상시키는 이 용어들 자체가 낯설고 어렵다. 일반적인 상식 수준과 독법을 뛰어넘는 이러한 독특한 정의 때문에 갈퉁은 독자를 위해서 알기 쉽게 예를 든다. 만일 A라는 사람이 18세기에 폐결핵으로 죽었다면, 이것은 회피할 수 없는 일이기에 폭력이라고 부를 수 없다. 그러나 만일 오늘날 A가 온갖 의학적 수단들을 동원했음에도 불구하고 폐결핵으로 죽었다면, 그것은 갈퉁의 정의에

110 Johan Galtung, *Strukturelle Gewalt: Beiträge zur Friedens- und Konfliktforschung* (Reinbek bei Hamburg: Rowohlt Taschenbuch Verlag, 1975), p. 9.

111 Galtung, *Strukturelle Gewalt [...]*, p. 9.

의해 폭력과 관계된다. 마찬가지로 오늘날 사람들이 지진으로 죽었다면 폭력이 아니지만, 언젠가 미래에 지진이 회피될 수 있다면, 이러한 종류의 죽음은 폭력의 결과로 간주된다. 다른 예를 들견, 석기 시대에 30년의 기대수명은 폭력이 될 수 없지만, 오늘날에 기대수명이 그 정도라면, 그 원인이 전쟁이든 사회적 불의든, 아니면 그 둘 다이든, 갈퉁의 정의에 따르자면 폭력으로 규정된다. 여기서 폭력은 불가피한 현실이 실제로 불가피하게 발생할 때 또는 회피 가능한 현실이 실제로 회피할 수 있을 때가 아니라, 회피 가능한 현실이 그 어떤 원인에 의해서든 회피되지 못하고 발생할 때 나타난다. 불가피한 일과 회피 가능한 일, 그리고 그 두 개의 일들이 각각 일어났을 때와 일어나지 않았을 때 폭력이 발생했는지의 여부를 살펴보자. 앞서 든 사례를 다시 예로 든다면 만일 18세기에 A가 폐결핵으로 죽었거나 다행히 폐결핵이 걸렸음에도 죽지 않았다면 이때 폭력은 발생하지 않은 것이 되고, 오늘날에 A가 여러 의학적 도움에도 불구하고 폐결핵으로 죽었다면 폭력이 발생한 것이 되지만, 의학적 도움 여부와 상관없이 다행히 폐결핵으로 죽지 않았다면 이 또한 폭력이 발생하지 않은 것이 된다. 이 조합을 폭력 유무와 관련해서 도표로 나타내 보면 다음과 같다.

〈폭력의 발생 유무〉

(* 폭력 있음: ○/ 폭력 없음: ×)

	불가피한 일	회피 가능한 일
그 일이 일어남	×	○
그 일이 일어나지 않음	×	×

이 도표에 따르면, 폭력은 회피 가능한 일이 회피되지 못하고 일어날 때만 발생한다는 것을 알 수 있다.

이처럼 사회 구조가 발생시키는 폭력은 직접적 폭력이 아니라 간접적 폭력이다. 갈퉁은 직접적 폭력이 현실적인 것의 실현 가능성을 억누를 뿐만 아니라 심지어 파괴할 때 발생한다면, 간접적 폭력은 현실적인 것을 잠재적인 것에 다가가도록 만드는 통찰과 노력이 제거되었을 때 나타난다고 주장한다. 이러한 간접성 때문에 그는 사회적 폭력을 일종의 "영향"으로 생각하는 것이 유용할 것이라고 지적한다.[112] 가령 아사(餓死)가 회피될 수 있는 시대에 사람들이 기아로 죽었다면 이것은 폭력이 행사된 것이다. 마찬가지로 한 사회에서 상위계층의 기대수명이 하위계층의 기대수명보다 두 배로 높다면, 아무리 한 사람이 다른 사람을 죽이는 것과 같은 구체적인 폭력행위가 없었다 하더라도 이것 역시 폭력이 행사된 것이다. 이때 폭력의 주체와 객체의 관계는 명확하지 않다. 갈퉁은 이처럼 폭력의 주체(Subjekt)와 객체(Objekt), 그리고 폭력행위(Verb)가 명확히 확정되지 않은 사회적 폭력을 "구조적 폭력"으로 부를 것을 제안한다.[113] "구조적 폭력은 소리가 없고, 보이지 않는다. 그것은 근본적으로 정적이고, 고요한 바다다. 하나의 정적인 사회에서는 인적 폭력이 가시화되지만, 반면 구조적 폭력은 마치 우리 주변을 둘러싼 공기처럼 자연적으로 주어진 것처럼 간주되어 잘 드러나지 않는다. 반대로 하나의 극단적으로 역동적인 사회에서는 인적 폭력이 나쁘고 해로운 것으로 간주된다 할지라도 언제나 주변의 상황과 어떤 형식으로든 조화를 이루며 잘 드러나지 않지만, 구조적 폭력은 겉으로 잘 드러난다. 왜냐하면 그러한 구조적 폭력이 마치 하나의 작은 실

112 *Strukturelle Gewalt [...]*, p. 10.

113 *Strukturelle Gewalt [...]*, p. 13.

개천 속에서 거대하게 솟아오른 바위처럼 물의 자유로운 흐름을 방해하고 가능한 모든 소용돌이와 소요사태를 야기하기 때문이다."[114] 그러나 갈퉁은 비록 안정적인 사회에서 구조적 폭력이 가시적으로 드러나지 않지만 이 "고요한 바다"의 폭력이 앞의 폐결핵이나 아사, 기대수명 등의 사례에서 보듯 가시적인 인적 폭력보다 훨씬 "더 폭력적일 수 있음"을 간과해서는 안 된다고 역설한다.[115] 인적 폭력은 그 피해 규모가 – 물론 피해 당사자 입장에서는 끔찍한 것으로 여겨질 수 있음에도 – 개인적인 차원으로 끝나지만, 구조적 폭력은 피해 규모가 큰 것도 큰 것이지만 그 피해를 줄이거나 없애기 위해 우리가 도대체 어떤 시도와 노력을 해야 할지 도무지 알 길이 없기 때문에 더욱더 참혹하고 절망스럽다. 눈에 보이지는 않지만 사실은 사회 속에서 살아가는 거의 누구에게나 가해지는 이러한 거대한 규모의 정적인 구조적 폭력은 사회구조와 정치체제 또는 경제시스템을 근본적으로 변혁시켜야만 가능하기 때문에 우리는 흔히 그 구조 앞에서 그것을 변화시키려 하기보다는 그냥 포기하고 좌절하고 만다.

갈퉁은 그 의미의 포괄성 때문만이 아니라 단어의 훼손을 막기 위해, 그리고 아마도 그 부정적인 인상 때문에 "구조적 폭력"을 "사회적 불의(soziale Ungerechtigkeit)"로 부를 것을 제안한다.[116] 그러나 갈퉁의 제안과 무관하게 실제로 이러한 폭력이 사회의 상류계층은 피해가는 것으로 오해받아서는 안 된다. 약간 반대사례가 될 수 있는데, 최근의 컴

114 Galtung, *Strukturelle Gewalt [...]*, p. 16.

115 Galtung, *Strukturelle Gewalt [...]*, p. 17.

116 Galtung, *Strukturelle Gewalt [...]*, p. 13.

퓨터와 인터넷, 스마트폰과 같은 통신매체와 기술의 발달로 대중에게 그 잘못된 언행이 알려져 처벌받은 정치인이나 관료 및 고위 공직자, 대기업 최고경영자 등을 그 사례로 거론할 수 있다. 사회의 상층부에 있는 이들도 더 이상 (선의와 정의에 기반을 둔!) 대중적인 폭력에서 벗어난 안전지대에서 살 수 없음이 분명해졌다. 그 점에서 구조적 폭력은 사회 속에서 살아가는 인간 모두에게 영향을 끼친다.

갈퉁의 담론을 이어받아 사회에서의 구조적 폭력에 주목한 이들 중 가장 두드러진 사람이 지젝이다. 마치 우리 주변을 둘러싼 '공기'나 '고요한 바다'처럼 폭력과 전혀 무관해 보이는 존재가 바로 폭력 행사자임을 독자에게 일깨우기 위해 지젝은 다음과 같은 일화를 소개한다. "물건을 훔쳐낸다는 의심을 받던 일꾼이 한 명 있었다. 매일 저녁, 일꾼이 공장을 나설 때면 그가 밀고 가는 손수레는 샅샅이 검사를 받았다. 경비원들은 아무것도 발견할 수 없었다. 손수레는 언제나 텅 비어 있었다. 결국 진상이 밝혀졌다. 일꾼이 훔친 것은 다름 아닌 손수레 그 자체였던 것이다."[117] 지젝은 이 일화를 자신의 폭력 담론의 공리로 삼고, 주관적 폭력과 객관적 폭력으로 나뉘는 폭력의 종류 중 구조적 폭력을 객관적 폭력 안에 넣어 고찰해나간다.

> 내가 '구조적' 폭력이라 부르고자 하는 폭력이 있다. 그것은 어떤 경우 우리의 경제체제와 정치체계가 정상적으로 작동할 때 나타나는 파국적인 결과이기도 하다. 문제는 주관적 폭력과 객관적 폭

---

117 Slavoj Žižek, *Violence: Six Sideways Reflections (Big Ideas/ Small Books)* (New York: Picador, 2008), 이현우, 김희진, 정일권 공역, 『폭력이란 무엇인가』 (서울: 난장이, 2011), p. 23.

력을 동일선상에서 인식할 수 없다는 것이다. 주관적 폭력은 비폭력을 배경으로 하여 경험된다. 주관적 폭력은 '정상적'이고 평온한 상태를 혼란시키는 것으로 보인다. 그러나 객관적 폭력은 바로 이 '정상적인' 상태에 내재하는 폭력이다. 객관적인 폭력이 눈에 보이지 않는 이유는 우리가 무엇인가를 주관적으로 폭력이라고 지각할 때 바로 그 기준이 되어주기 때문이다. 따라서 구조적 폭력은 너무도 뚜렷하게 눈에 보이는 주관적 폭력의 정반대이며, 물리학에서 말하는 악명 높은 '암흑 물질'과도 같은 것이다. 구조적 폭력은 눈에 보이지 않지만, 우리가 폭력을 이해하려고 한다면 반드시 고려해야만 한다. 그렇지 않으면 폭력은 단지 주관적 폭력의 '비이성적' 폭발로만 보일 것이다.[118]

'공기', '고요한 바다', '암흑물질' 등으로 비유된 비가시적 실체로서 '사회'라는 이름의 이 조용한 괴물은 자신이 폭력의 가해자인 줄도 모른 채 사람들을 괴롭히는 합법적이면서 정상적인 폭력의 행사자다. 반대로 우리 인간들은 사회로부터 보이지 않는 폭력을 당하면서도 자신이 어떻게 그리고 왜 괴롭힘을 당하는지 모르면서 살아가는 폭력의 피해자다. 그래서 나는 이 '사회적 폭력'을 '구조적 폭력'으로 부르기보다는 공기와 물처럼 그 존재 자체가 태생적으로 폭력적이라는 의미에서 차라리 '자연적 폭력(natural violence)'으로 부를 것을 제안한다.

인류의 역사를 돌이켜보면, 원시사회라는 국가 탄생 이전의 단계를 논외로 쳤을 때 고대 노예제 사회에서 4차 산업혁명이 막 시작된 현대의 지식정보화 사회에 이르기까지 신분과 계급이 분화되지 않은 평등사회가 실현된 적은 단 한 차례도 없었다. 인정하고 싶지 않을 만큼

118 Žižek, *Violence [...]*, pp. 24~25.

슬픈 현실이지만 이것은 역사가 실증하는 분명한 사실이다. 간편한 이해를 위해 마르크스(Karl Marx)의 유물사관에 입각한 사회 발전 도식을 따랐을 때, 고대 노예제 사회의 노예주(귀족과 시민들), 중세 봉건제 사회의 영주(기사나 제후 또는 왕, 그리고 고위 성직자), 근대 자본주의 사회의 부르주아(금융, 상업, 산업 자본가)는 언제나 노예, 농노, 노동자들이 갖지 못한 온갖 종류의 권력과 재산, 지위와 권위를 갖고 있었고 실제로 구조적 폭력의 가해자 위치에 놓여 있었다. 그들이 실제로 자신들의 통치 또는 통제하에 있는 하위 계층의 사람들에게 물리적으로 폭력을 행사했는지의 여부는 여기서 전혀 문제가 되지 않는다. 그들이 그런 지위에 있었다는 사실 자체가 지배와 관리를 받던 사람들의 입장에서는 폭력을 행사하는 것이나 마찬가지였기 때문이다. 사회 안에서 계급 분화의 정당성과 필연성을 인정한다는 것은 곧 이러한 권력과 자본을 매개로 한 착취구조를 당연시한다는 뜻이고, 이는 곧 사회의 구조적 폭력을 불가피한 현상 또는 당연하고 정당한 현상으로 인정하는 셈이다. 좀 수준을 낮춰 심하게 표현하면 사회를 여러 계급의 조직으로 구조화되어 있는 것으로 간주하는 사람들, 한마디로 사회를 '구조적으로' 이해하는 사람들은 본인의 의지와 무관하게 결국 사회의 구조적 폭력을 인정하고 있음을 자인해야 한다.

그렇다면 구조적 폭력도 물리적 폭력에 해당하는 어떤 유형을 가질 수 있을까? 갈퉁은 구조적 폭력에 근저에 놓여 있는 보편적 형식인 "불평등(Ungleichheit)"을 그 대표적 유형으로 제시한다.[119] 갈퉁은 여기

119 Galtung, *Strukturelle Gewalt [...]*, p. 20.

서 정치적 권력 분배의 불평등에 주목했지만, 나는 여기서 경제적 부의 분배의 불평등에 주목하고자 한다. 즉 자연스럽게 경제적 폭력이라는 주제로 넘어가보자. 반드시 유물사관에 의존하지 않더라도 사회의 계급분화가 대체로 '정치적 권력'과 '경제적 부'의 불평등한 분배에 기인한다는 점은 상식에 속한다. 무엇이 무엇에 근거하고 인과적인 선후관계가 어떻게 결정되며 무엇이 무엇보다 더 강력한 영향력을 행사하는가 따위의 논쟁은 여기서 아무런 중요성을 갖지 못한다. 그 선후관계와 영향 정도를 따져 묻는다고 해서, 그리고 어떤 특정한 결론을 내린다고 해서 사회와 경제의 구조적 폭력의 실상이 은폐되지는 않기 때문이다. 마찬가지로 인류 역사상 등장한 과거의 특정 경제시스템을 부의 평등한 분배에 기여하지 못했다고 비판하는 행위 또한 지금 논의에서 별 가치를 갖지 못한다. 그런 경제시스템은 역사상 단 한 차례도 등장한 적이 없었기 때문이다. 비록 19세기의 사회주의 사상에 영향을 받고 등장한 20세기의 다양한 현실 사회주의 체제 또는 복지국가 모델과 같은 사회주의적 요소를 첨가한 수정자본주의 체제가 어느 정도 그에 근접했다고는 하지만, 그것들은 완벽하지도 못했을 뿐 아니라 실제로 독재체제로 변질되거나 재원 부족으로 완벽한 보편복지를 포기하면서 실패한 프로젝트로 결론이 난 경우가 많았다. 거꾸로 부의 완전한 평등 분배가 과연 사회적 정의를 올바로 실현하는 것이고, 역사상 늘 있어 왔던 능력과 역량에 따른 불평등 분배 구조가 반드시 사회적 불의를 상징하는 폭력이라고 주장할 수 있는지에 대해서도 의문스럽다. 진보냐 보수냐의 관점 차이에 따라 사회적 정의와 불의의 개념은 아무래도 다양하다 못해 첨예하게 갈릴 것이 뻔해 보인다.

경제시스템이 자연스럽게 가하는 폭력성을 예리하게 분석한 최초의 탁월한 근대 사상가로 마르크스를 꼽는 데 이의를 제기할 사람은 아마 없을 것이다. 비판과 해체를 목적으로 자본주의 체제의 본질과 특성을 자세히 분석한 마르크스의 입장에서 그 체제가 안고 있는 태생적 폭력성을 폭로하는 것은 지상의 과제이자 생애의 사명처럼 여겨졌을 것이다. 실제로 그는 『자본(*Das Kapital*)』 제1권에서 폭력의 경제성과 경제의 폭력성 문제를 지속해서 다루고 있다.[120] 여기서 마르크스는 잉여가치의 원천인 노동자들에 대한 착취와 자본 자체의 경향적인 과잉착취를 서로 맞물려가는 현상으로 분석한다. 이러한 과잉착취는 산업혁명을 가능하게 했던 노동자들로부터 잉여가치를 추출해나가는 데 만족하지 않고 노동력의 원천, 즉 노동자들의 실존 자체를 위협하는 데까지 나아간다. 그래서 마르크스는 결국 자본주의적 생산과정을 파괴과정으로 묘사하며 다음과 같이 결론짓는다. "자본주의적 생산은 모든 부의 살아 있는 원천, 곧 대지와 노동자를 파괴함으로써만 사회적 생산과정의 기술과 결합을 발전시킨다."[121] 마르크스의 폭력 담론에 대한 탁월한 해석자 발리바르(Étienne Balibar)는 그래서 마르크스의 『자본』을 독자에게 "자본주의가 설립한 구조적 폭력 그리고 자본주의의 역사에 본래적인 폭력의 과잉에 관한 논고"로, "주관적·객관적인 차원들이 상세히 묘사되고 정치경제학 비판이 논의의 실마리를 제공해주는 폭력에 관한

---

120 Karl Marx, "Das Kapital", K. Marx & F. Engels, *Marx-Engels-Werke*, 44 Vols. (46 Books) (Berlin: Dietz, 1956 ff.), vol. 23~25, 강신준 옮김, 『자본』1-1 (서울: 도서출판 길, 2008).

121 Marx, "Das Kapital", p. 674.

논고"로 독해할 것을 주문한다.[122]

경제체제가 갖는 폭력성은 이처럼 사람의 생존을 위협하고 파괴하는 만큼 사회질서가 내포하는 폭력성보다도 더 잔인하고 근원적이다. 마르크스로부터 지대한 영향을 받은 생디칼리스트이자 근대의 대표적인 폭력예찬자 소렐은 19세기 부르주아지에 맞서 노동자들의 총파업을 적극 권장하면서 작성한 글에서 역사에서 나타나는 폭력의 세 단계 중 가장 근본적이고 기초적인 단계가 경제 분야에서의 폭력임을 역설한다. 그에 따르면, "가장 낮은 단계에서" 일종의 "분산된" 형태로 나타나는 "이 폭력은 생존경쟁과 흡사하고, 경제조건들을 매개로 하여 작동하며, 완만하나 확실한 수탈을 행한다."[123] 사회를 구성하기 이전에 사람들의 삶이 시작되는 단계에서, 즉 마르크스의 용어를 빌리면, 재화와 용역의 생산과 소비가 이루어지는 인류 역사의 탄생 순간 경제라는 물질적 생활의 장 속에서 이미 폭력이 가동되기 시작한다는 것이다. 이 관점에 따르면 역사는 '경제적 폭력'과 함께 등장한다. 이 근원적이고 본질적인 폭력은 향후 국가와 사회가 구성되면서 조직적이고 체계화된, 보다 더 높은 차원의 폭력으로 전화되어 나타난다.

현실 사회주의가 붕괴하고 마르크스의 자본주의 비판이 설득력을 잃었다고 판단되던 1990년 이후 오늘날에도 자본주의 체제가 안고 있는 구조적 또는 자연적 폭력성은 또 다른 맥락에서 여러 학자들에 의해

---

122 Étienne Balibar, "'Gewalt': Violence et pouvoir dans l'histoire de la théorie marxiste", in: Wolfgang Fritz Haug, ed., *Historisch-Kritisches Wörterbuch des Marxismus* (Hamburg: Argument Verlag, 2001), vol. 5, 진태원 옮김, 『폭력과 시민다움: 반폭력의 정치를 위하여』(서울: 난장, 2012), pp. 43~44.

123 Georges Sorel, *Réflexions sur la violence*, 5e édition (Paris: Marcel Rivière et Cie, 1919), 이용재 옮김, 『폭력에 대한 성찰』(파주: 나남, 2007), p. 243.

지속적으로 담론화되어 나타났다. 앞서 인용한 지젝을 다시 예로 들어 보자. 그에 따르면, 자신의 운동이 사회적 현실에 어떤 영향을 미칠 것인지에 대해 무관심하며, 본래 광적인 성격을 갖고 오로지 수익성만을 목표로 추구하며 무한으로 자기증식하는 자본의 운동 자체가 이미 폭력적이다.

> 단성생식을 거듭하면서 저 하나만 챙겨도 됐던 자본의 자기증식은 이제 오늘날 남들이 어떻게 행동할지에 대한 예측을 대상으로 삼는 선물투기에서 그 정점에 달했다. 인간이나 환경을 고려하지 않은 채 제 갈 길을 가는, 스스로 번식하는 괴물이라는 이 유령은 이데올로기적 추상화일 뿐이라는 주장, 그리고 이 추상화의 이면에 자본이 순환할 수 있게끔 생산력과 자원을 제공하는 실제 인간과 자연이 존재하고 있으며, 자본은 거대한 기생충처럼 거기에 달라붙어 먹고 산다는 주장은 지나치게 단순한 것이다. 문제는 이러한 추상화가 사회적 현실에 대한 금융투기꾼들의 오인 속에만 존재하는 것이 아니라, 엄밀하게 말하자면 그것이 사회의 물질적 과정의 구조를 결정하는 '실재'라는 점이다. 다시 말하자면, 모든 계층의 사람들과 때에 따라서는 모든 국가의 운명까지도 자본의 이 '유아론적인' 투기적 춤사위에 의해 결정될 수 있다.[124]

이 같은 예리한 통찰은 세계화와 신자유주의, 그리고 2007년 글로벌 금융위기 등을 겪으면서 자극을 받았을 가능성이 크다. 그래서 지젝은 바로 자본의 운동 안에 "자본주의의 근본적인 구조적 폭력"이 존재하며, "이 폭력은 자본주의 이전 시대의 어떠한 직접적인 사회 이데올로기적 폭력보다 훨씬 더 섬뜩하다"고 주장한다.[125] 이 폭력은 더 이상

124 Žižek, *Violence [...]*, p. 39.

125 Žižek, *Violence [...]*, p. 40.

구체적인 개인들의 나쁜 의도 탓으로 돌릴 수 없고 그저 순수하게 객관적이고, 체계적이며, 익명성을 띤다. 자본주의 체제의 존재 자체가 이미 구조적 폭력을 상징한다.

최근에는 급기야 자본주의가 안고 있는 태생적 불평등, 구조적 폭력이 심할 경우 결국 한 국가 내에서든 문명들 사이에서든 이전 시대에서는 볼 수 없었던 끔찍한 충돌을 야기할 수 있다고 경고한 학자들까지 등장했다. 프랑스의 경제학자 로렌치(Jean-Hervé Lorenzi)와 베레비(Michaël Berrebi)는 최근에 발표한 『폭력의 세계: 세계 경제 2016~2030』에서 뿌리 깊고 오래된 불평등의 역사, 최근에 더욱더 악화일로로 치닫는 세계 경제의 불평등 규모와 확대 속도의 심화, 소득의 불평등보다 더 심각한 소유의 불평등 문제, 복지국가 모델의 실패, 투표 포기나 정치 불신으로 이어지는 불평등으로 인한 부정적인 정치적 결과의 문제 등을 심도 있고 논리정연하며 설득력 있게 전개해 나간다.[126] 가령 이런 식이다. "오늘날 세계 부의 거의 절반을 최상위 1퍼센트의 부유층이 소유하고 있으며 세계 인구 99퍼센트가 나머지 절반을 나눠 가지고 있다. OECD 국가의 경우 노동과 자본에서 나오는 소득의 평균 불평등은 2007년에서 2010년 사이 1.4포인트 증가했다."[127] 또는 "19세기는 사회계층 간의 불평등이, 20세기는 국가 간의 불평등이 문제였다면, 21세기는 경제의 효율을 거스르는 불합리한 경제계층의 문제가 불거질 것

---

126 Jean-Hervé Lorenzi & Michaël Berrebi, *Un monde de violence. L'économie mondiale 2016-2030* (Paris: Groupe Eyrolles, 2015), 이영래 옮김, 『폭력적인 세계 경제: 우리는 불확실한 미래의 충격에 대처할 수 있을 것인가?』(서울: 미래의창, 2017).

127 OECD, "The economic crisis reduces income and has repercussions on inequality and poverty", results from the OECD wealth distribution database, May 2013. 다음 문헌에서 재인용함. Lorenzi & Berrebi, *Un monde de violence*, p. 117.

이다."[128] 그래서 로렌치와 베레비는 "독재, 경제적 기회의 부재, 공공 서비스의 부재, 편협과 빈곤은 자유로 가는 길에 장애가 되며 자유를 박탈하는 징후가 된다"며,[129] 향후 경제적 불평등의 문제가 다음과 같이 새로운 충돌의 중심에 서게 될 것이라고 진단한다.

> 심각한 곤경에 빠진 세계를 어렵지 않게 그려볼 수 있다. '함정(trap)'이라고 부를 수 있는 곳에 갇혀버린 10억이라는 세계 인구의 상당 부분이 반란을 일으키게 될 것이라고 말이다. 다시 한번 말하지만 아무도 무슨 일이 일어날지 예측할 수 없다. 하지만 소외된 사람은 물론이고 중산층조차 더 이상 비합리적이고 이해할 수 없는 게임의 규칙을 받아들일 수 없는 세상에서라면 폭력의 역사가 반복되는 것을 보게 될 위험이 크다. 충돌은 그것이 발생하는 지리적 특성에 따라 다른 형태를 취할 것이다. 선진국에서는 포퓰리즘 등에 대한 거부, 수많은 개발도상국에서는 종교 충돌의 도구화 등 초보수적 입장에 의해 정당화된 모든 것이 나타날 것이다. 재정, 경제, 이념적 힘이 소수의 손에 집중된 비인간적인 메커니즘에 의해 언젠가는 이해관계의 충돌이 집단 히스테리 상태에 이를 것임은 분명해 보인다.[130]

반란, 폭동, 혁명 등과 같은 역사상 많은 폭력적 사건들이 실증하듯이, 사회경제적 시스템이 그 존재로서 자연스럽게 행사하는 구조적 폭력은 일정한 조건만 맞아떨어진다면 늘 정치적 폭력으로 이어졌다. 사람들을 경제적 빈곤에 허덕이게 하거나 정치에서 배제함으로써 소외시키는 사회 시스템이 평소와 달리 그 강도가 더 심하게 작동될 때 어

128 Lorenzi & Berrebi, *Un monde de violence [...]*, p. 108.

129 Lorenzi & Berrebi, *Un monde de violence [...]*, pp. 109~110.

130 Lorenzi & Berrebi, *Un monde de violence [...]*, p. 135.

김없이 반란 또는 혁명은 발발했던 것이다. 여기서 바로 '구조적 폭력이 정치적 폭력을 낳는다'는 테제가 제시된다. 외관상 그 역은 성립하지 않지만, 그렇다고 그 역이 반드시 거짓인 것도 아니다. 왜냐하면 많은 경우 반란이나 혁명이 성공해서 새로운 정치체제와 사회구조가 등장하면 통상 그 새로운 사회경제적 시스템이 다시 인간을 억압하고 통제함으로써 새로운 폭력을 낳아왔기 때문이다.

그렇다면 사회경제적 시스템이 만들어왔고 확대해 온 폭력의 결과로서 '불평등'은 결코 해소되거나 또는 극복될 수 없는 것인가? 대부분 학자의 대답은 '예'이다. 이처럼 많은 학자가 비관적인 전망을 내놓는 이유는 아마도 역사를 돌이켜보면 그 답이 쉽게 발견되기 때문일 것이다. 그중 한 사람으로서, 특히 불평등의 문제와 관련해 최근에 아주 특이한 관점을 제시한 학자가 바로 오스트리아 출신의 미국 역사학자 샤이델(Walter Scheidel)이다. 그는 2017년에 발표한 『위대한 평형자: 폭력과 불평등의 역사. 석기 시대부터 21세기까지』라는 매우 흥미로운 저서에서 전쟁, 혁명, 패망, 역병 등 네 개의 폭력적 사건들이 역설적이게도 불평등한 사회를 오히려 평등한 사회로 만들어왔다고 주장한다.

> 수천 년 동안 문명은 평화적인 평등화에 적합하지 않았다. 안정은 다양한 사회와 각기 다른 발전 수준을 망라해 경제적 불평등을 편애했다. 이는 빅토리아 시대의 영국에서처럼 파라오의 이집트에서도 그랬고, 미국에서와 마찬가지로 로마 제국에서도 그랬다. 기존 질서를 붕괴시키고 소득과 부의 분배를 압박해 빈부 격차를 좁히는 데는 격렬한 충격이 그 무엇보다 중요했다. 역사를 통틀어 가장 강력한 평준화는 예외 없이 가장 강력한 충격으로 발생했다. 네 가지 다른 종류의 격렬한 분출이 불평등의 벽을 허물어왔다. 요컨

대 대중 동원 전쟁, 변혁적 혁명, 국가 실패 그리고 치명적 대유행병이 그것이다. 나는 이것들을 '평준화의 네 기사(騎士)'라고 부른다.[131]

세상을 뒤흔든 강력한 폭력 사건들이 전혀 의도치 않게 불평등을 해소하고 새롭게 평등사회를 건설하는 데 일조하는 정도를 넘어서 아예 결정적인 역할을 수행해왔다는 주장이다. 이러한 주장이 함의하는 바는 만일 그런 일들이 없었더라면 권력과 부의 평준화는 도저히 이루어지지 못했을 것이며, 평화적인 방법을 통한 권력과 부의 재분배 시도는 실제로 그 성과가 매우 미미했다는 것이다. 먼저 전쟁의 경우를 보자. 소득과 부의 격차를 완화하려면 근대 국민국가에서나 가능했던 규모의 인력과 자원의 동원이 필요했는데, 이것을 역사상 최대의 평등화 동력이었던 양차 세계대전이 적나라하게 보여주었다. 거의 산업화된 규모로 유발된 전쟁의 물리적 파괴, 몰수나 다름없는 과세, 정부의 경제 개입, 인플레이션, 재화와 자본의 국제적 흐름의 붕괴 및 기타 요인이 일제히 결합해 엘리트의 부를 말살하고 자원을 재분배했던 것이다. 두 번째 핵심 동력인 혁명, 특히 공산주의 혁명은 재산 및 토지의 몰수와 재분배 그리고 집산화 조치 등을 통해 사회 내의 불평등을 극적인 규모로 해소했다. 그러나 프랑스혁명처럼 러시아혁명보다 상대적으로 피를 덜 흘린 폭력 사건들은 그만큼 더 작은 규모의 평준화를 이뤘다. 다음으로 국가를 통째로 파괴했던 폭력, 즉 국가 패망, 체제 붕괴는 또

131 Walter Scheidel, *The Great Leveler: Violence and the History of Inequality. From the Stone Age to the Twenty-First Century* (Princeton: Princeton University Press, 2017), 조미현 옮김, 『불평등의 역사』(서울: 에코리브르, 2017), p. 23.

다른 신뢰할 만한 평준화 수단이 되곤 했다. 국가가 흐트러지면서 그 누구보다도 엘리트의 소득과 부가 축소되거나 소멸하면서 전반적인 자원 분배를 압박했다. 마지막으로 페스트, 천연두, 홍역 같은 대유행병은 마지막 기사(騎士)로서 폭력적 평준화를 완성시킨다.

광대한 분량의 자료들에 대한 샤이델의 분석에 따르면, 미래의 전망은 암울하다. 그는 "불균형을 완화하는 좀 더 평화적인 다른 메커니즘"은 없다고 선언한다. "전체 역사를 통틀어 우리가 기록으로 알 수 있는 물질적 불평등의 굵직한 압축 하나하나는 이 네 가지 평준화 동력 중 한 개 이상이 주도"했다는 것이다. 더구나 샤이델은 충격이 수그러지고 나면 모든 것이 원상태로 되돌아오면서 불평등이 정착하고 심화된다고 주장한다. "국가가 실패하면 조만간 다른 국가가 그 자리를 대체했다. 전염병이 진정되자 인구 축소는 역전되고, 다시 시작된 인구 증가는 점차 노동과 자본의 균형 상태를 이전 수준으로 되돌려놓았다. 세계대전은 비교적 짧았고, 그 여파는 시간이 지나면서 잠잠해졌다. 최고 세율과 노조 조직률은 떨어지고, 세계화가 부상하고, 공산주의는 자취를 감추고, 냉전 시대는 끝나고, 제3차 세계대전의 가능성은 희미해졌다. 이 모든 게 최근 불평등이 부활한 이유를 더 이해하기 쉽게끔 만든다. 전통적인 격렬한 평준화 동력은 현재 휴면기에 들었고, 가까운 미래에 귀환할 가능성은 작다. 그만큼 강력한 대안적 평등화 메커니즘은 나타나지 않고 있다."[132] 샤이델의 이러한 암울한 전망이 우리에게 피부로 와 닿는 이유는 빈자와 부자를 막론하고 지구상에 사는 우리 모

132 Scheidel, *The Great Leveler [...]*, pp. 27~28.

두가 너무나 쉽게 소득과 소유의 불평등, 부의 양극화, 극심한 빈부격차 등을 체감하며 살고 있기 때문이다. 그래서 샤이델은 전문 역사가로서 수많은 정확한 자료와 데이터라는 무기로 무장한 상태에서 미래를 내다보는 전쟁을 수행한다. 그러나 그의 관점에서 가장 큰 문제는 사회경제적 평등을 이루기 위해서 끔찍한 폭력을 일으켜야 한다는 논리의 불편한 역설을 우리가 수용하도록 설득하려는 듯한 논지로 글을 전개해 나간다는 점이다. 평등을 위해서 자신이 죽을지도 모르는 위험을 감수하느니 대체로 사람들은 차라리 약간 불편하더라도 불평등을 감내하며 안전하게 살아가는 길을 더 선호하지 않을까 싶다.

＊＊＊

자본주의를 정치제도로서의 민주주의와 연관시켜 관찰해보면, 그 폭력성의 강도와 규모를 미루어 짐작하게 해주는 더욱더 흥미로운 결과가 도출된다. 오늘날 그 두 체제는 특별히 친화성이 높아 어긋남이 없이 훌륭한 조합을 이루어왔고 또 앞으로도 그렇게 이룰 것이라고들 생각한다. 그러나 평등을 지향하는 민주주의와 불평등을 지향하는 자본주의는, 적어도 그 단어들이 내포하는 핵심 의미들을 준거로 보았을 때, 결코 양립할 수 없다. 이 둘의 양립 가능성을 주장하는 사람들은 자본주의 사회의 기득권자들이거나 아니면 아직도 이 세상이 좋아질 것이라고 믿는 낙관주의자들이다. 자본주의가 확산될수록 민주주의는 죽어가기 마련이고, 민주주의가 확립될수록 자본주의는 약화되거나 아니면 다른 방식으로 진화해간다. 그 점에서 정치체제로서의 민주주의와 경제시스템으로서의 자본주의는 서로 대척점에 놓여 있다. 민주주의의 정치적 반의어는 전제주의일지 몰라도, 경제적 반의어는 자본주의인 셈이다. 따라서 민주주의와 친화적인 경제시스템은 자본주의가 아니라 마르크스가 의도했던 공산주의일 수밖에 없다. 민주주의와 마르크스식 공산주의, 전제주의와 신자유주의적 자본주의가 서로 친화적인 정치경제 체제를 구축한다. 자본주의 시스템을 옹호하는 대다수의 선진국 경제학자들이 결코 동의할 수 없다고 반박할 이 기이한 논리는 민주주의와 자본주의의 본질적 생리를 정확히 통찰하는 사람이라면 누구나 동의할 수밖에 없는 묘한 설득력을 갖는다. 민주주의가 궁극적으로 자유와 평등을 지향한다면, 자본주의는 본질적으로 불평등과 억압을 향해 나아갈 수밖에 없기 때문이다. 완전한 의미의 민주주의가 구현된 나라에서는 자본주의가 자리를 잡을 수 없게 된다. 자본주의하에서 민주주의를 이룩할 수 있다고 주장하는 사회민주주의자들 또는 부르주아들은 대부분 이런 환상적 구호를 외치며 가난한 민중으로 하여금 이 체제에 순응하도록 강요하거나 너희들도 우리처럼 부자가 될 수 있으니 열심히 노력하라며 헛된 희망을 심어준다. 그러나 불행히도 대다수 민중은 자기들도 언젠가 부자가 될 수 있다는 헛된 희망과 환상을 갖고서 이러한 부르주아들의 사탕발림에 속아 넘어가고 만다. 내가 부자가 되는 순간 다른 대부분의 사람이 가난해질 수밖에 없다는 사실을 안다 해도 그러한 욕망을 멈추지 않고 또 멈출 수가 없도록 만드는 시스템이 바로 자본주의다. 자본주의를 찬양하고 돈의 노예가 되어 가면 갈수록 내가 나도 모르는 사이에 남을 억압하고 차별하는 괴물이 되어가고 있다는 사실을 인지해야 한다. 자본주의 사회에서 부자로 살아간다는 것은 그가 그 어떠한 폭력을 실제로 행사하지 않는다 하더라도 그의 존재 자체가 이미 폭력을 행사하고 있는 셈이다. 나의 편안함과 자유로움과 행복은 곧 남의 불편함과 부자유와 불행 위에서 구축되기 때문이다.

구조적 폭력이 정당화될 가능성은, 사회의 구성에서 계급적 분화가 불가피하다고 역설되는 한, 지속되고 확대될 것이다. 아니, 지배계급에 속하는 대다수 사람은 그것이 폭력이 아니라고 주장할 것이고, 피지배계급에 속하는 대다수 민중은 그것이 폭력인지 아닌지도 모르거나 아예 관심조차 두지 않고 살아갈 것이다. 비록 갈퉁이나 지젝 등이 개념화하고 발전시켜온 '구조적 폭력' 담론이 많이 비판받아왔다 할지라도 그것이 우리의 사회적 삶 자체가 어떻게 정교하게 구조화된 폭력 속에서 유지되는지를 환기시켜주었다는 점에서, 그리고 특히 최근의 글로벌 금융위기를 계기로 자본주의의 구조적 폭력의 민낯을 적나라하게 보여주었다는 점에서, 그것은 결코 좌시되어서는 안 될 중요한 개념임이 분명하다.

제6장

문화예술적 폭력:
문명과 야만 그리고 상징폭력

제6장

문화예술적 폭력: 문명과 야만 그리고 상징 폭력

문화와 예술 분야에서도 폭력이 발생할 수 있다는 사실에 특별히 좌절감을 느낄 필요는 없다. 앞 장에서 살펴보았듯이 사회 내에서 우리의 삶 자체가 폭력이라는 구조 속에 갇혀 있거나 그 틀에 둘러싸인 채 흘러가기 때문이다. 또 사실 전쟁이나 혁명을 다룬 장들에서 살펴보았듯이 폭력을 반드시 부정적으로만 볼 필요도 없다. 전쟁이나 혁명 같은 폭력이 새로운 사회를 건설하는 데 큰 계기와 동기를 마련해주거나 아니면 에너지와 힘을 주거나, 그도 아니면 그러한 사회를 실제로 건설해주기도 하기 때문이다. 그럼에도 불구하고 사람들은 흔히 문화라는 말을 들었을 때 교양, 예술, 지성 등의 개념을 떠올리고, 따라서 문화와 예술이 폭력을 행사하거나 조장하는 것이 아니라 오히려 억제하거나 제거하는 데 기여할 것이라고 믿고 싶어 한다. 그러나 모든 문화적 업적의 배후에 야만이 놓여 있다는 벤야민의 역사철학 테제에 기댄다면, 그러한 믿음이 얼마나 헛된 것인지 깨닫는 데 오랜 시간이 걸리지 않는다. 벤야민에 따르면, "문화유산의 현존은 그것을 창조한 천재들의 노고만이 아니라 이름 없는 동시대인들의 부역에도 힘입고 있다. 그 자체가 동시에 야만의 기록이 아니면서 문화의 기록인 경우는 단 한 번도 없다."[133] 문화 자체가 곧 야만은 아닐지 모르지만, 모든 문화의 업적 안에는 동시에 야만의 기록도 스며들어 있다는 벤야민의 뛰어난 통찰에는 우리로 하여금 문화의 업적이 기본적으로 창조적이고 위대하다는 착각과 환상에서 깨어나도록 만드는 각성 효과가 담겨 있다.

문화의 여러 요소 중에서도 가장 기본적이라고 할 수 있는 '언어'가 인간들 사이의 단순한 의사소통의 수단을 넘어서 궁극적으로 권력 행사의 수단이 되기도 한다는 점에 주목해 '상징폭력(symbolic violence)'이라는 탁월한 개념을 만들어낸 사람은 프랑스의 사회학자 부르디외(Pierre Bourdieu)였다. 그는 무엇보다도 '언어의 폭력성'에 주목한다. "언어는 의사소통 또는 지식의 수단일 뿐 아니라, 권력 행사의 수단이기도 하다. 사람들은 자신의 말을 이해시키려 할 뿐 아니라 다른 이들이 믿고 따르며 존중하고 대우해주기를 바란다. 따라서 언어능력에 대한 완벽한 정의는 말할 수 있는 권리, 즉 정당한 언어, 공인된 언어, 권위 있는 언어를 말할 수 있는 권리이다. 언어능력이란 수용을 강제할 수 있는 권력을 의미한다."[134] 권력의 지위에 앉아 있는 한 사람이 언어라는

133 Walter Benjamin, *Gesammelte Schriften*, eds. Rolf Tiedemann und Hermann Schwepenhäuser (Frankfurt a. M.: Suhrkamp, 1974 ff.), vol. I, p. 696.

134 Pierre Bourdieu, *Ce que parler veut dire: l'économie des échanges linguistiques* (Paris: Fayard, 1981), p. 20.

상징기호를 수단으로 자신의 생각과 의도를 상대방에게 전달하여 그것이 관철되도록 강제한다면, 이때의 언어는 더 이상 커뮤니케이션의 수단이 아니라 폭력의 무기로 돌변하여 언어를 듣는 사람을 억압하는 권력장치가 된다. 이는 굳이 역사 속에서 사례들을 찾지 않아도 우리의 일상 속에서 쉽게 발견된다. 문자로 되어 있는 법률, 국회에서 상정된 법안이 심의와 표결을 거쳐 법으로 확정되어 효력을 발휘하도록 의사봉을 휘두르며 법률 통과를 외치는 국회의장의 발언, 사형과 징역형을 선고하는 재판장에서의 판사의 선고까지 우리는 각양각색의 언어를 통한 상징권력을 경험한다. 더구나 이 폭력 수단이 사회정치적 구조 속에서 제도화될 때 이러한 상징지배의 메커니즘은 확대 재생산된다. 이는 수행적 발화의 효율성이 제도의 존재와 분리될 수 없기 때문에 나타나는 현상이다. 그래서 부르디외는 "상징폭력이란 자신들이 상징폭력에 복속당해 있거나 또는 자기들 자신이 바로 상징폭력을 사용하고 있음에도 불구하고 그런 사실을 알고자 하지 않는 사람들의 공모에 의해서만 행사될 수 있는 비가시적 권력"임을 강조한다.[135] 그러나 언어를 통한 상징권력 또한 의사소통 수단으로서 언어의 본질적 기능을 매개로 작동하기 때문에, 결국 상징폭력은 '의사소통을 통해 행사되는 권력'으로 이해된다.

바로 그 때문에 상징권력이나 상징폭력은 언제나 권력의 행사자와 수용자가 모두 그 언어를 이해하고 서로의 계급적 위치를 인정할 때에

135 Pierre Bourdieu, *Language and Symbolic Power*, ed. John B. Thompson, trans. Gino Raymond & Matthew Adamson (Cambridge: Polity Press, 1991), 정일준 옮김, 『상징폭력과 문화재생산』 (서울: 새물결, 1995), p. 92.

만 효력을 발휘한다. 서로의 사전 합의와 동의 또는 이해가 없이는 발휘되지도 않고 무의미해져 버리는 황망한 개념이 바로 부르디외의 '상징폭력'이다. 그래서 실제로 부르디외의 상징폭력 개념은 일부 학자들에 의해 모호하다고 비판받아왔다. 가령 톰슨(John B. Thompson)에 따르면 "상징폭력 개념은 의사소통관계들과 권력관계들 간의 구분의 철폐를 전제한 것으로, 의사소통을 통해 행사되는 권력의 형태이다. 물론 의사소통을 할 때는 그러한 점이 은폐된다. 받아들였기 때문에 부드럽고, 또 그 정체를 볼 수 없기 때문에 비가시적 상징폭력은 인식과 오인의 독특한 혼합으로 특징지어진다. [...] 이 개념이 가진 난점은, 그것 자체가 애매모호하고 부르디외에 의해서 한 번도 엄밀하게 분석된 바 없는 개념들에 기초하고 있다는 점이다." 그래서 톰슨은 "부르디외가 언어와 권력과의 연관을 강조한 점에서는 옳았지만, 그는 의문의 여지가 있는 방식으로 이러한 연관에 대해 연구했다. 왜냐하면 그러한 연관은 존재하지 않는 합의를 전제하기 때문이다."라고 주장했다.[136]

나는 여기서 부르디외의 상징폭력 개념이 모호하기 때문에 그 술어를 파기해야 한다거나 부르디외의 담론을 활용하는 것이 무용하다고 주장하려는 것이 아니다. 나는 오히려 이 분야를 선도하고 대표하는 부르디외의 상징폭력 개념을 포함한 문화적 폭력 담론이 안고 있는 일반적 난점을 지적하고자 한다. 문화적 폭력은 우선 의사소통의 수단으로서 언어에 대한 암묵적 합의에 기초한 비가시적 폭력이고, 사회계급의

136 John B. Thompson, "Symbolic Violence: Language and Power in the Writings of Pierre Bourdieu", J. B. Thompson, *Studies in the Theory of Ideology* (Cambridge: Polity Press; Berkeley: University of California Press, 1984), pp. 42~72, 정일준 옮김, 『상징폭력과 문화재생산』(서울: 새물결, 1995), pp. 69~70, 88.

차별적 지위와 권위 등을 전제로 하기에 자칫 권력과 재산의 불평등 분배에 기초한 사회적 폭력의 범주 안에 섞여 들어가 있는 개념으로 오해받을 수 있으며, 주로 정서적이고 정신적인 분야에 그 영향이 나타나기 때문에 폭력의 효능을 확인하거나 특정할 수 없다는 단점들을 갖는다. 그래서인지 문화적 폭력 담론은 최근 들어서야 많이 활성화되고 있는 일종의 신 개척 분야다.

문화와 폭력 사이의 내밀한 관계에 대한 고찰은 이미 앞 장에서 살펴보았던 사회적 폭력으로서 구조적 폭력을 개념화한 갈퉁에 의해서도 정교하게 이론화된다. 갈퉁에 따르면, 폭력은 크게 (1) 직접적 폭력, (2) 구조적 폭력, (3) 문화적 폭력으로 분류된다. 사람들은 그 어디로도 탈출할 수 없는 이 폭력의 삼각 편대의 그물망 속에 갇혀 살아간다. 이 중에서도 문화적 폭력은 사람들이 의식하지 못하는 사이에 이루어지는 폭력이라는 점에서 그 어느 유형보다도 더 심각하고 폭력적이다. 비유하자면, 직접적 폭력이 육체를 망가뜨리는 폭력이라면, 문화적 폭력은 영혼을 파괴하는 폭력이다. "언어, 예술, 종교, 이념, 도덕, 가치 등 인간 존재의 상징적 차원"에서 행사되는 "문화적 폭력"은 살인, 폭행, 빈곤, 기아, 질병, 억압, 소외, 착취 등 "직접적·구조적 폭력의 모든 유형을 관통하며 이들에 정당성과 합법성을 부여함으로써 폭력을 은폐한다." 갈퉁에 따르면, "직접적 폭력이 '사건'이고 구조적 폭력이 '과정'이라면, 문화적 폭력은 상당기간 '장기 지속'되는 불변체로 두 폭력의 발현을 추동해내는 폭력의 기저층으로 작동한다." 그리고 "실제 현실에서 직접적·구조적·문화적 폭력이 형성하는 '폭력의 삼각형'은 어느 각에서나 시작해 어느 변으로나 흐를 수 있고, 그 과정에서 서로를 확대

재생산한다. 따라서 중요한 것은 세 유형의 폭력 사이의 인과적 서열이 아니라, 그들 간의 긴밀한 상호규정성, 또는 그로 인한 '폭력의 악순환'을 차단하는 것이다."[137]

한편 최근에는 문화와 폭력의 상호관계 차원이 아니라 아예 문화가 폭력의 구조물이라고 보는 비관적이고 극단적인 견해까지 등장했다. 앞서도 거론했던 조프스키가 대표적인 학자인데, 그에 따르면 문화는 화해와 단결의 낙원이 아니라 체념과 자기 처벌의 장소다. 문화는 폭력을 제한하려 하지만, 바로 그 때문에 오히려 폭력으로의 경향을 더욱 강화한다. 그리고 죽음의 불안에 감염된 모든 인간의 삶은 궁극적으로 소멸로 종말을 맞게 되고, 문화는 바로 이러한 목적에 기여한다. 그렇기에 모든 문명의 마지막 꿈은 야만과 파괴다. "폭력은 문화에 내재되어 있다. 문화에는 철두철미하게 죽음과 폭력이 각인되어 있다. 문화가 세워져 있는 기반은 인간의 피로 물들어 있다. 문화는 폭력으로 점철되어 있고 폭력에 의해 지탱된다."[138] 문화의 역설은 그 스스로가 자신을 파괴할 수 있는 잠재력을 키운다는 데 있다. 문화는 자신을 제약하려고 하는 각종 힘이나 세력들을 돕고 키운다. 그러나 문화에서의 폭력은 다른 삶의 영역들에서의 폭력들과 달리 파괴적이면서 동시에 생산적이다. 스스로를 파괴할 잠재력을 키우면서 자신을 파괴시킨 그 자리에 새로운 문화를 일으켜 세운다. 최근에 타계한 폴란드의 유대계 사회학자 바우만(Zygmunt Bauman)도 "문화는 일정한 존속 기간이 지나면

137 Johan Galtung, "Cultural Violence", *Journal of Peace Research* 27 (1990), pp. 291~305; 이문영, 「폭력 개념에 대한 고찰」, 『역사비평』 106 (2014), 323~356쪽, 인용 및 재인용은 330~331쪽.

138 Sofsky, *Traktat über die Gewalt*, p. 315.

사람처럼 고통스러운 방식으로 죽는다. 하지만 죽음은 [...] 문화의 창조력을 위한 결정적인 조건이다. 지속이 하나의 과제, 즉 모든 과제의 원천과 척도를 위한 가장 절박한 과제가 될 수 있는 것도 실은 죽음 덕분이다. 그래서 죽음은 문화, 즉 거대한 지속의 구조물을 창조한다."[139]

* * *

여러 학자가 제시한 문화적 폭력 개념의 명확한 이해를 위해 이제 역사적 실례를 들어보자. 언어에 대한 폭력 사례로 가장 먼저 떠올릴 수 있는 것은 일제 강점기하에서 펼쳐진 조선어 말살 정책이다. 한국사학자 김성준의 연구에 따르면, 일제의 조선어 말살 정책은 1934년부터 1943년 말까지 조선교육령, 창씨개명령, 조선어학회사건 등을 통해 총 7단계를 거쳐 진행되었다. 일제는 적어도 1930년대 초반까지만 해도 표면적으로 각급 학교에서의 일본어와 조선어 교육을 허용하는 "이언어주의(二言語主義)"를 표방하다가 "1934년 7월에 이르러 우가키 총독이 매년 성대하게 실시해온 학생우수농촌문자보급운동(브나로드운동)을 금지한 제1차 조선어 말살단계"를 시작으로 1939년 4월 각급 학교에서 조선어교육을 폐지하는 제2단계, "1940년 8월 10일자에는 언문으로 발행되던 민족지 동아일보·조선일보를 강제로 폐간"하는 제3단계, "1941년 3월 전체주의적 성격이 강한 「국민학교규정」을 공포하여 소학교의 명칭을 초등학교로 개정, 이곳에서 조선어의 냄새마저 완전히 말

139 Zygmunt Bauman, *Tod, Unsterblichkeit und andere Lebensstrategien* (Frankfurt a. M.: Fischer Taschenbuch-Verlag,, 1994), p. 12.

소해버리려고 그 교과과정에서 조선어 과목명을 삭제한" 이후 "고이소 총독 때인 1943년 1월 제4차 교육령 하에서는 중학교·사범학교의 교과 과정에서도" 조선어 과목을 "삭제하는 횡포를 저지"른 제4단계, 태평양 전쟁에서의 전황이 불리해지면서 "1943년 8월 군대 소모를 충당하기 위해 징병제의 강행 실시와 맞물려 국민총력조선연맹의 주도 하에 학교는 물론 가정·사회에 이르기까지 일어전해(日語全解) 및 일어상용운동이 본격적으로 강행"되면서 조선어의 사용이 사실상 전면 금지된 제5단계, "1940년 2월 창씨개명의 강제 실시"를 통해 조선어와 민족정신을 소멸시키려 한 제6단계, 마지막으로 "1942년 10월에는 조선어의 진작을 뿌리 채 뽑아 버리기 위한 극단적 조처로서 조선어학회의 조선어사전 편찬을 민족운동으로 규정, 이른바 조선어학회사건을 일으켜 최현배 등 많은 인사를 투옥하고 '조선어큰사전원고'를 모두 몰수하였을 뿐만 아니라 이윤재·한징이 옥사하는 큰 불행"을 일으킨 제7단계 등을 거치면서 조선어 말살 정책을 완성해나갔다는 것이다.[140]

이러한 일본 제국주의 정부의 각고의 노력과 간절한 바람에도 불구하고 조선어, 즉 한글은 말살되지 않고 계속 살아남아 유지되었을 뿐 아니라 1945년 종전 및 해방과 더불어 완전히 되살아나면서 오늘날에 이른다. 이 역사적 사례는 우리에게 문화의 핵심을 차지하는 한 민족의 언어를 말살시키려는 얼토당토않은 국가정책이 얼마나 오랜 세월을 거쳐 수많은 단계를 밟아가야 하는지, 그리고 그럼에도 불구하고 그 성과는 얼마나 미미하고 쉽게 성공을 거둘 수 없는지를 실증적으로 보여준

140 김성준, 『일제강점기 조선어 교육과 조선어말살정책 연구』(서울: 경인문화사, 2010), 110~111쪽.

다. 비단 우리나라만이 아니라 전 세계에서 식민통치를 경험했던 대부분의 국가와 지역에서도 유사한 사례를 찾아볼 수 있다. 영국의 지배를 받았던 이집트와 수많은 중동국가, 프랑스의 식민통치를 받았던 알제리나 베트남, 네덜란드의 지배를 받았던 인도네시아 등지에서 제국주의 본국의 언어가 여전히 공식언어로 통용되는 곳은 거의 찾아볼 수 없다.[141]

문화적 폭력의 또 다른 역사적 사례로 금서(禁書) 또는 분서(焚書)를 들 수 있다. 문화의 핵심요소가 언어와 문자라면 그것이 표기된 책이야말로 인간의 생각과 감정의 표현으로서, 가장 대표적이고 상징적인 문화의 재현물이라고 할 수 있다. 그 점에서 책의 금지나 파괴는 곧 사유의 금지나 파괴를 의미한다. 물론 이 경우 '상징적으로'라는 단서가 붙는다. 실제로 사람의 감정이나 생각 또는 정신이나 의지 등을 물리적으로 막을 방법이 없는 것은 아니다. 두뇌를 손상시키는 신체적 폭력이 가해지면 가능하겠지만, 그러나 우리는 이미 국가에 의한 정치적 폭력 영역으로 넘어간 이러한 폭력을 문화적 폭력이라고 부르지는 않는다.

금서란 흔히 "발행이 금지되거나 발매가 금지된 책"을 말한다.[142]

141 영국의 지배를 받다 독립해 현재 '힌디어'와 '영어'를 공용어로 사용하는 인도만은 예외라고 할 수 있다. 식민통치를 받던 지역에서 언어가 독립 후에도 살아남은 경우는 대부분 고유의 문자를 보유하고 있던 피식민지 국가들에 한정된다. 가령 문자언어가 없었던 아스테카, 마야, 잉카 등 메소아메리카 지역을 뿌리로 해서 독립한 중남미 국가들은 오늘날 고유의 언어가 많이 사라지고 입식통치를 했던 에스파냐와 포르투갈 언어를 공식언어로 사용하고 있고, 역시 문자언어가 없던 사하라 이남의 많은 아프리카 신생 국가들도 오늘날 대부분 프랑스어를 사용하고 있다.

142 김삼웅, 『금서: 금서의 사상사』(서울: 백산서당, 1987), 14쪽; 한상범, 『금서, 세상을 바꾼 책』(파주: 이끌리오, 2004), 35쪽.

이처럼 개설적인 방식이 아니라 좀 더 확대해서 백과사전적으로 정의하면, "기존의 정치·안보·규범·사상·신앙·풍속 등의 저해를 이유로, 법률이나 명령에 의해 간행·발매·소유·열람을 금지한 책자"를 말하기도 한다.[143] 발행금지나 발매금지 처분은 어떤 형태이건 사전 검열제도가 있기에 가능하기 때문에 결국 금서를 만드는 것은 사전검열이다. 그리고 사전검열을 통해 출판물을 규제하는 것은 국가나 교회 등 권력기관의 권위에 도전해서 그 위엄을 해치고 안전을 위태롭게 한다는 이유 때문이다. 영국 역사가 뷰리(John Bagnell Bury)는 서양에서 검열제도가 확립된 경위를 다음과 같이 설명한다. "로마 교회의 금서 목록은 사상의 자유를 위한 투쟁에서 인쇄술의 발명이 갖는 의의를 우리에게 환기시킨다. 그 발명으로 말미암아 새로운 사상을 널리 보급시키는 것이 쉬워진 것이다. 당국은 재빠르게 그 위험을 알아차리고 이성의 강력한 협력자가 될 가망이 있는 이 새로운 발명을 탄압하는 대책을 세웠다. 교황 알렉산더 6세는 무허가 인쇄를 금지하는 교서를 냄으로써 인쇄물의 검열제를 창시했다(1501)."[144] 구텐베르크(Johannes Gutenberg)가 금속활자를 발명한 것이 대략 1450년경이니 가톨릭교회에서 사람들의 종교와 사상, 학문과 예술의 자유에 대한 사전 규제나 통제에 얼마나 발 빠르게 대처했는지 알 수 있다. 이 기점을 시작으로 가톨릭교회는 마키아벨리의 『군주론』을 비롯해 오늘날까지 현대의 기준으로 고전작품에 속하는 수많은 저술을 금서로 지정해왔다. 어차피 언급됐으니 한 작품을

143 「금서」, 『한국민족문화대백과사전』, http://100.daum.net/encyclopedia/view/14XXE0007830 (검색일: 2018.04.27).

144 John Bagnell Bury, *A History of Freedom of Thought* (New York: Henry Holt and Company; London: Williams and Norgate, 1913), pp. 90~91.

사례로 좀 더 얘기하자면, 『군주론』이 출판된 것은 마키아벨리가 죽고 5년 뒤인 1532년이었다. 당시 메디치 가문의 교황 클레멘스 7세는 안토니오 블라도에게 출판을 허가했으나 책이 나오자마자 영국의 추기경 폴(Reginald Paul)은 이 책을 "악마의 소산"이라고 비난했고, 헨리 8세도 이 책의 위험성을 경고했다고 전해진다. 결국 1559년 교황청은 마키아벨리의 모든 저작을 「금서목록」에, 그것도 '절대불가'라고 올렸다. 교황 바오로 4세가 소집하여 로마에서 연 종교재판은 가톨릭교도가 『군주론』을 읽는 것은 물론 소유하는 것조차 금지한다고 공표했다. 신교 쪽에서도 마키아벨리를 비난했는데, 그 이유는 1572년 성 바르톨로메오 축일부터 몇 주 동안 가톨릭교도들이 수만 명의 프랑스 위그노 교도들을 살해한 성 바르톨로메오 대학살 사건을 주도한 혐의를 받던, 어린 왕의 모후 카트린 드 메디시스가 마키아벨리의 책을 탐독했기 때문이다. 프랑스인들은 메디치가(家) 출신의 이탈리아인인 그녀가 비밀이 많고 믿을 수 없는 사람이라며 미워했다. 『군주론』의 영어 번역판은 영국 국교회의 검열이 사라진 1640년에 영국에서 나왔고, 마키아벨리의 저작이 널리 보급된 것은 18세기 계몽 사상가들에 의해서였다. 그리고 교황청에서 마키아벨리의 저작을 비롯해 많은 금서를 「금서목록」의 폐지를 통해 그 족쇄에서 해방시킨 것은 1966년에 이르러서였다. 어쨌든 마키아벨리의 『군주론』은 교회 당국에서만이 아니라 유럽 각국의 정부 차원에서도 빈번하게 검열과 금서 처분을 받은 책으로 유명하다.[145]

145 Nicholas J. Karolides, Margaret Bald, and Dawn B. Sova, *100 Banned Books: Censorship Histories of World Literature* (New York: Checkmark Books, 1999), 손희승 옮김, 『100권의 금서: 금지된 책의 문화사』(서울: 위즈덤하우스, 2006), pp. 33~34; 한상범, 『금서, 세상을 바꾼 책』, 109~110쪽.

이처럼 교회만이 아니라 국가, 즉 정부에 의해서도 유해하다고 판단되는 책들에 대해 금서 조처가 자주 이루어졌는데, 이와 관련해서 뷰리의 설명을 다시 들어보자. "프랑스 국왕 앙리 2세는 무허가 인쇄자를 사형에 처하도록 했다. 독일에서는 1529년에 검열제가 채택되었다. 영국에서는 엘리자베스 여왕 때 서적의 무허가 인쇄가 금지되고, 런던, 옥스퍼드, 케임브리지 외에는 인쇄기의 설치가 허가되지 않았다. 또 인쇄의 통제는 성실재판소(星室裁判所, the Star Chamber)가 관할하였다. 19세기 이전에는 자유롭게 인쇄할 수 있는 나라는 하나도 없었던 것이다."[146] 쉽게 말해 불과 200년 전만 하더라도 유럽인들은 사상과 학문, 문화와 예술의 자유에 가해지는 문화적 폭력이 전혀 폭력으로 인식되지 못하고 오히려 그것이 당연시되고 일상화된 세계 속에서 살았다는 것이다. 인간 삶의 모든 측면에서의 자유가 – 그나마도 아직 전 세계의 모든 지역과 민족과 나라에서 정치적, 인종적, 종교적 자유가 완벽히 이루어졌다고 볼 수 없기에 불완전하기는 하지만 – 어느 정도 구현된 것이 불과 100년 또는 200년밖에 되지 않았다는 사실에 주목하면 현대인들이 얼마나 안전하고 평화로운 비폭력의 세계 속에서 살고 있는지 새삼 절감된다.

책의 출판이나 판매 금지보다 더 폭력적인 형태는 책을 불 지르고 파괴하는 행위다. 역사상 기록된 최초의 대규모 분서는 흔히 중국 고대사의 미스터리라 불리는 진시황에 의한 '분서갱유(焚書坑儒)' 사건이다. 이것은 진시황 34년(기원전 213년) 황제가 전국 각지에 대대적으로 도서

146 Bury, *A History of Freedom of Thought*, p. 91.

를 불태우라고 명령해 진귀한 고대 문헌들이 소리 없이 사라졌고, 다시 1년 후 국가 기구에서 일하던 함양(진나라 수도)의 술사와 학사들 460명을 산 채로 땅에 묻어 죽인 매우 폭력적인 사건을 일컫는다. 이 엄청난 사건은 진시황이 죽기 2년 전의 일이었고, 이 사건으로 진시황에 대한 후대의 역사적 평가는 부정적으로 내려지는 경우가 많아졌다. 분서갱유라는 명칭은 엄밀히 말하면 분리되는 별개의 사건으로 보아야 하고, 실제로 여기서 학자들을 죽이는 일은 문화적 폭력 사건이 아니라 정치적 폭력 사건에 해당하기에 다루지 않기로 한다.

분서갱유 중 분서에 대한 기록은 사마천의 『사기』의 「진시황본기(秦始皇本紀)」에 자세히 서술되어 있다. 사건의 발단은 이렇다. 기원전 213년에 진시황이 함양의 궁에서 천하통일을 경축하기 위해 연회를 베풀었는데, 이 자리에서 복야(僕射) 주청신(周靑臣)을 비롯한 군신 대부분이 진시황이 구축한 신제도를 칭송하기에 여념이 없을 때 박사 순우월(淳于越)이 신제도를 비판하고 구제도와 전통을 중시해야 한다는 보수적인 의견을 내놓자, 이에 화가 난 황제가 재상 이사(李斯)의 즉각 반박과 이어진 끔찍한 제안을 받아들이면서 일이 진행되었다. 이사는 당시 진시황에게 "지금은 폐하가 천하 통일을 이룩하여 그 업적이 후세에 길이 남을 터, 그럼에도 유학자들은 국면을 제대로 이해하지 못하고 있습니다. 삼대에는 제후들이 경쟁적으로 유세객들을 불러 모았지만, 이제 폐하께서 대통일을 완성하고 법령을 통일하였으니, 백성들은 생업에 종사하고, 관리들은 새 법령을 익히는 데 온 힘을 기울이면 될 뿐입니다. 현시대와 맞는 새로운 것을 배우려 하지 않고 옛것만 고수하는 태도는 민심을 어지럽게 하고, 나라를 불리하게 합니다."라고 말하며, '분서'를 진언했다. "사관에게 명하시어 진나라 사서(史書)를 제외한 다른 서적들을 불태우시고, 지방관에게 박사가 직무상 봐야 하는 도서와 농서, 복서, 의서 외의 『시경』, 『서경』, 제자백가의 서적들은 모두 불태우라고 명하십시오. 또 명령이 내려진 후에도 시서(詩書)에 대해 언급하면 그들을 참수하여 본보기를 보이시고, 여전히 고대의 전례를 찬미하고 현재를 비판하는 자가 있다면 일가족을 처형하시고, 관리 중에 죄를 알면서도 처벌하지 않는 자가 있다면 그들을 죄로 다스리시고, 30일이 되어도 분서를 하지 않는 이가 있다면 묵형(墨刑)에 처하십시오. 반대로 법령을 배우고자 하는 관리들을 스승으로 여기십시오." 결국 진시황은 이사의 의견을 받아들였고, 진나라 사서 외의 고전 문헌과 제자백가의 서적들이 잿더미로 변했다. 하지만 이때 실제로 소각된 서적 대부분은 6국의 역사서들이었으며, 제자백가 서적은 그 다음이었고, 유가 경전은 살아남아 박사부의 관리를 받았다. 그러나 분서 사건은 유학자들의 분노를 사기에 충분했고, 최악의 문화 참사라는 오명을 피할 수 없었다.[147]

이 사건에 대한 이후의 수많은 논란과 논쟁은 우리의 주제를 벗어나기에 생략하기로 한다. 다만 여기서 주목해야 할 점은 문화적 폭력이, 부르디외의 용어처럼, 상징폭력인 만큼 책을 불태운다고 해서 궁극

147 Cf. 왕리췬(王立群), 『진시황 강의』, 홍순도, 홍광훈 옮김 (파주: 김영사, 2013), 510~531쪽; 장펀톈(張分田), 『진시황 평전: 철저하게 역사적으로 본 제국과 영웅의 희망』, 이재훈 옮김 (파주: 글항아리, 2011), 939~955쪽; 쓰루마 가즈유키(鶴間和幸), 『중국 고대사 최대의 미스터리: 진시황제』, 김경호 옮김 (서울: 청어람미디어, 2004), 165~166쪽; 홍문숙·홍정숙, 「폭력적이고 야만적인 사상, 문화 통제 정책: 분서갱유」, 『중국사를 움직인 100대 사건』, http://100.daum.net/encyclopedia/view/63XX18100012 (검색일: 2018.04.27).

적으로 문화 자체가 불태워지는 것은 아니라는 사실이다. 다시 말해 그러한 문화적 폭력 사건 자체는 상징적이라는 순환성을 갖는다. 앞서 살펴본 언어말살 정책이 한계를 갖는 것도 역시 같은 맥락에서 이해할 수 있다. 여기서 폭력의 상징성은 그 명칭과 특징 두 개의 차원에서, 즉 이중의 의미에서 확증된다. 마치 하이데거가 "시간은 시간적이다."라고 주장할 때[148] 보이는 이 테제가 동어반복이 아니라 자기규정성을 갖는 것처럼 말이다. 만일 하이데거의 '시간은 시간적이다'라는 테제가 '시간은 시간성을 갖는다'는 의미로 해석된다면, 마찬가지로 '상징폭력은 상징적이다.'라는 테제도 문화적 폭력은 상징성을 갖는다는 뜻으로 풀이될 수 있을 것이다.

진시황의 분서 사건이 고대 동양에서의 최대 문화적 폭력 사건이었다면, 현대 서양에서 유사하게 발생한 최대의 문화적 폭력 사건을 꼽으라면 단연 '나치 독일의 분서 사건(Bücherverbrennung in Deutschland)'을 들 수 있다. 나치 분서는 1930년대 독일 대학생 조합(Deutsche Studentenschaft; 약칭은 "DSt")이 꾸준히 벌인 나치 독일과 오스트리아에서의 책들을 공식적으로 불태우는 캠페인 행사들 중 하나로 발생했다. 대학생들은 독일정신을 고양하기 위한 "12테제(12 Thesen)"를 만들어 각 대학에 뿌리며 캠페인을 벌였는데, 그 모토가 "비독일적 정신에 반대하는 운동(Aktion wider den undeutschen Geist)"이었고, 이 운동은 1817년 루터의 종교개혁 300주년을 기념하는 바르트부르크 축제에서의 분서 행사의 전통을 계승한다고 선전되었다. 소각의 목표가 된 것은 체

148 Martin Heidegger, *Der Begriff der Zeit* (1924) (Tübingen: Max Niemeyer Verlag, 1979), 서동은 옮김, 『시간의 개념』 (서울: 누멘, 2009), p. 44.

제 전복적이거나 나치즘에 반대하는 이데올로기를 대표한다고 간주되는 책들이었다. 이 안에는 유대계, 반전론적, 종교적, 자유주의적, 무정부주의적, 사회주의적, 공산주의적 작가들이 쓴 작품들이 포함되어 있었다. 그중 단연 으뜸은 칼 마르크스와 칼 카우츠키의 책들이었다. 그리고 그 일련의 캠페인들의 정점은 1933년 5월 10일에 발생했다. 나치 독일의 대학생 조합의 대표들을 비롯한 약 7만 명의 대학생들이 이 날 저녁 8시 30분부터 자정까지 베를린의 오페라광장(Opernplatz; 오늘날은 Bebelplatz)에 모여 마르크스, 하이네, 투홀스키, 프로이트, 기타 수많은 작가가 저술한 "비독일적인 정신"의 책들 약 25,000권을 불태우는 행사를 벌였다. 이 자리에는 대략 자정 무렵에 모습을 보인 나치의 선전장관 괴벨스도 참석했는데, 그는 여기서 유대인 지성주의가 사라지고 그 자리에 이제 아래로부터의 민족의지에 기반을 둔 새로운 독일 혁명이 들어서고 있다는 내용의 연설까지 했다. 이것은 나치 독일의 정신을 찬양하고 비독일적인 정신을 파괴하는, 일종의 "강하고 위대하며 상징적인 행동(eine starke, große und symbolische Handlung)"이었다.[149] 파급효과는 엄청나서, 이후 독일 전역에서 유사한 책 소각 캠페인들이 벌어졌다. 대학생들이 주도하지 않은 분서 행사도 곳곳에서 벌어졌다. 오늘날 책이 불태워졌던 베를린 광장에는 당시 작품이 소각된 작가들을 위한 기념탑이 서 있고, 그 옆 작은 청동판에는 다음과 같은 글귀가 새

149 Paul Joseph Goebbels, "Goebbels-Rede zur Bücherverbrennung auf dem Opernplatz in Berlin", http://www.buecherverbrennung33.de/goebbelsrede.html (검색일: 2018.11.02). 다음 문헌도 참조할 것. Lebecca Knuth, *Libricide: The Regime-Sponsored Destruction of Books and Libraries in the Twentieth Century* (Westport, CT: Praeger, 2003), 강창래 옮김, 『20세기 이데올로기, 책을 학살하다』(파주: 알마, 2010), pp. 127 ff.

겨져 있다. "이것은 서막일 뿐이다. 책을 불태우는 곳에서는 마지막에 가서 결국 인간도 불태운다." 일찍이 소각된 책의 저자 중 한 명인 하이네(Heinrich Heine)가 자신의 비극작품 『알만소르(*Almansor*)』(1821)에서 했다는 이 예언적 문구는 1933년과 그 뒤에 이어지는 홀로코스트를 통해 실제로 재현된다.[150]

정치적 선전 효과를 극대화하기 위해 치밀하게 기획된 나치 독일의 문화적 폭력 행사로서의 독일 분서 사건은 서양사에서 정신과 문화의 파괴 행위를 대변하는 상징적 사건이 되어버렸다. 기원전 213년에 진시황이 벌인 분서 사건이나 기원후 1933년에 나치가 벌인 분서 사건 사이의 연속성은 역사상 문화적 폭력행위가 시대와 장소를 불문하고 꾸준히 이어져 왔음을 실증한다. 양자 간에 차이를 보일 수 있는 그 개별 사건들의 배경, 조건, 원인, 과정, 결과, 영향, 효과, 해석 등을 분석하는 것은 여기서 큰 의미가 없다. 이 유사 사건들을 관통하고 묶어주는 몇 개의 중요한 요소들을 열거하면 다음과 같다. (1) 첫째, 책을 불태우는 행위가 문화유산, 즉 특정 집단 또는 개인 정신의 파괴라는 상징성을 갖는다는 점, (2) 둘째, 그것이 언제나 분서 행위를 저지르는 주최 측의 정치적 목적과 동기가 직접 연결되어 있다는 점, 다시 말해 문화적 폭력의 배후에는 언제나 정치적 목적이 깔려 있다는 점, (3) 셋째, 그러한 행사는 대체로 전제주의나 전체주의 같은 독재 정권의 명령이

150 Art. "Bücherverbrennung 1933 in Deutschland", *Wikipedia*, https://de.wikipedia.org/wiki/B%C3%BCcherverbrennung_1933_in_Deutschland (검색일: 2018.04.27); Art. "Nazi book burnings", *Wikipedia*, https://en.wikipedia.org/wiki/Nazi_book_burnings (검색일: 2018.04.27); 「베를린 분서」, 『위키 백과』, https://ko.wikipedia.org/wiki/%EB%B2%A0%EB%A5%BC%EB%A6%B0_%EB%B6%84%EC%84%9C (검색일: 2018.04.27).

나 비호 아래 이루어졌다는 점, (4) 넷째, 그러한 소각 행위에도 불구하고 이후 책들은 언제나 살아남고 오늘날까지 이어지고 있다는 점이다. 달리 말하면, 상징폭력은 말 그대로 상징 이상의 효과와 의미를 가질 수 없다는 것이다.

서양이나 동양의 역사에서 우리는 이와 유사한 문화 파괴 행위나 사건들을 수도 없이 목도한다. 가령 전쟁이나 민족이동과 같은 혼란의 와중에 행해지는 약탈이나 파괴 행위를 들 수 있다. 먼저 전쟁 중의 문화적 폭력 부분을 살펴보자. 전쟁이나 전투 행위 중에 의도치 않게 행해지는 문화유적의 파괴는 어쩔 수 없다 치더라도 가끔은 그것과 무관하게 의도적인 문화 파괴 사건도 발생하곤 하는데, 그 대표적 사례가 제1차 세계대전 중 독일군에 의해 자행된 루뱅(Louvain) 대학교 도서관 방화와 랭스 대성당(Rheims Cathedral) 폭격 사건이다. 때는 1914년 8월, 그러니까 전쟁 발발 직후였다. 가치를 측정할 수 없는 수많은 원고(原稿)의 컬렉션과 인쇄술 발명 초기에 출판된 책들을 소장하고 있던 중세 건물인 벨기에의 루뱅 대학교 도서관이 독일 측의 방화로 인해 화재가 발생했고, 1914년 9월에는 랭스 대성당에 대한 독일의 포격이 있었다. 이 책 4장에서 인용했던 스코틀랜드 역사가 맥밀란은 이러한 "문화 파괴는 터무니없는 폭력의 무작위적 행위들이 아니라 적에게 속한 문화적 기억의 상징적 측면들을 파괴하기 위한, 계산된 문화적 전투 행위의 시도"였음을 강조한다. 그에 따르면 "독일 군대는 그 장소들이 독일 군인들을 공격했던 시민 의용병들에 의해 이용된 곳이었다는 점을 근거로 자신들의 행동을 정당화시키려고 시도했지만, 실상은 루뱅이나 랭스 이 두 곳은 대체로 호전적으로 프로테스탄트적이고 민족주의적인 군사적 계층질서 안에, 그리고 프로이센에 의해 지배된 독일 제2제국의 사회적, 정치적 엘리트들에게 스며들어 있던 광포한 반(反)가톨릭주의 정서 때문에 공격 대상이 되었다. 루뱅 화재의 경우는 가톨릭 성직자들에 대한 대대적인 체포와 구타가 동반되었고, 대중반란을 불러일으켰다고 비난받았다. 이 구성원들 중 최소한 47명이 처형당했다. 여기서 다른 의미의 *문화투쟁(Kulturkampf)*이 계속되고 있었다."[151] 이 사건은 한마디로 공격하는 군대가 적군과의 전투 행위와 무관하게 의도적으로, 즉 분명한 목표를 갖고 문화유산을 파괴한 경우에 해당한다.

인간 삶의 보편성 덕분에 유사한 사례는 동양사에서도 발견된다. 이번에는 아랍 쪽으로 가보자. 무슬림들이 사우디아라비아를 넘어서 주변 세계를 정복하는 와중에 당대 최대 도서관들 중 하나로 간주되던 이집트의 알렉산드리아 도서관을 파괴한 것은 인류의 위대한 문화유산을 파괴한 사건으로 악명이 높다. 자세한 사건 경위를 곰브리치(Ernst Gombrich)는 다음과 같이 기술하고 있다.

> 아랍의 전사들은 무함마드가 [632년에] 죽은 후 6년 동안 피비린내 나는 싸움을 벌였고 마침내 팔레스타인과 페르시아를 정복하고 철저하게 약탈했다. 또 다른 부대는 이집트로 향했다. 여전히 동로마 제국에 속해 있었지만 깊은 쇠락에 빠진 나라였던 이집트는 아랍인에 의해 4년 만에 정복되었다. 거대한 도시 알렉산드리아도 그들의 손아귀에 들어왔다. 당시 아랍인이 알렉산드리아의 웅대한 도서관을 어떻게 해야 하느냐고 칼리프 오마르에게 물었다. 이 도서관에는 그리스 시인과 문필가, 철학자들의 두루마리 책이 70만 권이나 소장되어 있었다. 오마르는 이렇게 대답했다 한다. "그 책들

151 McMillan, "War", p. 55. 강조는 맥밀란.

에 코란에도 나온 내용이 쓰여 있으면 그 책들은 불필요하다. 만약 다른 내용이 쓰여 있으면 그 책들은 유해하다." 이 이야기가 사실인지는 알 수 없지만 그런 식으로 생각하는 사람은 언제나 있게 마련이다. 아무튼 아주 값지고 소중한 알렉산드리아의 장서들은 이렇게 전쟁과 혼란의 와중에서 영원히 사라지고 말았다.[152]

이 사실의 진위 여부, 폭력의 가해자와 피해자의 특정 여부, 가해자에 대한 역사적 탄핵과 비판의 타당성 여부 등과 무관하게 이렇게 소실된 70만 권에 달하는 고대 인류의 소중한 문화유산과 정신의 소멸은 그 자체로 비극이 아닐 수 없다. 이 사건이 특별히 가슴 아픈 이유는 상징적인 파괴 행위 이후 대부분의 문헌들이 다시 살아난 다른 많은 분서 사건들과 달리 이 사건 때문에 유일본으로 남아 있던 수많은 고대 문헌이 하루아침에 다 사라졌다는 사실이다. 디지털 포렌 방식으로 삭제한 기록도 복원이 가능한 오늘날의 관점에서 보면 그야말로 기가 막힐 노릇이다.

이러한 야만적 파괴 행위가 고도로 문명화된 오늘날이라고 해서 완전히 사라졌을 것이라고 결코 오해해서는 안 된다. 가령 21세기 벽두에 탈레반은 알 카에다의 압력을 받고 세계에서 가장 높은 입불상으로 오랜 역사를 자랑하던 아프가니스탄의 바미안(Bamyan) 석불 두 기를 산산조각 냈다. 영국의 건축 저널리스트 겸 저술가인 베번(Robert Bevan)은 이 야만적 행위에 대해 다음과 같이 논평했다.

---

152 Ernst H. Gombrich, *A Little History of the World. Illustrated Edition, trans.* Caroline Mustill (New Haven; London: Yale University Press, 2013, 1st German Original ed. 1985; 1st English Trans. ed. 2005), pp. 135~136.

최근에는 아프가니스탄 농민 출신의 이슬람 무장 단체 탈레반이 죄에 물든 타락한 도시를 멸망시키는 일이 있었다. 이들의 이름은 이제 고트족, 반달족, 몽골족, 훈족과 나란히 야만인과 비문명인의 전당에 올라 있다. 바미안 석불의 파괴는 이들이 내린 최악의 문화 정책이었다. 2001년 3월, 90미터에 이르는 암벽에 벽감을 조성해 만든 각기 약 55미터와 40미터 높이의 석불이 다이너마이트로 산산이 부서졌다. 탈레반은 최소 1,500년의 역사를 자랑하는 이 기념물의 파괴를 예고했고, 우상 금지에 관한 탈레반의 하디스(Hadith) 해석에 전혀 공감하지 못하는 이슬람 성직자들을 포함해 전 세계의 구명 운동에도 아랑곳없이 기어코 이를 실행에 옮겼다.[153]

지금은 그 세력이 많이 소멸되었지만 한때 기세가 등등했던 순니파 이슬람 근본주의 무장단체인 이슬람국가(IS)에 의해 2015년에 자행된 시라아의 고대 도시 팔미라(Palmyra)의 유적들에 대한 파괴 행위도 이 연관에서 빼놓을 수 없는 사건이다.[154] 정신적으로 심하게 퇴화된 모습을 보인 그들의 저간의 폭력적 행태를 보면, 시간이 흐르면서 문화와 문명의 발달에 반비례해 인간의, 특히 집단의 폭력성이 점차 줄어들 것이라는 학계의 막연하고 무책임한 추론이 얼마나 어리석은지 뼈저리게 절감하게 된다.

이러한 문화적 유산에 대한 파괴 행위들은 이슬람권만이 아니라

153 Robert Bevan, *The Destruction of Memory: Architecture at War* (London: Reaktion Books, 2006), 나현영 옮김, 『집단 기억의 파괴: 흙먼지가 되어 사라진 세계 건축 유산의 운명을 추적한다』(파주: 알마, 2012), p. 215.

154 이슬람국가에 의한 팔미라 유적의 파괴는 다행히 생각보다 또는 알려졌던 것보다 심각한 상태가 아니었음이 2017년 시리아 정부군에 의해 이 지역이 재탈환되면서 확인되었다. Cf. Art. "Palmyra", *Wikipedia*, https://en.wikipedia.org/wiki/Palmyra (검색일: 2019.04.30).

기독교 문명권에서도 쉽게 찾아볼 수 있다. 가장 대표적인 사례가 루마니아의 독재자 차우셰스쿠(Nicolae Ceauşescu)에 의해 자행된 자국 내의 도시와 농촌을 막론하고 무차별적으로 벌인 전통 건축물과 가옥에 대한 계획적인 대량 파괴다. 이 독재자는 "사실상 루마니아의 모든 역사적 자취를 지우고 과거와의 단절 위에 체계적인 산업도시를 건설하고자" 하면서 1970년대 중반 이후부터 루마니아의 도시와 마을을 본격적으로 초토화시켰다. 1977년 "11월 정부 기관인 역사기념물위원회가 문을 닫았고 이곳 소속의 건축가, 기술자, 장인은 모두 해산되었다." 이때부터 "1989년 말 차우셰스쿠 정권이 무너질 때까지 건축물의 학살은 계속되었다. 유럽의 고도 부쿠레슈티는 원형을 알아보기 힘들 정도로 해체되었고, 추가로 역사적인 도시 29군데에서 기념물 파괴와 재건이 이뤄졌다. 파괴와 재개발이 한창 진행되는 도시는 최소 37군데가 넘었고 파괴가 예정된 역사적 구조물은 전체의 97퍼센트에 이르렀다."[155]

그밖에 게르만족에 의한 로마제국의 도시 약탈과 파괴나 나치에 의해 자행된 폴란드의 바르샤바에 대한 도시 파괴와 같은 매우 고전적인 사례들 외에도 이스라엘에 의해 자행된 팔레스타인 지역의 문화적 유산에 대한 파괴, 유고슬라비아의 보스니아 내전 동안 세르비아인이나 크로아티아인에 의해 벌어진 부코바르, 사라예보, 모스타르와 같은 '도시 살해',[156] 키프로스 섬에서 터키계 키프로스인들에 의해 자행된 그리스 정교회 건축물들에 대한 파괴, 인도 내 무슬림들에 의해 자행된

155 Bevan, *The Destruction of Memory*, pp. 221~222.

156 Bogdan Bogdanović, "Murder of the City", *New York Review of Books*, XL/10 (May 27 1993).

힌두교 건축물에 대한 파괴, 중국인들에 의해 저질러진 티베트 지역의 불교 건축물과 유적들에 대한 계획적 파괴 등등. 세계 곳곳의 인종, 민족, 국가, 종교, 종파 간의 크고 작은 대립과 갈등 속에서 벌어진 문화적 유산과 건축물에 대한 파괴 행위들은, 그것이 애초에 계획되었던 것이든 그렇지 않았던 것이든, 의도되었던 것이든 그렇지 않았던 것이든, 저질러진 '파괴의 양과 질'에서 서로 정도의 차이는 있을지언정 '폭력이라는 범주'에서 벗어난 사례는 단 한 건도 없다. 이러한 문화적 파괴 행위들을 관통하는 한 가지 공통적 특징은 그것들이 두 세력 간의 대립이나 갈등 및 충돌의 과정에서 발생했든 아니든, 아니면 독재와 혁명의 과정에서 폭발했든 아니든, 언제나 주요한 다른 정치적, 군사적, 외교적 폭력과의 밀접한 연관 속에서 자행되었다는 점이다. 폭력의 중첩성은 분야와 영역을 초월한다.

문화적 폭력과 관련해 마지막으로 거론할 수 있는 주제는 현대의 '대중매체와 폭력' 문제다. 최근의 미디어 기기와 기술 환경은 너무 급속도로 발전해 어디서부터 어떻게 논의를 시작해야 할지 막막하게 느껴질 정도다. 20세기 초 영화, 라디오, 텔레비전 등으로 시작해 컴퓨터, 인터넷, 스마트폰, 인공지능(AI), 사물인터넷(IoT), 빅데이터로까지 이어지는 미디어 기기나 기술 자체가 폭력적인 것이 아니라, 이들 매체를 통해 폭력 영상물이 범람하는 것이 문제이기 때문에, 이 주제에 대해서는 지금까지의 문화적 폭력 담론과는 다른 접근이 필요하다. 가령 미국의 커뮤니케이션학자 포터(W. James Potter)는 대중매체를 통해 확산하는 폭력의 해악을 줄이기 위해서 누구나 그에 대해 경계하고 주의를 기울일 수 있는 "공중위생" 관점의 도입이 필요하다고 역설한다. 왜냐하면 "미디어 폭력과 관련된 문제는 궁극적으로 예술적 표현, 적법한 거래, 혹은 다양한 메시지에 대한 사람들의 유용한 접근 등을 규제하지 않으면서도, 동시에 사회와 모든 개인에게 악영향을 줄이는 방안을 모색하는 데 있"기 때문이다.[157] 이 주제는 현재진행형이기 때문에 어떤 결론을 내리기보다는 아직은 문제를 제기하는 것만으로도 충분히 의미와 가치가 있다고 생각한다.

* * *

이제 예술로 눈을 돌려보자. 학문 또는 사상을 표현하는 책과 같은 출판물이 아니라 실제로 예술품이 파괴되거나 소실된 사례도 문화예술적 폭력의 범주에 들어간다. 건축을 조형예술의 범주 안에 넣고 이해했을 때, 특정 건축물, 기념물, 구조물뿐 아니라 더 넓게는 도시 자체에 대한 파괴는 이미 앞에서 다루었기에 여기서는 좁은 의미의 미술품에 대한 파괴 행위에만 초점을 맞추어 논의를 진행하고자 한다. 예술품의 파괴는 물론 다른 문화업적들과 마찬가지로 전쟁, 혁명, 민족이동과 같은 폭력적 사건이나 혼란의 와중에 이루어지는 경우도 있지만, 앞서 살펴보았던 제1차 세계대전 당시 독일에 의한 루뱅의 방화 또는 랭스 폭격 사례나 이슬람국가에 의한 고대 시리아 유적들의 파괴처럼 특정 집단에 의해 분명한 목표와 의도를 갖고 실행된 경우가 더 많았다. 여기서 거론하고자 하는 예술작품 파괴의 대표적인 역사적 사례는 중세의

157 W. James Potter, *The 11 Myths of Media Violence* (Thousand Oaks, CA: Sage, 2003), 하종원 옮김, 『미디어와 폭력: 그에 관한 11가지 신화』 (파주: 한울, 2006), p. 24.

비잔틴 제국에서 있었던 성상파괴운동이다.

성상파괴운동이란 730년 시리아 출신의 비잔틴 제국의 황제 레오 3세가 성상숭배를 금지하는 칙령(성상 금지령)을 발표하면서 시작해 843년 황제 미하일 3세 때 성상숭배의 정당성이 선포되면서 종결된, 8~9세기 사이 약 120년간 동안 기독교의 성화상(이콘) 공경이 금지되고 성상을 파괴한 운동을 말한다. 물론 이 기간에 간헐적으로 성상숭배가 허용되었다가 다시 금지되는 혼란을 겪기도 했지만, 전반적으로 성상이 금지되거나 파괴된 것은 사실이다. 이는 비잔틴 제국을 양분시켜 내전을 초래했고, 로마 교황청이 이를 비난함으로써 성상파괴 논쟁으로까지 발전했다. 이 운동은 비잔틴 황제의 간섭에서 벗어나고자 했던 로마 교황청에 좋은 명분을 제공했으며, 다른 요인들과 함께 결국 동서 로마 교회의 분열로, 즉 기독교가 그리스 정교와 로마 가톨릭으로 양분되는 교회 분열로 이어졌다. 이 운동으로 인해 실제로 고전 그리스와 로마의 양식으로 만들어진 초기 기독교의 많은 성상과 성화들이 파괴되는 수난을 겪었다.

성상파괴운동이 예술을 파괴한 운동인 것은 맞지만 예술을 배척한 운동은 아니었다는 견해를 제시하는 학자도 있다. 문화사회학자인 하우저(Arnold Hauser)에 따르면, 성상파괴운동은 "고대 그리스·로마의 감각적, 심미적 문화에 대한 초기 기독교도들의 반감"을 표출한 것이었다. 즉 기독교 이전 고대 미술의 육감적인 감성에 대해 기독교의 탈세속적인 미술관이 반응한 운동이라는 것이다. 그리고 그는 유대교와 기독교로 이어지는 로고스 중심주의와 이원론적인 세계관이 그 정서적 배경을 이루었다고 주장한다. 그 배경이란 형상보다는 언어, 시각적인 것보다는 청각적인 것, 즉 더욱 초월적인 감각으로 신과 그 현상을 감지하려는 의식이라는 것이다.[158] 그래서 거꾸로 "서구의 합리주의"를 "성상파괴주의라는 커다란 범주의 한 변주"로 간주하는 견해까지 등장하기도 한다.[159] 실제로 서양 지성의 역사를 보더라도 성상파괴주의가 얼마나 견고한 한 축으로 작용하고 있는지 확인할 수 있다. 가령 고대의 플라톤을 비롯해 근대의 칸트(Immanuel Kant)의 경우 신이나 신적인 것을 이미지화하는 것에 반대했다.[160] 이러한 연관에서 예컨대 아마시아의 아스테리우스(Asterius of Amasia)도 다음과 같이 경고했다. "예수를 그림으로 그리지 말라. 하나님의 아들 그리스도가 우리를 위해 자발적으로 인간이 되셨다는 한 번의 수모로 족하다. 더 이상은 그를 사람의 형상에 담아 두지 말고, 오히려 그의 무형의 말씀을 우리 마음속에 확실히 새겨 두도록 하자."[161]

성상파괴운동이 서양미술의 발전을 저해했고, 실제로 서구와 비잔틴의 미술이 이 사건으로 중세라는 암흑기를 보내야 했던 것은 사실이지만, 어쨌든 역사는 성상 옹호론자들의 승리로 종결되었다. 미술의 형상은 언어보다 더 강렬한 인상을 주는 매체로 민중들의 마음속에 남았고, 기독교는 그런 민중을 배반할 수 없었다. 또 관념적인 이상성보다는 실물에 가깝게 숭배 대상을 인식하고 싶은 인간의 예술적 의지를 꺾

158 Arnold Hauser, *The Social History of Art*, intro. Jonathan Harris, 4 Vols. (London: Routledge, 1999, 1st ed. 1951), vol. 1, pp. 65~68.

159 진형준, 『성상 파괴주의와 성상 옹호주의』(서울: 살림, 2003), 6쪽.

160 Alain Besançon, *Forbidden Image: An Intellectual History of Iconoclasm*, trans. Jane Marie Todd (Chicago: Chicago University Press, 2000), pp. 25~37, 193~203.

161 다음 문헌에서 재인용함. Hauser, *The Social History of Art*, vol. 1, p. 66.

을 수 없었다. 금서 또는 분서와 같은 문화파괴 운동이 실패로 끝났듯이, 성상파괴와 같은 예술파괴 운동 역시 잠시나마 성공을 거둔 듯이 보여도 결국 실패로 끝났다. 예술 활동은 다시 원래 상태로 되돌아왔을 뿐 아니라 르네상스를 겪으면서 오히려 이전보다 더 화려하게 부활했다. 인간의 삶이 원래의 출발점으로 되돌아가려는 성향, 즉 '회복 탄력성'이 여기서도 어김없이 작용한 것이다.

제7장

종교이념적 폭력(1):
신앙과 종교, 종교재판, 마녀사냥

제7장

종교이념적 폭력(1): 신앙과 종교, 종교재판, 마녀사냥

비록 종교와 사상, 이념 등이 광의의 문화 개념 안에 포괄되는 것은 사실이지만, 역사적으로 이들 영역에서의 폭력과 폭력성은 언어를 통한 상징폭력 또는 문화적 유산이나 예술 작품들에 대한 폭력과는 매우 다른 양상과 기능, 역할을 갖고 펼쳐져 왔기 때문에 별도의 주제로 천착될 필요가 있다. 역사상의 종교, 신념, 사상 등 거대 이념과 담론은 언제나 수많은 폭력과 그 희생자들을 양산해왔고, 또 앞으로도 그럴 가능성이 다른 그 어떤 문화요소들보다도 크다는 점을 염두에 둘 필요가 있다. 왜냐하면 그러한 이념과 담론은 폭력을 정당화하면서 대체로 새로운 폭력을 요구했고, 그러한 폭력을 통해서 또 세력을 확대해 오곤 했기 때문이다.

먼저 종교적 폭력의 유형에 속하는 것으로 특정 종교의 강요, 금지, 박해 등이 거론될 수 있다. 이들 사례는 끝도 없이 열거될 수 있는데, 로마 황제들에 의한 기독교도 박해, 중세 내내 이어진 유대교도와 이슬람교도, 무신론자, 이단 교도들에 대한 가톨릭교도의 억압과 탄압, 중세 전성기 이슬람교도에 대한 대규모 학살과 대규모 전쟁을 야기한 십자군 원정, 중세 말부터 근대 내내 악명을 떨쳤던 종교재판을 통한 폭력과 마녀사냥, 종교개혁 이후 약 100년 동안 유럽을 피로 물들인 구교와 신교 사이의 종교전쟁, 교황청의 금서목록 지정을 통한 종교·사상·학문·과학의 통제와 억압, 최근에는 IS에 의한 서방인 또는 이집트의 콥트교도에 대한 살해 등이 주목할 만한 사례들이다. 시대와 장소를 불문하고 역사상 매 시대 있었던 이러한 종교적 폭력은 흔히 이념적 또는 사상적 폭력보다 더 강도도 세고 더 잔학하다고들 한다. 그 이유는 아마도 종교가 이념이나 사상과 달리 내세관을 통해 죽음 이후 사후세계에서의 연속된 삶을 약속하는 경우가 많기 때문일 것이다. 즉 하나의 특정 종교라는 대의와 명분을 위해 죽음을 불사하고 무자비한 폭력을 독려하거나 정당화하는 경우가 허다하다. 이때 자신이 목숨 바쳐 지키려는 종교는 자신을 죽음의 공포로부터 해방시켜줌은 물론이요 심지어 내세에 행복한 삶을 누릴 수 있도록 구원해준다고 믿게 함으로써 마약 또는 환각제의 효능까지 발휘한다. 또 여기서 자행되는 폭력의 가해와 피해 행위는 해당 종교의 숭배 대상이 되는 절대자의 이름으로 용서되거나 승화된다. 전자(가해)의 대표적 사례는 십자군 원정이고, 후자(피해)의 대표적 범례로 박해로 인한 순교 행위가 있다.

십자군 원정이나 종교전쟁은 일종의 종교의 이름을 내걸고 펼쳐졌다는 점만 다를 뿐 기본적으로 전쟁에 해당하고 이미 이 책에서 다루어진 정치외교적 폭력과도 중첩되기 때문에 여기서 별도의 언급은 생략하고자 한다.[162] 순교 또한 박해자에 초점을 맞추면 명백한 폭력행위이지만, 피해 당사자 입장에서 보면 배교하지 않고 스스로 죽음을 선택한 경우이기에 불가피한 폭력 현상으로만 볼 수 없을 뿐 아니라 종교적 열정이나 신앙의 효력과 같은 폭력 이외의 요소나 특징들이 개입된 사례이기에 이 장(章)의 후반부에서 살짝만 짚고 넘어갈 생각이다. 따라서 역사상의 종교적 폭력 현상으로 다루어질 수 있는 가장 합당한 주제는, 서양의 중세와 근대에 걸친 시기에 충분히 회피될 수 있었지만 지극히 잔학하고 야만적인 형태로 전개된 '종교재판'과 '마녀사냥' 정도가 된다.

종교재판의 배후에는 정통과 이단이라는, 그래서 결국 선과 악이라는 이분법적 사고 또는 이원론적 세계관이 자리 잡고 있다. 교육받은 사람이 적었고 문맹률도 높았던 전근대 시대에 이러한 사고방식이 충분히 설득력을 얻을 수 있었으리라는 점은 누구나 쉽게 상상할 수 있다. 그러나 문제는 그것이 지나치게 폭력적인 양상으로 전개되었다는 점이다. 즉 서양의 기독교계 안에서 정통교리를 수호하려는 지난한 노력은 곧 폭력의 역사로 점철되어왔다. 로마제국 말기에 콘스탄티누스 대제가 서기 313년 밀라노 칙령으로 기독교를 공인하고 그로부터 12년

162 다만 여기서 프랑스의 종교전쟁에 해당하는 위그노전쟁 중 가톨릭 귀족과 시민들이 당시 가톨릭 군주 샤를 9세의 모후이자 섭정자였던 카트린 드 메디시스의 음모와 지시에 따라 파리에서, 그리고 나중에는 지방에서 위그노교도들을 대량 살해한 이른바 1572년의 '성 바르톨로메오 축일의 학살' 사건은 그 폭력성의 정도가 지독히 심해 여기서 특별히 거론할 가치가 있어 보인다. 이 일련의 소요 사태로 가톨릭 추산 2천 명이, 개신교 추산 적게는 2만 명에서 많게는 10만 명이 희생된 것으로 보고된다. 현대의 역사가들은 당시 파리에서만 3천 명 정도의 희생자가 발생했다고 추정한다. 「성 바르톨로메오 축일의 학살」, 『다음 백과』, http://100.daum.net/encyclopedia/view/b12s0755a (검색일: 2018.12.07).

뒤 최초의 종교회의였던 니케아 공의회에서 삼위일체설을 주장한 아타나시우스파의 교리를 정통으로 인정한 이후, 가톨릭교회는 당대의 아리우스파나 도나투스파는 말할 것도 없고 그 이후 수백 년 동안 수도 없이 다양하게 등장하고 스러져간, 이른바 정통에서 벗어난 기독교 교리나 교파는 모두 이단(heresy)으로, 이슬람이나 유대교와 같은 타종교는 모두 이교(paganism)로 규정하면서 교회 안팎에 걸쳐 이들 교파와 집단에 속한 사람들을 지속적으로 억압하고 박해하고 탄압하고 정복하고 학살해왔다. 기독교 정통교리의 수호와 확장의 역사는, 좀 심하게 표현하면, 정통이라는 이름으로 자행되어온 피의 역사라고 할 수 있다. 그 한복판에 종교재판소가 있었다. 종교재판은 그 과정에서 이단과 이교에 속한 집단이나 개인을 조사하거나 심문 또는 고문하는 등 일정한 재판과정을 거친 후 세속기관에 넘겨 이들을 처벌하도록 압박해왔다. 이 일련의 폭력과정은 모두 정통교리라는 명분 아래 기독교적 신의 이름으로 이루어졌다. 그 점에서 종교재판소는 종교권력의 심판자로서 이단자와 이교도들을 처벌하고 제거하기 위해 설치된 폭력기구였던 셈이다.

종교재판을 뜻하는 'inquisition'은 '조사하다'는 뜻의 라틴어 동사 'inquiro'의 명사형 'inquisitio'에서 온 말로 '심리(inquiry)' 또는 '조사(investigation)'라는 뜻을 갖는다.[163] 전문용어로서 'inquisition'은 중세와 근대 초 전 유럽의 법정에서 사용되던 공식적 재판 및 소송 절차를 지칭한다. 중세의 라틴어 명사 'inquisitio'는 본래 로마법에 근거한 모든

163 Lu Ann Homza, *The Spanish Inquisition, 1478-1614: An Anthology of Sources* (Indianapolis: Hackett, 2006), pp. x~xi.

소송절차 및 재판과정을 가리키는 말이었지만,[164] 중세 말에는 점차 종교재판이라는 의미로 확대되어 쓰이기 시작해 오늘날에까지 이른다.

종교재판이 '조사'나 '심리(審理)'라는 용어에서 나온 것으로 보아, 이 용어는 종교재판관(inquisitor)이 고소를 기다리지 않고 이단자와 범법자를 색출할 권한이 있음을 강조하기 위해 사용된 것으로 보인다. 실제로 종교재판에서는, 고소인(검사)과 피고소인(피의자)이 서로 증거를 가지고 법정에서 공방을 벌이면서 고소인이 위증할 경우 처벌까지 받는 보통의 형사재판과 달리, 고소인이 아예 없고 재판관이 공정함을 유지하지 않은 채 일방적으로 로마 가톨릭교회 측의 입장에 서서 교회의 정통교리나 공식 입장에 반대하거나 다른 신념을 가진 이단의 혐의자들을 조사한 후 기소했다. 따라서 교회는 "체포명령, 증거수집, 증인심문, 판결선고"에 이르는, 한마디로 "전(全) 재판과정 일체를 명령"하고 지시할 수 있는 막강한 권한을 종교재판관에게 부여하고 위임했다.[165]

시기적으로 12세기 말에 시작해 20세기 초반까지 대략 800년 동안 이어진 유럽의 종교재판은 시기와 지역별로 크게 (1) 중세의 종교재판, (2) 근대 초의 에스파냐와 포르투갈의 종교재판, (3) 가톨릭 종교개혁의 일환으로 설립된 로마의 종교재판 등 세 단계로 나누어 살펴볼 수 있다.[166] 중세의 종교재판은 다시 시기와 기능에 따라 크게 (i) 주교 감

---

164 Edward Peters, *Inquisition* (Berkeley: University of California Press, 1989), pp. 12~17.

165 Richard L. Kagan and Abigail Dyer, eds., and trans., *Inquisitorial Inquiries: Brief Lives of Secret Jews and Other Heretics* (Baltimore: Johns Hopkins University Press, 2004), p. 11.

166 이하 종교재판에 대한 서술은 다음 문헌들을 많이 참조했음을 미리 밝혀둔다. 「종교재판」, 『다음 백과』, http://100.daum.net/encyclopedia/view/b19j3104a (검색일: 2018.10.05); 「종교재판」, 『위키 백과』, https://ko.wikipedia.org/wiki/%

독 종교재판(Episcopal Inquisition, 1184~1230년대), (ii) 교황특사 종교재판(Legatine Inquisition), (iii) 교황 직속 종교재판(Papal Inquisition, 1230년대) 등으로 나뉜다.

1100년 이전까지 가톨릭교회는 이단자들을 아주 드물게 처형하는 경우도 있었지만 대체로는 고문 없이 추방과 투옥의 방법으로 단속했다. 이러한 처벌조차 많은 성직자나 신학자들의 반대에 부딪혔기에 아주 몇몇 소수의 국가만 이단을 사형으로 처벌했다. 그러다 12세기에 들어서면서 프랑스 남부, 이탈이아 북부, 독일 서남부 지역에서 카타리파(Catharism 또는 알비파(Albigenses)), 발도파(Waldensians, 프랑스어로는 Vaudois)와 같은, 교회의 합법적 권위를 인정하지 않고 마니교를 추종하거나 민간 버전의 성경을 믿는 반(反)로마가톨릭교회적 영성운동들이 등장하고 확산되자 교회 당국은 이들이 교회만이 아니라 지역 사회까지도 위협한다고 느껴 압박을 가하기 시작했다. 교회는 주교와 대주교 등으로 구성된 공의회로 하여금 해당 교구 안에 이단자들이 없는지 정기적으로 확인하게 하려고 '주교 감독 종교재판소'를 설립하도록 위임했다. 이에 따라 최초의 종교재판이 1184년 카타리파의 본거지였던 프랑스 남부의 랑그독(Languedoc) 지방(주도: 툴루즈(Toulouse))에서 이루어졌다. 이후 교황 인노켄티우스 3세 때인 1209년, 즉 교황특사인 카스텔노(Pierre de Castelnau)가 살해된 이듬해 카타리파(알비파) 교도들을 대대적으로 토벌하기 위해 결성된 '알비 십자군(Albigensian Crusade,

EC%A2%85%EA%B5%90_%EC%9E%AC%ED%8C%90 (검색일: 2018.10.05); Art. "Inquisition", *Wikipedia*, https://en.wikipedia.org/wiki/Inquisition (검색일: 2018.10.05); Art. "Medieval Inquisition", *Wikipedia*, https://en.wikipedia.org/wiki/Medieval_Inquisition (검색일: 2018.10.05), etc.

1209~1229)'을 계기로 종교재판은 제도화되기에 이르렀다. 20년 동안 랑그독 지방을 중심으로 펼쳐졌던 이 끔찍한 십자군 결과 카타리파 등 이단자들 외에 일반 가톨릭교도들까지 적게는 약 20만 명에서 많게는 약 100만 명까지 무차별적으로 학살된 것으로 추정된다.[167] 이 학살 사건을 두고 제2차 세계대전 직후 '제노사이드'라는 신조어를 만들어 낸 렘킨(Raphael Lemkin)은 "종교의 역사에서 제노사이드의 가장 결정적 사례들 중 하나"라고 지적했고,[168] 요나손(Kurt Jonassohn)과 뵈른손(Karin Solveig Björnson)은 역사상 "최초의 이념적 제노사이드"라고 규정했다.[169]

그러다 1230년대에 오면 상황이 바뀐다. 교황 그레고리우스 9세는 1231년 종래의 주교들이 자기 교구 내에서 심문하거나 교황특사가 재판을 진행하던 형태에서 교황이 직접 임명한 종교재판관이 각지를 돌며 이단자들을 체포하여 처벌하기 위한 '교황 직속 종교재판소'를 설치해 운영했다. 당시 종교재판관은 대체로 학식이 뛰어난 수도회로 알려진 도미니크회와 프란치스코회 회원, 특히 대학에서 신학을 가르치던 탁발 수사들이 맡았다. 자백을 얻어내고 다른 이단자의 이름을 실토하도록 고문하는 것은 처음에 거부되었으나, 1252년 교황 인노켄티우스

167 "List of Genocides by Death Toll", https://www.revolvy.com/page/List-of-genocides-by-death-toll. (검색일: 2018.11.07); Christopher R. Cheney, *Pope Innocent III and England* (Päpste und Papsttum, number 9.) (Stuttgart: Anton Hiersemann, 1976).

168 Raphael Lemkin, *Lemkin on Genocide*, ed. Steven Leonard Jacobs (Lanham, Maryland: Rowman & Littlefield, 2012), p. 71.

169 Kurt Jonassohn & Karin Solveig Björnson, *Genocide and Gross Human Rights Violations: In Comparative Perspective* (Piscataway, New Jersey: Transaction Publishers, 1998), p. 50.

4세가 교황 교서(*Ad extirpanda*)를 공표하면서 자백을 끌어내기 위한 수단으로 고문의 사용이 공식적으로 허용됐다. 유죄를 인정하거나 유죄로 확증되었을 때 피고는 공개적으로 형벌에 처해졌는데, 형벌의 종류는 단순히 기도하고 금식하는 것에서부터 재산을 몰수하고 투옥하는 것, 심지어 종신 징역형에 이르기까지 다양했다. 유죄판결을 받고도 자신의 신앙을 철회하지 않는 이단자, 유죄선고와 참회 이후에 다시 죄를 범한 사람은 사형을 선고할 수 있었던 세속재판소로 이송되었다. 이후 북유럽에도 유사한 형태의 종교재판소가 운영되었으나 그 정도가 심하지 않았고, 특히 영국과 카스티야는 중세가 끝날 때까지 교황 직속 종교재판소가 단 한 곳도 없었던 큰 국가로 기록된다.

근대 초에 들어 종교재판이 가혹하게 운영되던 곳은 재정복(Reconquista) 기간에 이슬람교 및 유대교와 맞서 싸워야 했던 에스파냐였다. 아라곤과 카스티야의 가톨릭 군주들은 이미 많은 이교도를 추방했지만, 그래도 여전히 가톨릭으로 개종해 국내에 남아 있던 많은 무슬림과 유대인들을 국가의 통합과 안정을 저해하는 요소로 간주해 종교와 정치의 통일을 위해 교황에게 독자적인 종교재판 기관의 설치를 허가해 달라고 요청했다. 이것이 교황의 통제에서 벗어난 독자적인 종교재판인 데다가, 종교재판이 정치적으로 이용될 위험성을 꿰뚫어 본 교황이 불가의 입장을 고수했으나, 페르난도 왕의 정치적 공세에 밀려 결국 1478년 교황 식스투스 4세는 에스파냐의 종교재판소를 인가해주었다. 세비야에서 활동한 최초의 에스파냐 종교재판관들은 너무도 가혹한 재판을 해 교황이 개입할 정도였다. 그러나 에스파냐 왕실은 이 기막힌 무기를 포기하지 않았고, 오히려 교황을 설득해 1483년에는 카스티야 종교재판소장의 임명권까지 얻어냈으며, 같은 해에 아라곤, 발렌시아, 카탈루냐를 종교재판소의 권한 아래 두는 데 성공했다. 이렇게 해서 임명된 최초의 종교재판소장이 바로 이단자와 유대인들을 무차별적으로 고문하고 재산몰수를 넘어 화형에 처하고 추방하여 종교적 편협성과 잔인한 광기의 상징이 된 도미니크 수도회의 수도사 토르케마다(Tomás de Torquemada)였다. 약간 과장되긴 했지만, 그가 종교재판소장으로 재직할 동안 화형에 처해진 사람의 수가 대략 2,000명 정도였다고 하니 그 악랄함의 수준이 쉽게 가늠된다. 문제는 이러한 잔인함의 대명사인 종교재판소가 이베리아반도에만 머물지 않고 에스파냐의 권력 아래 놓였던 카나리아 제도, 에스파냐령 네덜란드, 나폴리 왕국, 아메리카 지역에서까지 확대 운영되었거나 운영을 위한 시도가 이루어졌다는 점이다.[170] 아메리카 지역을 제외하면 대체로 큰 성공을 거두지는 못했지만, 이러한 에스파냐의 종교재판의 광기는 19세기에 들어 폐지와 부활을 반복하다 1834년 최종 폐지되었다.

포르투갈도 역시 16세기, 정확히는 1536년 최초의 종교재판소가 설치되고 1540년 최초의 화형식이 집행된 이후 에스파냐와 비슷한 방식으로, 즉 국내뿐 아니라 포르투갈의 통치를 받던 식민지에까지 확대 운영되었다. 좀 오래된 문헌이긴 하지만, 종교재판의 역사를 연구한 리어(Henry Charles Lea)의 고전적 조사에 따르면, 1540년부터 1794년까지 리스본, 포르투, 코임브라, 에부라 등지에서 1,175명이 화형에 처해

---

170 Cf. John F. Chuchiak IV, ed. & trans., *The Inquisition in New Spain, 1536-1820: A Documentary History* (Baltimore: Johns Hopkins University Press, 2012).

졌고, 29,590명이 속죄되었다.[171]

로마의 종교재판소는 종교개혁의 여파로 발생한 가톨릭 종교개혁의 일환으로, 즉 프로테스탄트에 대응하기 위해 설립되었다. 1542년 개혁 교황 바오로 3세는 개신교도들을 탄압하기 위한 조직으로서 종교재판소를 출범시켰다. 이 재판소는 주교들의 통제에서 벗어나 훨씬 자유롭고 독립적이었던 6인의 추기경위원회, 즉 교황청의 종교재판성성(宗敎再版聖省, Congregation of the Holy Office of the Inquisition)이 관할했다. 이 기관은 주로 신앙의 통일을 방어 또는 유지하며, 잘못되거나 오류가 있는 교리들을 심사한 후 금지하는 작업을 해나갔다. 그 대표적인 작업이 1559년 트리엔트 공의회의 권고에 따라 첫 번째로 발행된 금서목록을 작성하는 것이었다. 로마의 종교재판소 활동은 가혹하지 않았고, 바오로 3세를 계승한 율리우스 3세는 재판소가 권위는 갖더라도 그 활동 범위를 이탈리아에 한정시켰으며, 이후 교황들의 온건 정책도 극소수의 교황을 제외하면 후임 교황들에 의해 그대로 유지되었다. 로마의 종교재판소는 점차 가톨릭교도의 신앙적 순수성뿐만 아니라 질서와 관습을 유지하는 데 관심을 기울이는 경향으로 흘러갔다. 1908년 피우스 10세는 로마 교황청을 개편하면서 종교재판이라는 말을 아예 없애버렸고 신앙의 순수성 유지를 관장하는 부서라는 의미로 '검사성성(檢邪聖省, Congregation of the Holy Office)'으로 명칭을 바꾸었으며, 1965년 교황 바오로 6세의 개혁 조치의 일환으로 이 기관은 아예 신앙교리성성(信仰敎理聖省, Sacred Congregation for the Doctrine of the Faith)으로 명

171 Henry Charles Lea, *A History of the Inquisition of Spain*, 4 vols. (New York: Macmillan, 1906), vol. 3, p. 310, f.n. no. 4.

칭이 변경되면서 교황청의 정부 부처의 기능을 수행하게 되었다. 요컨대 20세기에 들어와서야 그 명칭에서부터 재판의 기능, 금서목록 등이 모두 폐지되면서 로마의 종교재판소는 역사의 뒤안길로 사라졌다.

잔혹했던 중세의 종교재판소나 에스파냐 또는 포르투갈의 종교재판소와 비교했을 때 많이 온건했다고 해서 20세기 이전의 로마의 종교재판소를 결코 폭력과 무관한 기관으로 착각해서는 안 된다. 16세기의 탁월한 사상가 브루노(Giordano Bruno)에게 가한 악행은 독자들이 결코 잊어서는 안 될 로마 종교재판소의 가장 표본적인 폭력 사례다. 브루노는 원래 베네치아에서 고발당했으나 범죄자 인도 협의를 거쳐 로마로 신병이 인도된 뒤 무려 7년 이상이라는 기나긴 세월 동안 로마에서 반복적으로 심리와 심문 및 고문을 당하고 판결 이후 세속 당국에 넘겨져 결국 1600년 2월 17일 로마의 캄포 디 피오레(Campo di Fiore) 광장에서 화형에 처해졌다. 더욱 황당한 것은 증거 인멸 차원에서 그랬는지 몰라도 그가 받은 심리 기록조차 제대로 남아 있지 않다는 점이다.[172] '갈릴레이 재판'은 또 어떠한가? '브루노 재판' 이후 점차 개인의 단죄보다 저작물을 대상으로 한 사상의 심의를 다루게 되면서, 로마의 종교재판소는 이제 금서목록 발행을 목적으로 모든 출판물을 검열하고 통제하면서 개인의 사상과 학문의 자유를 억압해나갔다. 그 한복판에 바로 지동설을 뒷받침하는 이론과 출판물에 대한 대대적인 탄압을 야기한 17세기 갈릴레이 재판이 놓여 있다. 로마의 교황청이 지동설을 주장한 책에 대한 금서 조치를 해제한 것은 어이없게도 그 학설을 누구나 당연시

172 Cf. 최성철, 「지적 소수자: 조르다노 브루노」, 곽차섭, 임병철 엮음, 『역사 속의 소수자들』(서울: 푸른역사, 2009), 146~173쪽.

하고도 한참 지난 뒤인 18세기 중반이었고, 그나마 교황청이 갈릴레이 재판에 대해 공식적으로 잘못을 인정하고 그를 복권한 것은 폴란드 출신의 교황 요한 바오로 2세 때인 1992년, 즉 유죄판결을 받고 나서 무려 350여 년이 지난 후였다.

세속 권력기관과 연계해 교회 내의 정통교리를 수호하고 이단을 처단한다는 명분으로 벌인 종교재판은 결코 로마 가톨릭교회만의 전유물이 아니었다. 종교개혁 이후 프로테스탄트 교계 안에서도 가톨릭에서 행한 종교재판을 벤치마킹한 사례들 또한 적지 않게 발견되는데, 그 중 가장 대표적인 사례가 16세기 칼뱅(Jean Calvin)에 의해 주도된 세르베투스(Miguel Servetus)에 대한 이단재판과 처형 사건이다. 20세기에 들어와 오스트리아 작가 츠바이크(Stefan Zweig)에 의해 논픽션 형식으로, 그렇지만 칼뱅파 개신교도들의 심기를 감안해 매우 절제되고 순화된 언어들로 1936년에 발표된 책 『칼뱅에 대항한 카스텔리오 또는 폭력에 대항한 양심』 안에 자세히 기록되어 있는 사건의 전말은 이렇다. 종교개혁이 막 성공을 거두었던 16세기 중반, 1553년 10월 27일 제네바의 샹펠(Champel) 광장에서 에스파냐 출신의 의학자이자 신학자였던 세르베투스가 화형당하는 일이 벌어졌다. 그에 대한 이단재판 진행을 명령하고 체포와 감금, 고문과 심문 끝에 결국 사형을 선고하게 한 사람은 다름 아닌 제네바를 신정 통치하면서 당시 프로테스탄트의 교황으로 불리던 칼뱅이었다. 물론 그때가 종교재판, 마녀사냥, 종교개혁, 종교전쟁 등 종교적 광기가 휘몰아치던 시절이라 이 사건 하나만 놓고 보면 그리 대단한 일로 보이지 않을 수도 있다. 그러나 문제는 이 폭력이 종교재판과 같은 수많은 만행의 가해자였던 가톨릭교회를 강력히 비판하며 일으킨, 그래서 일찍이 성서해석에 대해 자유로운 의견이 인정되어야 한다고 주장했던 프로테스탄트교의 최고 지도자에 의해 공개적으로 자행되었다는 점이다. 무신론자도 아니었고, 이교도도 아니었으며, 성서해석 및 교리 문제를 두고 칼뱅과 논쟁을 벌일 요량으로 스스로 제네바에 들어왔을 만큼 순수한 열정을 지녔던, 그래서 어쩌면 진정한 기독교인이고자 했던 한 인간을 단지 성서해석, 삼위일체설, 예수의 가르침에 대한 생각이 다르다는 이유 하나로 갑자기 체포해 음식과 의복도 제한하고 그 누구의 접견도 금지한 상태에서 고문과 재판을 거쳐 곧바로 공개 화형에 처했던 것이다. 이 엄청난 사건을 두고 당시 바젤에 머물고 있던 카스텔리오(Sébastian Castellion)와 같은 당대의 인문주의자들, 그리고 기번(Edward Gibbon), 볼테르(Voltaire)와 같은 후대의 양심적 지식인들은 '종교적 살인' 또는 그냥 '한 사람에 대한 살해'라며 한목소리로 비판했다. 이에 대한 츠바이크의 생각을 좀 길더라도 직접 들어보자.

> 세르베투스의 처형—볼테르의 말을 인용하면—은 개신교에서 일어난 최초의 '종교적 살인'이었고, 따라서 개신교 원래의 이념을 분명하게 부정한 사건이었[...]다. 사실 '이단자'라는 개념 자체가 개신교의 가르침에는 맞지 않는다. 개신교는 모든 사람에게 성서 해석에 대한 자유로운 권리를 인정하고 있었다. 그리고 처음부터 실제로 루터와 츠빙글리, 멜란히톤 등은 종교개혁 운동의 아웃사이더나 극단론자에 대한 어떠한 형태의 폭력적인 조치에 대해서도 분명한 거부감을 보였다. [...] 그런데 칼뱅이 세르베투스를 불태워 죽임으로써 이러한 세계사적인 첫발을 내디딘 것이다. 그는 개신교가 쟁취해온 '기독교도의 자유'의 권리를 단번에 없애버렸다. 이 단 한 번의 도약으로 그는 가톨릭교회를 능가했다! 가톨릭교회는 독자적인 생각을 가졌다는 이유만으로 단 한 사람을 산 채로 불태울 때까

지 일천 년 이상을 망설여왔다. 그러나 칼뱅은 통치한 지 겨우 십몇 년 만에 그의 정신적 독재가 행한 이 가장 저급한 행위를 통해 개신교의 명예를 지워버렸다. 도덕적인 의미에서 그의 행위는 어쩌면 토르케마다의 모든 비행보다도 더 가증스럽다. 가톨릭교회는 이단자를 공동체에서 추방하고 세속 관청으로 넘기는 경우에 사적인 증오심에서 이런 행동을 한다고 생각지는 않았다. 그들은 영원불멸의 영혼을 죄 많은 육체에서 분리시킨다고 생각했으며, 따라서 일종의 정화행동 혹은 영혼을 구원하는 행동으로 이해했다. 칼뱅의 냉혹한 법정에는 이러한 속죄의 생각은 전혀 들어 있지 않았다. 그에게 세르베투스의 영혼을 구하는 것은 문제조차 되지 않았다. 오로지 칼뱅 해석의 절대권위를 강화하기 위해서만 샹펠의 장작더미에 불을 붙였던 것이다. 세르베투스는 하나님을 모독하지도 않았지만, 하나님을 모독했다는 이유로 그토록 괴로운 죽음을 당한 것이 아니다. 그는 오직 칼뱅의 어떤 주장을 부인했다는 이유만으로 죽임을 당한 것이다.[173]

황당하게도 성서해석에 자유가 주어져야 한다고 주장하던 개신교에서 저질러진 이단처형, 영혼 구제에 관심을 갖던 가톨릭교회의 종교재판보다 더 끔찍하게 자행된 만행, 악명 높던 종교재판관 토르케마다보다 더 가증스러운 폭력행위와 같은 표현들을 보면 아무리 스스로 절제했다고는 하지만 칼뱅에 대한 츠바이크의 적대감과 적개심이 어느 정도였는지 절절히 느껴진다. 그만큼 개인적으로 원한을 품고 정치적 목적으로 집행한 칼뱅의 '살인'은 그 이후 두고두고 인구에 회자되는 '종교적 폭력의 상징적 사건'이 되어버렸다.

이 모든 일은 특정 종교, 특정 종파, 특정 교리, 특정 신이라는 이

173 Stefan Zweig, *Castellio gegen Calvin oder Ein Gewissen gegen die Gewalt* (1936), 안인희 옮김, 『다른 의견을 가질 권리』 (서울: 바오, 2009), pp. 178~180.

름하에 자행된 폭력행위 그 이상도 그 이하도 아니었다. 그런데 이보다 더 끔찍한 실상이 종교재판의 역사 속에서, 그리고 종교재판의 일환으로 자행된다. 이른바 마녀사냥과 마녀재판이 그것이다. 이단 배격과 척결이라는 종교재판 본래의 성격과는 많이 다르게, 악을 퇴치하고 사악한 마녀를 몰아냄으로써 건전한 기독교 사회를 보호하고 영적인 기운을 세우려는 목적에서 종교재판보다 어쩌면 더욱 악랄하고 잔인하게 행해진 이 일련의 사건들의 전말은 오늘날의 관점에서 이해도 안 되고 용납도 안 될 뿐만 아니라 여기서 상술하는 것이 저어될 정도다.

마녀사냥이 횡행했던 계기 또는 동력에도 역시 선과 악이라는 이분법적 세계관이 크게 작용했다. 선은 일반적으로 "보호하는 힘"으로서, 악은 보편적으로 "파괴하는 힘"으로서 작동한다. 그러나 이러한 관점은 서양만이 아니라 어쩌면 인류 초기 문명부터 오늘날에 이르기까지 언제 어디서나 있었음 직한 것이다. 따라서 우리가 이보다 더 중요하게 눈여겨보아야 할 점은, 적어도 2세기에서 17세기 사이의 서양의 기독교 세계에서 수많은 신학자, 철학자들이 악을 "신의 부재"로 설명하고 있다는 점이다.[174] 이 점이 유독 서구 세계에서 두드러지게 나타나고 있는 이유는 아마도 기독교가 유일신 사상에 그 토대를 두고 있기 때문일 것이다. '헤브라이즘(Hebraism)'이라는 술어로 표현되는 중세 서양인들의 신(神)중심적 세계관에서는 악이나 악마조차도 "신의 섭리를 완성시켜주기 위한 보족물"에 지나지 않는 것으로 간주된다.[175]

174 Theo R. Payk, *Das Böse in uns* (Düsseldorf: Patmos Verlag, 2008), 박미화 옮김, 『노크하는 악마』(서울: 성균관대학교출판부, 2009), pp. 14, 31.

175 Michel Lacroix, *Le mal* (Paris: Flammarion, 1998), 김장호 옮김, 『악』(서울: 영림카디널, 2000).

마녀처형의 폭력성은 어쩌면 기독교의 역사에서 가장 비극적인 장면 중의 하나일 것이다. 왜냐하면 그 희생자 중에는 실제로 악마의 추종자들도 있었겠지만, 대부분은 마니교, 몬타누스파, 노바시아노파 청교도, 카타리파, 알비파, 발도파, 기타 비국교도 등 수많은 이단자와 이교도들이었고, 이들 외에 적지 않은 경우에 정치적 적대자, 빼앗고 싶을 만큼 많은 부와 재산을 거머쥔 자들, 시기와 질투를 받던 사람들, 마을에서 까칠하다며 따돌림을 당하던 사람들, 심지어 개인적인 원한이나 가족 또는 친족 간의 친소관계 또는 재산상의 이해관계에서 제거하고 싶은 모든 사람이 무고한 희생자로 죽임을 당했기 때문이다. 고발자가 피고인의 범죄 사실을 입증하지 않아도 되고 오히려 마녀로 지목받은 사람이 스스로 무죄임을 입증해야만 하는 중세의 사법체계의 특성상, 말도 안 되는 고소 고발이 난무했고 이로 인해 수많은 선의의, 선량한 피해자들이 속출했던 것이다. 당혹스럽고도 서글픈 점은 "처벌에 동참하지 않는 사람을 처벌하는 악순환 때문에" 마녀재판이 한창일 때 자기가 고발당하지 않으려면 "남보다 먼저 고발해야 한다"는 악의 순환고리가 만들어지면서 그 피해가 더 커졌다는 점이다.[176]

마녀사냥의 피해자들은, 개중에 남성들, 성직자, 귀족, 시장, 고위직 관료와 같은 상류층 사람들도 적지 않게 포함되어 있었던 것은 사실이지만, 대부분 여성들 또는 가난하고 소외받던 서민층 사람들이었다. 정확한 피해 규모를 파악하는 것은 더 어려운 일이다. 자료에 따라 적게는 수만 또는 수십만 명에서 많게는 수백만 명까지 추산하기에 어느

176 Pinker, *The Better Angels of Our Nature [...]*, p. 952.

통계를 믿어야 할지 난감할 때가 많다. 가령 한 통계에 따르면, 1450년에서 1750년 사이에 유럽 전역에서 대략 80,000건의 재판이 있었고, 그중 처형당한 희생자 수를 대략 35,000명으로 추산한다.[177] 시기적으로는 12~19세기, 지역적으로는 프랑스, 이탈리아, 독일 등지에서 시작해 전 유럽으로 확산되었으며, 식민지 개척과 더불어 나중에는 중남미, 북미 지역까지 퍼져나갔다. 가령 1692~1693년 매사추세츠주의 세일럼(Salem)에서 200명이 넘는 사람들이 기소되었고 그중 19명이 사형 선고를 받고 교수형에 처해졌던 마녀재판은 북미 대륙에서 자행된 가장 대표적인 사례로 꼽힌다.[178]

그렇다면 본래 마녀(witch)는 누구이며 어떤 사람들일까? 여기서 그 단어의 어원과 개념을 따져볼 필요가 있다. 마녀와 관련된 개념들을 추적하고 연구한 미국 역사가 러셀(Jeffrey B. Russell)의 생각을 따라가 보자. "witch라는 말은 고대 영어의 wicca(남자 마녀), wicce(여자 마녀), wiccian(동사로 '마법을 걸다')에서 유래한다. 현대의 마녀들이 일반적으로 믿고 있는 것과는 달리, 이 말은 켈트어에서 기원한 것도 아니고, 고대 영어인 witan(알고 있다) 및 wisdom(지혜)과 관련된 어떤 말과도 관계가 없다. 따라서 마술(witchcraft)은 '지혜로운 자(the wise)의 기술(craft)'

177 William Monter, "Witch Trials in Continental Europe", *Witchcraft and Magic in Europe*, eds. Bengst Ankarloo & Stuart Clark (Philadelphia: University of Pennsylvania Press, 2002), pp. 12 ff.

178 이 유명한 사건은 훗날 여러 예술 매체를 통해서도 재현되었는데, 특히 1950년대 매카시즘의 열풍에 영감을 받고 1952년에 쓰이고 1953년에 초연된 밀러(Arthur Miller)의 희곡 「크루서블(The Crucible)」과 역시 미국에서 동명의 제목으로 하이트너(Nicholas Hytner)가 감독한 드라마 영화 「크루서블(The Crucible)」(1996)이 대표적이다.

을 뜻한다는 설명은 잘못된 것이다." 그밖에 "sorcerer(마법사)는 '점쟁이'를 뜻하는 후기 라틴어 sortiarius에서 생성된 프랑스어 sorcier를 어원으로 한다. 프랑스어인 sorcier는 '마법사'와 '마녀'라는 두 가지 뜻 모두를 가지고 있다. 영어 sorcery는 14세기에 채용되어, 16세기에 널리 사용되었다." 끝으로 "magician(마술사)은 프랑스어 magique, 라틴어 magia, 그리스어 mageia에서 왔다. 그리스어 magos는 원래 크세르크세스 왕의 군대를 따라 그리스에 온 이란[페르시아]의 점성술사인 신관을 지칭하는 말이었다. 14세기 말경에 통용되던 영어의 용법 속에서 magic은 복잡한 고도의 지적 체계를 포함하는 것으로서, 단순한 '마법'과는 구별되는 것이었다." 이 모든 말의 배후에는 한 시대의 세계관, 즉 "시종 일관된 세계관에 근거를 두지 않는 신념"으로서 "미신"이라는 개념이 놓여 있다.[179] 오늘날에는 미신으로 치부되는 마녀 또는 마법에 대한 믿음이 중세에는 신조로 여겨졌다는 사실을 염두에 둘 필요가 있다. 결국 '마녀'란 간단히 '마법을 부리는 사람'이라는 뜻이다.

그러나 이 개념들은 단어, 특히 영어 단어의 사전적 의미와 그 어원을 추적한 것에 불과하다. 정작 중요한 것은 중세와 근대 초에 실제로 어떤 사람들이 '마녀'로 지목되고 재판받고 처형되었는지를 따져 묻는 일이다. 마녀사냥 분야의 전문가인 독일 역사가 베링거(Wolfgang Behringer)에 따르면, 15~16세기부터 널리 퍼진 마녀의 특성들 가운데 공통으로 나타나는 여섯 가지 요소를 제시해, 이 요소들을 갖춘 사람을

179 Jeffrey B. Russell, *A History of Witchcraft: Sorcerers, Heretics and Pagans* (London: Thames & Hudson Ltd., 1980, 2nd ed. 2007), 김은주 옮김, 『마녀의 문화사』(안양: 다빈치, 2011), pp. 9~18.

마녀로 정의했다고 주장한다. 그것은 "1. 악마와의 계약(기독교 배교) 2. 악마와의 성관계 3. 날아서 이동하는 능력 4. 악마가 주관하는 모임(사바스, Sabbath)에의 참석 5. 사악한 위해의 행사 6. 아이 살해" 등이다.[180]

이들 마녀에 대한 고발과 재판이 확산된 것은 중세라기보다 중세에서 근대로의 이행기, 즉 르네상스와 종교개혁 시기로 추정된다. 앞서 인용했던 러셀에 따르면, "1300년까지는 유럽 마술을 구성하는 모든 요소가 완전히 갖추어지며, 그 후 150년 정도에 걸쳐 마녀에 대한 공포는 점차로 유럽 전체를 관통하기 시작한다. 그러다가 중세 말엽인 1450년경에는 공포가 결국 광기로 변하고, 그런 광기 상태는 200년 이상 지속된다." 주목할 것은 러셀이 "마녀사냥의 광기"가 "중세의 산물이" 아니라 "르네상스와 종교개혁의 산물"이라고 주장한 점이다. 왜냐하면 "악마적인 마술의 존재를 그 누구보다도 강력하게 주장한 사람들 중에는 르네상스 지식인들과 종교개혁의 지도자들이 많이 포함되어 있었기 때문이다."[181] 비단 러셀만이 아니라 적지 않은 학자들은 마녀사냥과 마녀재판의 광기에 지식인의 책임이 크다는 점을 지적한다. 그럴 수밖에 없는 것이 상식적으로 생각해도, 마녀가 누구인지, 그들을 왜 그리고 어떻게 고발하고 처벌할지 결정하는 것은 피지배계층인 민중들이 아니라, 지배계층에 속하는 지식인, 성직자, 권력자들이기 때문이다. 이를 통해서도 폭력, 특히 역사상 주목할 만한 심각하고 거대한 폭력은

180 Wolfgang Behringer, *Witchcraft Persecutions in Bavaria: Popular Magic, Religious Zealotry, and Reason of State in Early Modern Europe* (Cambridge: Cambridge University Press, 1997), p. 14. 다음 문헌에서 재인용함. 주경철, 『마녀: 서구 문명은 왜 마녀를 필요로 했는가』(파주: 생각의힘, 2016), p. 35.

181 Russell, *A History of Witchcraft*, p. 124.

언제나 아래로부터가 아니라 위로부터 출발한다는 점이 확인된다.

마녀재판은 교회 당국과 세속 당국의 협업체제로 진행되었다. 이단과 마녀의 판단 여부는 교회로부터 위임받은 지정 또는 순회 종교재판관들이 심리와 심문, 고문 등의 과정을 거쳐 결정하고 유죄판결이 나면 죄인을 세속 당국에 넘겨 처벌했다. 종교재판에서 죄가 가벼울 때는 보통 피고로 하여금 회개하고 자신의 잘못된 신앙을 공개적으로 버리도록 하는 가벼운 처벌로 끝내기도 하지만, 재범 이상일 경우 또는 마녀로 확정된 경우 세속 당국에 넘겨 처형하는 것이 관례였다.

그렇다면 마녀재판은 어떻게 진행되었을까? 마녀재판의 교본이라 불릴 만한 책은 15세기 이후로 꾸준히 출판되면서 이 분야의 제도화와 법제화에 탄력이 붙게 된다. 요컨대 마녀재판이 더욱더 정교하게 정비되면서 마녀사냥과 마녀처형이 전 지역으로 확산되어 나갔다. 그중 대표적으로 거론되는 책, 즉 이 분야의 고전으로 자리 잡은 저작은 독일어권 지역에서 활동하던 두 명의 종교재판관 슈프렝거(Jacob Sprenger)와 크라머(Heinrich Kramer)가 1487년에 작성해서 출판한 『악마에게 가하는 망치(*Malleus Maleficarum*)』다. 이 책은 크게 (1) 악마와 마녀, 마법의 개념에 대한 개념 정의, (2) 마법의 수단과 마법의 퇴치 방법, (3) 이단을 근절하기 위한 소송과 심문, 고문 등의 재판 방법 등 세 부분으로 구성되어 있는데, 한마디로 마녀사냥과 마녀재판을 위한 표준 매뉴얼이라고 할 수 있다.[182]

---

182 Jacob Sprenger & Heinrich Kramer, *Malleus Maleficarum* (1487), 이재필 옮김, 『말레우스 말레피카룸. 마녀를 심판하는 망치: 마녀 사냥을 위한 교본』 (서울: 우물이 있는 집, 2016).

마녀사냥과 재판의 전 과정, 즉 고발과 체포에서부터 감금과 고문, 그리고 판결과 처형에 이르기까지 매 순간이 폭력적이기에 어느 지점이 특별히 더 폭력적이냐를 따져 묻는 것은 어리석은 일이다. 그러나 내가 보기에 가장 폭력적이고 잔혹한 지점을 굳이 하나 꼽으라면 단연 '고문'이다. 희생자들이 유서 형식으로 남긴 많은 기록만 보더라도 고문의 잔혹성과 폭력성은 다른 고통과 비교할 수 없을 정도다. 먼저 수감자는 고문기구들을 보는 순간 기가 질린다. 엄지손가락을 죄는 틀, 손톱을 뜯어내거나 불에 달구어 고문하기 위해 사용된 대장장이의 집게와 펜치, 팔다리를 잡아당기는 고문대, 에스파냐장화, 줄, 사슬, 날카로운 가시들로 뒤덮인 판자와 밀대, 여자의 크기와 형체를 본뜬 일명 '폐품수집가의 딸'이나 '강철 처녀'라는 이름의 관 등 끔찍한 고문 기구는 이루 헤아릴 수 없을 정도로 많고 다양했다. 특히 '강철 처녀'는 속에 쇠꼬챙이가 가지런히 꽂혀 있어서, 뚜껑을 닫게 되면 희생자는 온 몸이 찢기는 고통을 겪어야 했다. 이 가학적 실상을 보여주는 하나의 사례를 들어보자.

> 1631년 심문 첫날 한 여성에게 내려진 혹독한 고문의 세부 절차들을 예로 들어보도록 하겠다. 1. 고문 집행인은 임신한 여자를 묶고 고문대에 눕혔다. 그리고는 심장이 터질 때까지 고문했으나 동정심이라고는 보이지 않았다. 2. 그녀가 자백하지 않자, 고문은 다시 반복되었다. 그는 그녀의 손을 묶고, 머리카락을 모두 잘랐으며, 브랜디를 그녀의 머리 위에 붓고는 불을 질렀다. 3. 유황을 그녀의 겨드랑이에 발라 불을 질렀다. 4. 두 손이 등 뒤로 묶인 채, 그녀를 천장까지 올렸다가는 갑자기 아래로 떨어뜨렸다. 5. 올렸다가 내동댕이치는 고문은 집행인과 그 조수들이 저녁을 먹으러 갈 때까

지 몇 시간 동안이나 계속되었다. 6. 그들이 돌아왔을 때, 고문장은 그녀의 발과 손을 등께로 묶은 뒤, 브랜디를 등에 붓고는 불을 질렀다. 7. 무거운 쇳덩이를 그녀의 등에 지워놓은 채로 끌어당겼다. 8. 이런 뒤, 다시 고문대에서 사지를 잡아당기는 고문을 가했다. 날카로운 못이 솟은 고문대를 등에 올려놓고는 다시 천장까지 올린다. 10. 집행장은 다시 그녀의 발을 묶고 거기에 50파운드나 나가는 도르래를 매달아 심장이 터질 만큼 고통을 주었다. 11. 그래도 여자가 자백하지 않자, 집행인은 그녀의 발을 풀고 바이스로 발가락에서 피가 스며나올 때까지 그녀의 다리를 조였다. 12. 이것 역시 소용이 없자, 다시 여러 가지 방식으로 사지를 늘어뜨리고 조이는 고문을 가했다. 13. 이제 고문 집행인은 고문의 세 번째 단계에 돌입한다. 그녀를 의자에 눕히고 자신의 웃옷을 덮어주면서 다음과 같이 말한다. "난 너를 하루, 이틀, 삼일, 혹은 일주일이나 몇 주 동안 잡아두는 것이 아니라, 반년이나 일 년, 혹은 평생을 잡아둘 수 있다. 네가 자백할 때까지 말이다. 그리고 만일 자백하지 않으면, 결국 난 네가 죽을 때까지 고문할 수밖에 없고, 결국 넌 화형을 당하게 되지." 14. 집행인의 사위가 그녀의 팔을 잡아당겨 다시 위로 끌어올렸다. 15. 고문 집행인이 말을 때리는 채찍으로 그녀를 때렸다. 16. 그녀를 바이스에 놓고는 6시간 동안이나 고문했다. 17. 그러고 나서, 다시 무자비하게 채찍으로 때렸다. 이 모든 것이 그녀가 심문을 당하던 첫날에 이루어진 일이다.[183]

이 사례를 인용한 독일계 미국의 논픽션 작가 카루스(Paul Carus)는 "이것을 야만적이거나 짐승 같은 일이라고 말하는 것은 성에 차지 않는다. 이는 다분히 악마적인 일이다. 이 같은 일이 하나님의 이름으로 행

183 Paul Carus, *The History of the Evil and the Idea of Evil: From the Earliest Times to the Present Day* (La Salle, Ill.: Open Court, 1974, 1st ed. 1900), 이지현 옮김, 『악마의 탄생: 선에 대한 끝없는 투쟁』(파주: 청년정신, 2015), pp. 364~365.

해질 수 있었다니, 그것도 기독교 신앙을 위해서, 그리고 기독교 교회의 최고 권위자들의 명령으로 말이다!"라며 분개한다.[184] 이쯤 되면 우리는 사탄과 소통했다며 마녀로 지목받은 사람이 아니라 마녀인지 아닌지 모를 피의자를 심문하고 고문하며 재판을 진행했던 사람들이 더 악마같다는 인상을 갖게 된다.

당혹스러운 점은 외관상 이처럼 말도 안 되는 교회 당국의 악마성에 대한 의혹이 연구를 하면 할수록 약화되기는커녕 오히려 심화된다는 점이다. 악명 높던 종교재판관으로 앞서도 언급했던 토르케마다와 히메네스(Francisco Jiménez de Cisneros) 외에 역시 도미니크 수도회 출신의 브루사르(Pierre de Broussart) 또한 악랄하기로 유명했다. 그는 프랑스 북부 아라스(Arras) 지방에 주교가 없는 동안 수많은 사람을 소환하고 고문하여, 그들이 발도파라는 사실을 고백하도록 만든 뒤, 그들이 저질렀던 모든 혐오스러운 범죄를 공개적으로 자백한다면 목숨만은 살려주겠다고 약속했다. 하지만 공개회의 때 악마 숭배자임을 표시하는 모자를 쓰고 모두 단 위에 올라선 이 피의자들이 죄가 있는지 없는지를 묻는 심판관들에게 유죄임을 인정하자 기존의 약속은 철저하게 무시된 채 모두에게 화형이 선고되었고, 세속 당국에 넘겨진 이들은 산채로 불태워졌다. 아무리 피고들이 뒤늦게 울부짖으며 자신들이 속았고 고발당한 죄명에 대해서는 아무것도 알지 못할 뿐 아니라, 재판관으로부터 약간의 형벌만을 받고 방면해 준다는 약속을 받았기 때문에 거짓으로 고백했을 뿐이라고 외쳐댔으나, 모든 것은 헛된 몸부림에 지나지 않았

184 Carus, *The History of the Evil and the Idea of Evil*, p. 365.

다.[185]

교회 당국이나 그 밖의 종교재판관들, 심지어 일부 교황들의 이와 유사한 또는 이보다 더 심한, 수도 없이 많은 폭력적 행위들을 더 열거하는 것은 어쩌면 시간 낭비일 뿐 아니라 역겨운 일이라서 독자들의 정신건강을 위해서도 여기서 일단 멈추는 것이 낫겠다. 이와 같은 마녀사냥의 광기를 적재한 제동장치 파열의 폭주열차는 이성의 세기라 불리던 계몽주의 시대의 중간역을 지나 19세기의 종착역에 와서야 겨우 멈춰 선다. 물론 그 폐해가 비교적 덜했던 북유럽과 영국 또는 가톨릭보다 개신교가 더 강했던 지역들에서는 이미 17세기 전후로 마녀재판이 대부분 폐지되기는 했지만 말이다. 네덜란드는 독립전쟁 직후인 1610년에, 스위스 제네바는 종교개혁이 성공을 거두었을 즈음인 1632년에, 스웨덴에서는 크리스티나 여왕이 포고문 형식으로 발표한 1649년에, 프랑스에서는 루이 14세가 관련 법령을 선포한 1672년에, 영국에서는 1682년에, 독일어권 지역의 많은 국가도 대체로 그보다 약간 뒤인 17세기 말 또는 18세기에 각각 마녀처형을 금지 또는 폐지했다. 종교재판의 폐해가 극심했던 남유럽의 가톨릭 국가들, 즉 에스파냐와 이탈리아에서는 19세기에 와서야 마녀처형이 폐지되었다.

* * *

끝으로 종교상의 폭력 유형으로 특정 공동체에 속한 사람들이 보편적으로 믿는 종교와는 다른 이질적이거나 외래의 종교를 믿는 사람

---

185 Carus, *The History of the Evil and the Idea of Evil*, pp. 354~355.

들에 대한 탄압으로서 '종교적 박해'를 거론할 수 있다. 이에 해당하는 사례들은 누구나 마음만 먹는다면 무수히 찾아낼 수 있는 만큼 굳이 많은 지면을 할애해가면서 언급할 필요는 없다고 본다. 다만 대표적인 몇몇 사례는 우리의 논의와 관련해 경각심을 환기하는 차원에서도 잠깐 짚고 넘어갈 필요가 있다.

로마제국에서의 기독교도에 대한 박해를 먼저 예로 들어보자.[186] 주지하듯이 로마의 종교는 본래 다신교 체계였고, 그리스의 자연종교적 전통을 따라 올림포스 신들을 명칭만 다르게 해서 모두 받아들였다. 이스라엘의 민족종교를 모태로 삼아 탄생한 기독교는 로마 사회에서 당연시했던 다신교 체계에 대한 정면 도전을 의미했고, 따라서 로마 사회의 입장에서 이 이질적이고 독선적인 종교는 당연히 탄압과 박해의 대상이 되었다. 그러나 처음부터 로마가 기독교도들을 박해했던 것은 아니다. 왜냐하면 로마의 종교정책은 황제에 대한 숭배와 국가종교를 존중하는 이상, 제국 내의 모든 종교를 허용하는 쪽으로 흘러갔기 때문이다. 그러나 기독교가 이러한 국가정책을 존중하지 않았을 뿐 아니라 병역을 거부하자 탄압이 시작되었다. 이 박해는 서기 64년 네로 황제 때 최초로 시작되어 313년 콘스탄티누스 황제가 밀라노 칙령으로 기독교를 공인하기까지 약 250년 동안 지속되었다.

박해의 직접적 원인으로 (1) 유일신교와 다신교의 진리 충돌설, (2) 로마인의 오해설, (3) 로마제국 전복설 등 크게 세 가지를 들 수 있다.

186 로마제국 하에서의 기독교 박해와 관련한 아래 서술은 다음 문헌들을 많이 참조했음을 밝혀둔다. 후스토 L. 곤잘레스(Justo L. Gonzalez), 『초대교회사』, 엄성옥 옮김 (서울: 은성, 2012); 김광채, 『초대교회사 서설』 (서울: 노드, 2016); 조인형, 『로마의 카타콤: 기독교 박해와 승리의 역사』 (서울: 하늘양식, 2013), etc.

첫째, 오직 예수를 통해서만 진리와 구원을 얻는다는 유일신적 사상에 기반을 두고 이교적 우상숭배와 황제숭배를 거부했던 기독교 신자들과 로마제국의 다신교는 충돌할 수밖에 없었다. 로마인의 입장에서 기독교인들은 무신론자들이며 국가의 적이었던 셈이다. 둘째는 그리스도와 기독교도들에 대해 갖고 있던 로마인의 오해와 증오심에서 원인을 찾는다. 1~2세기의 박해는 자연재해, 패전 등의 원인이 기독교도들이 로마의 신들에게 제사를 지내지 않았기 때문이라고 생각한 군중이 그들에게 책임을 전가하며 미움을 폭발시켰기 때문에 발생했다. 또 신도들이 일반 대중과 떨어져 생활하며 종교의식을 벌인 것이 의혹과 비방을 증폭시켰다. 로마인들은 기독교도들이 매일 모여서 무엇을 하는지, 성찬식에서 그리스도의 몸과 피를 먹고 마시는 그들이 식인종은 아닌지, 서로 형제자매라 부르는 그들이 근친상간하는 것은 아닌지 의심했다. 셋째, 로마제국의 황제들은 국경선도 없는 범세계적이고 초국가적인 성격의 기독교가 국가를 전복시킬 것이라는 위기의식을 갖고 있었다. 특히 2~3세기에 오현제를 비롯한 유능한 황제들이 로마의 종교를 토대로 국가를 내적으로 견고하게 다지고자 했을 때, 기독교는 걸림돌이 되었고 결과적으로 박해를 받게 되었다. 이러한 세 가지 이유로 마녀사냥식 체포와 구금, 처형으로 탄압이 이루어졌다. 그러나 기독교인들은 투옥, 고문, 처형에도 굴하지 않고 용기로 대항했으며, 오히려 그들은 '순교자의 피는 교회의 씨앗'이라고 주장하면서 신앙을 위한 죽음을 두려워하지 않았다. 기독교가 일찍부터 순교자들을 공경한 것은 그들이야말로 참으로 그리스도의 수난과 부활에 동참했다고 보았기 때문이다.

여기서 특기할 점은, 법으로 세계를 정복했던 로마제국이 기독교 신자들을 박해한 법적 근거가 되는 국가문서가 3세기 중엽까지도 전혀 없었다는 사실이다. 실제로 없었는지 아직까지 발견되지 않고 있는지는 모르겠지만, 하여튼 박해에 대한 사료 또는 순교사 등은 로마 쪽 문서가 아니라 기독교 문헌에서 발견된다. 놀랍게도 로마의 저술가들 역시 극소수를 제외하고는 박해에 대해 침묵했다. 어쨌든 풀리지 않는 역사적 수수께끼는, 로마제국이 일반형법이 아닌 특별법에 근거하여 기독교인들을 박해했는지, 아니면 통치자들이 기독교를 '국가 전복을 기도하는 사이비 종교'로 보았기 때문에 단속권을 행사했는지 분명하지 않다는 점이다. 대부분의 황제는 아마도 법적 근거 없이 기독교 신도들을 처벌했을 것이다. 가령 트라야누스 황제는 기독교 신자들이 그 이름 때문에 처벌받아야 한다는 내용의 황당한 훈령을 내렸다. 그래서 최초의 라틴 교부였던 테르툴리아누스(Tertullianus)도 로마제국이 기독교인들에 가한 박해는 아무런 법적 근거가 없는 부당한 조치였다고 비난했다.

박해가 진행된 시기와 과정은 크게 세 단계로 나누어 살펴볼 수 있다. 제1기는 대략 100년까지로, 당시 로마제국은 비록 네로 황제의 대규모 박해와 일부 황제들의 소소한 박해가 있었지만 대체로 관용적 태도를 보였다. 이 시기의 박해는 황제들의 폭군적 행동이었을 뿐이고, 그나마도 로마시와 소아시아 지역에 제한되어 있었다. 제2기는 100년부터 250년까지의 시기다. 기독교는 이제 기존의 유대교와 완전히 구별되면서 국가를 전복시킬 수 있는 위험한 종교로 박해를 받았는데, 특히 오현제 시대부터 그러했다. 황제 트라야누스(98~117)와 하드리아누스(81~96)는 기독교도들을 박해했으나 이들에 대한 익명의 고발은 금했고 배교하는 신도들은 처벌하지 않았다. 그러나 철인황제로 유명한 마르쿠스 아우렐리우스(161~180)는 기독교에 대해 극도의 적개심을 갖고 있었으며, 따라서 배교 여부를 떠나서 많은 신도가 순교했다. 제3기는 250년부터 기독교가 공인된 313년 이전까지의 시기다. 마르쿠스 아우렐리우스의 사망과 더불어 로마제국의 평화와 번영은 끝났고, 이후 군인황제들의 시대(235~284)라는 혼란기에 기독교는 잠시 불안정한 박해의 소강기를 맞이했다. 혼돈을 수습한 디오클레티아누스 황제(285~305)가 즉위하자 정치적으로는 안정을 가져왔을지 모르지만, 기독교가 대신 대대적인 탄압에 내몰려야 했다. 250년부터 311년까지의 시기에 비로소 일반법에 의해 금교(禁敎)조치가 내려졌다. 데키우스 황제(249~251)는 250년 유행병을 퇴치하기 위해 로마의 신에게 제사를 바칠 것을 명하는 칙령을 반포하면서 참석자에게는 리벨루스(Libellus)란 증명서를 발부했다. 일종의 제사 참여 출석부였던 셈인데, 거기에는 탄압을 위한 음모가 숨어 있었다. 당연히 우상숭배를 거부하는, 즉 리벨루스가 없는 신도들은 대대적인 검거령에 따라 체포되고 결국에는 처형장으로 끌려갔다. 이때 수많은 배교자가 나와 교회 내부에 경종을 울렸고 더욱이 이들이 교회에 복귀하고자 할 때 이를 반대하는 엄격주의자들은 이단 교회를 세움으로써 교회 분규를 일으켰다. 발레리아누스 황제(253~260)는 두 차례에 걸쳐 기독교도들을 박해했고, 디오클레티아누스 황제는 가장 가혹했던 기독교 박해의 피날레를 장식했다. 디오클레티아누스는 처음에 기독교를 묵인했으나 기독교도의 절멸 없이는 모든 정책이 불가능하다고 판단해 303년부터 304년까지 네 차례에 걸친 칙령을 반포하면서 전 로마제국에서 기독교 근절을 시도했다. 교회를 파괴하고 성서를 불살랐으며 기독교도인 관리를 해직했다. 디오클레티아누스가 제위에서 은퇴한 305년 이후 서로마 제국에서는 박해가 대체로 끝났으나, 동로마 제국에서는 311년까지 계속되었다. 311년 갈레리우스 황제(305~311)는 박해의 무용성을 인정해야 했고, 죽음을 앞둔 병석에서 「관용의 칙서」를 발표했다. 이로써 기독교는 신앙의 자유를 얻고 콘스탄티누스 황제의 공인(313)과 테오도시우스 황제의 국교화(380)로까지 이어지게 된다.

우리나라 조선 후기의 천주교도에 대한 박해 또한 수많은 순교자를 배출한 후에야 겨우 멈춰 섰다.[187] 중국을 통해 우리나라에 들어온 천주교는 주자학의 한계를 깨닫고 새로운 원리를 추구한 진보적 사상가와 수탈을 당하던 민중을 중심으로 18세기 말부터 전파되기 시작했다. 1785년(정조 9년) 봄 김범우(金範禹) 집에서 가진 집회가 발각되어 이른바 '을사추조적발사건(乙巳秋曹摘發事件)'이 발생했는데, 양반들은 석방되고 중인 출신인 김범우는 곤장을 쳐 귀양을 보냈으나 귀양지에

187 조선의 천주교 박해의 역사와 관련한 아래 서술은 다음 문헌들을 참조했을 밝혀둔다. 한국교회사연구소 편, 『한국천주교회사』, 전5권 (서울: 한국교회사연구소, 2009~2014); 유홍렬, 『한국 천주교회 역사』, 전2권 (서울: 가톨릭출판사, 1992); 조 광, 『한국천주교 200년』 (서울: 햇빛출판사, 1989); 「한국의 천주교」, 『다음 백과』, http://100.daum.net/encyclopedia/view/b06r1173b067 (검색일: 2018.11.02); 「천주교의 전래와 박해」, 『지도로 보는 한국사』, http://100.daum.net/encyclopedia/view/135XX43300114 (검색일: 2018.11.02); 「신유사옥」, 『다음 백과』, http://100.daum.net/encyclopedia/view/b13s2935a (검색일: 2018.11.02); 「기해사옥」, 『다음 백과』, http://100.daum.net/encyclopedia/view/b03g1282a (검색일: 2018.11.02); 「병오박해」, 『한국민족대백과사전』, http://100.daum.net/encyclopedia/view/14XXE0023129 (검색일: 2018.11.02); 「병인사옥」, 『다음 백과』, http://100.daum.net/encyclopedia/view/b09b3070a (검색일: 2018.11.02), etc.

서 죽으면서 그가 한국 천주교사에 첫 순교자로 기록되었다. 석방된 양반들은 신앙생활을 계속하여 1786년에는 신부들을 선임하고 고해성사도 들으며 미사도 집전하는 등 가성직 제도를 실천하기에 이르렀다. 그러나 교리를 공부하는 과정에서 조상제사도 교리에 어긋나는 일임을 발견해 1789년 북경의 주교에게 편지로 문의해서 부정적인 소견을 들은 천주교인들은 가성직 제도와 조상제사를 폐지하게 되었다. 그러나 조상제사의 거부는 전통적 유교사회에 대한 거역으로 인정되어 1791년 윤지충과 권상연이 순교한 이른바 '진산사건(珍山事件)'이 발생했다. 한편 1794년 청나라의 주문모 신부가 첫 선교사로 입국하자 1795년 그에 대해 체포령이 떨어졌고 그를 보호하려다 윤유일, 최인길, 지황 등이 순교했다. 그러나 천주교도에 대해 정조가 관대한 정책을 펼치자 교세가 크게 확대되었는데, 주문모 신부의 입국 당시 약 4천 명에 불과하던 입교자 수가 주 신부와 신자들의 노력으로 1800년에는 약 1만 명으로 늘었다.

1801년 나이 어린 순조가 즉위하자 섭정을 하게 된 대비 정순왕후는 조상제사를 거부하고 기존의 신분제를 부정하는 천주교를 사교로 규정하고 금압령(禁壓令)을 내렸다. 이로 인해 오가작통법(五家作統法)이 시행되어 최초의 대규모 박해사건인 신유박해(1801)가 일어나, 진보적 사상가와 천주교도 1백여 명이 처형되고 4백 명이 유배되는 일이 벌어졌다. 정약전, 정약용 형제는 유배됐고, 정약종, 이승훈, 권철신, 이가환은 처형당했거나 옥사했다. 주문모 신부 역시 본국으로 송환되지 않고 처형당하면서 교회는 거의 폐허가 되었다. 신유박해는 천주교세의 확장과 노론 세력에 반대하는 남인을 비롯한 진보세력을 탄압하기 위한 정치적 권력투쟁의 성격이 강했다. 청나라와 외국 군대 등 외세의 힘을 빌려 신앙의 자유를 지키려다 사전에 발각되어 처형당한 황사영의 백서(帛書)사건도 이때 일어났는데, 이 사건은 조선 사회에 엄청난 충격을 주었고 이후 지속적인 천주교 박해의 근본 원인이 되었다.

한편 죽음을 면한 신자들은 북경의 주교와 로마 교황에게 선교사의 지속적 파견을 호소하면서 교회 재건에 힘썼다. 그 결과 1831년에는 조선교구가 설정되었고, 1836년부터는 조선교구를 위임받은 파리외방 선교회의 선교사들이 입국할 수 있었다. 신유박해 이후 안동 김씨의 세도정치 때 천주교에 대한 탄압이 다소 완화되었으나, 1839년 헌종 때 권력을 장악한 조만영은 당시 선교사였던 모방, 샤스탕, 앙베르 등을 모두 처형했고, 교회 지도자들도 상당수 희생시킨 기해박해를 일으켰다. 1846년 병오박해 때는 한국 최초의 신부 김대건(金大建)과 신도 9명이 순교했다. 1860년에 일어난 경신박해에도 불구하고 다시 천주교가 성행하자 고종 3년인 1866년 흥선대원군(興宣大院君)은 대규모 박해를 단행했다. 1871년까지 지속된 이 병인박해에서 선교사 9명을 비롯해 전국적으로 모두 8천여 명의 신자들이 순교했다. 비록 개항 이후 조선이 구미 열강들과 조약을 체결하는 등 격동기를 겪은 1880년대부터 천주교인들이 신앙의 자유를 얻게 되지만, 그때까지 감내해야 했던 그들의 희생은 너무나도 컸다.

동서고금을 막론하고 벌어진 종교적 박해사건을 접하다 보면 박해의 가해자나 희생자 모두에게서 보이는 폭력적 양상에 주목하지 않을 수 없다. 종교를 버리라고 강요하며 이를 거부할 경우 또는 특정 종교를 믿거나 특정 종파에 소속되어 있다는 이유 하나로 아무 거리낌 없이 살인을 저지르는 권력자들의 폭력성은 말할 것도 없고, 배교를 완강히 거부하고 기꺼이 순교의 길을 택한, 그래서 거의 자살 또는 자폭에 가까운 이들의 행동 또한 용감함이나 무모함의 여부를 떠나 상당 부분 폭력성을 내포하고 있다는 생각이 든다. 더구나 순교자들의 과감하고 단호한 행동을 높이 치하함으로써, 그리고 사후(死後)에 그들을 복권시키거나 성자로 추앙함으로써 그런 행동들을 은연중에 조장하거나 독려하는 종교기관의 '전략'을 과연 고운 시선으로 볼 수 있을지 의문이 든다.

제8장

종교이념적 폭력(2):
사상과 이념, 인종주의, 식민주의

제8장

종교이념적 폭력(2): 사상과 이념, 인종주의, 식민주의

사상과 이념을 통한 폭력행위도 그 잔혹함의 정도가 종교적 폭력과 비교해 더하면 더했지 결코 뒤지지 않은 모습으로 역사상 꾸준히 발현되어왔다. 종교이념적 폭력 유형과 관련해 서양사를 예로 보면, 18세기 전근대 시대까지는 주로 종교가 폭력의 이유였다면, 19세기 이후, 즉 미국혁명과 프랑스혁명과 같은 근대 시민혁명 이후로는 사상이나 이념이 폭력의 대부분의 이유를 차지한다.

물론 모든 사조가 폭력과 연관되어 있다고 말할 수는 없다. 따라서 사상과 이념들도 폭력의 연관 정도에 따라 몇 개의 층위와 단계로 나눌 수 있을 것이다. 이 층위는 대략 다음 세 단계로 나뉜다. (1) 첫째는 폭력과 아예 무관하거나 관련성이 적은 사상과 이념들이다. 여기에는 낭만주의, 실증주의, 공리주의, 실용주의, 생철학, 비합리주의, 현상학, 실존주의와 같은 사상들이 포함된다. (2) 둘째는 폭력과 간접적으로 관련이 있는 사조들이다. 이 사상들은 그 어떤 방식과 차원으로든 폭력과 연관되어 있긴 하지만 직접적으로 드러나는 것이 아니라 그 안에 숨겨진 함의, 내포된 방계 의미, 의도치 않은 결과들을 통해서만 감지할 수 있기 때문에, 얼핏 보면 사람들이 그 연관성을 잘 느낄 수 없거나 알 수 없을 때가 많다. 가령 관념철학, 유물론, 보수주의, 역사주의 등이 그 범주 안에 들어간다. 관념철학의 경우 헤겔의 철학에서 파생된 국가주의 때문에, 유물론은 사회주의와 공산주의와의 관련성 때문에, 보수주의는 극우파의 정치논리 때문에, 역사주의는 일찍이 이거스(Georg G. Iggers)가 주장했던 것처럼[188] 독일이 20세기 양차 대전을 일으킨 데 대한 책임에 또는 그 파국적 결과를 초래한 데 영향을 주었기 때문에 각각 폭력과 연관되어 있다. (3) 셋째는 폭력과 직접적으로 관련된 사조들이다. 좀 더 구체적으로 표현하면, 폭력의 원인으로 작용했거나 폭력의 결과 탄생한 사조나 이념들을 말한다. 자유주의, 민주주의, 민족주의, 사회주의, 공산주의, 아나키즘, 생디칼리슴, 다원주의, 사회적 다원주의, 인종주의, 식민주의, 제국주의, 전체주의, 군국주의, 국가주의 등이 거기에 해당한다. 자유주의와 민주주의는 17세기 청교도혁명(1642~1649)과 명예혁명(1688~1689)이라는 영국의 두 차례 혁명, 18세기 미국혁명(1776)과 프랑스혁명(1789), 19세기 프랑스의 7월혁명(1830)과 2월혁명(1848) 등 시민혁명의 원인 또는 결과에 영향을 미쳤다. 사

188 Georg G. Iggers, *The German Conception of History: The National Tradition of Historical Thought from Herder to the Present* (Middletown, Conn.: Wesleyan University Press, 1968).

회주의와 공산주의 또한 20세기 러시아, 중국, 쿠바, 북한 등 여러 국가에서 발생한 공산혁명의 원인으로 작용했다. 근대 아나키즘이나 생디칼리슴은 마르크스주의의 파생물로서 혁명이나 테러 및 파업과 같은 폭력 현상과 연관된다. 다윈주의와 사회적 다윈주의, 인종주의, 식민주의, 제국주의는 저 먼 과거로 눈을 돌렸을 때 고대부터 중세와 근대를 거쳐 심지어 19세기까지도 유지되었던 노예제도, 노예사냥, 노예무역에서부터 아랍인, 아시아인, 아프리카인들에 대한 백인들의 멸시와 차별 및 공격과 파괴 행위, 예수 사후부터 줄곧 있었던 반유대주의, 아메리카대륙 발견 이후 인디언들에 대한 백인들의 수많은 잔혹행위들, 1880년대를 전후한 시기부터 제1차 세계대전까지 이어진 서구 열강에 의한 아프리카, 아시아, 태평양 일대 지역의 침탈과 식민통치, 그 이후 식민지 지역의 해방과 독립과정에서 발생한 많은 전쟁들, 미국의 흑인 민권운동, 남아프리카 공화국의 인종차별정책(Apartheid) 외에 아르메니아, 유고슬라비아, 르완다 등지에서 발생한 제노사이드 등 수많은 폭력 현상과 직결된다. 마지막으로 사상이라기보다 체제에 가까운 전체주의, 그리고 이와 직접 연관되어 있는 군국주의와 국가주의와 인종주의와 같은 사상들은 히틀러와 나치 독일에 의한 제2차 세계대전, 그리고 이 전쟁 기간에 자행된 홀로코스트와 숱한 전쟁범죄들, 무솔리니와 파시스트들에 의해 행해진 좌익 인사들 또는 정적(政敵)들에 대한 수많은 살인과 자국민을 전쟁터로 내몰아 숨지게 한 일, 스탈린에 의해 정치적 대숙청 과정에서 이루어진 천만 명 이상의 자국민 살해 같은 폭력 사건을 야기했다. 특히 전체주의는 폭력과 연관된 이념이나 체제라기보다는 아예 그것 자체가 폭력 현상으로 간주된다. 즉 전체주의는 폭력과 테러로 구조화된 시스템 또는 폭력과 테러를 자양분으로 해서 생장하는 유기체라고 할 수 있다.

이처럼 폭력과 연관된 수많은 사상이나 이념들을 여기서 다 살펴보는 것은 불가능한 일이다. 더구나 혁명과 테러, 전쟁 등과 연관된 대다수 이념을 이 장에서 다시 살펴보는 것은 앞서 이들 주제에 대해 논의한 내용과 중복되기 때문에 불필요한 일이기도 하다. 따라서 여기서는 그 중 폭력과 직결되어 특별히 눈에 띄는 몇 개의 사상과 이념 또는 체제를 선별해 논의해 나가기로 한다. 먼저 인종주의 또는 인종차별주의다. 현대 사회에서는 말할 것도 없고, 먼 과거로 눈을 돌려봐도 사실 한 개인이나 집단이 자기와 다르게 생긴 개인이나 집단을 단지 그 외양이나 소속이 다르다는 이유 하나로 차별하는 것 자체가 이미 폭력이다. 하물며 생물학적으로 또는 유전적으로 하나의 단일종이라고 할 수 있는 인간(homo sapiens sapiens)을 다르게 생겼다는 이유로 차별하고 멸시해서 노예나 동물이나 물건처럼 취급해 매매하며, 강제노동을 시키면서 신체적인 감금, 감시, 구타, 고문, 학대, 살해 등을 일삼는 일은 같은 인간으로서 결코 저질러서는 안 될, 단순히 폭력 차원을 훨씬 넘어선 만행이자 폭거다.

노예제도나 노예무역, 아메리카 인디언들의 학살, 반유대주의, 홀로코스트 등 얼핏 역사적으로 드러난 실상만 보아도 이처럼 끔찍한 인종차별주의의 사례는 무궁무진한데, 멀리 갈 것도 없이 주변의 일상을 둘러봐도 우리가 만일 동성애자, 트랜스젠더, 장애인, 실업자, 노숙자, 난민, 망명자, 외국인 노동자, 결혼 이주 여성, 혼혈인, 난쟁이, 나병이나 에이즈나 비만증 환자 등에 대해, 또는 백인의 입장에서 유대인, 집시, 무슬림, 아랍인, 아시아인, 흑인 등에 대해, 또는 남성이 여성에 대해, 노인이 젊은이에 대해 일종의 편견이나 선입관을 갖고 그들을 무시하고 경원시하고 적대시한다면 우리는 넓은 의미에서 이미 인종차별주의자인 셈이다. 물론 오늘날 이 모든 적대적 감정들이 곧바로 폭력행위로 이어지는 경우는 매우 드물지만 말이다. 또 인종차별은 단순히 자기가 소속된 집단이 최고라고 믿는, 그래서 미개인이나 현대인 누구나 가질 수 있는 보편적 감정 태도로서 '자민족중심주의(ethnocentrism)'와 다르고, 외지의 언어나 문화 또는 국적을 가진 사람들이 불러일으키는 증오, 그래서 극단적인 경우 자신의 언어나 국적을 포기하고 이쪽의 언어나 국적을 취득하면 소멸될 수 있는 적대적 감정으로서 '외국인혐오(xenophobia)'와도 다르다. 그래서 프랑스의 철학자 들라캉파뉴(Christian Delacampagne)는 인종차별을, "미움을 받는 집단의 구성원들에게서 나타나는 심리적 혹은 문화적 '결함들'은 문제의 그 개인들이 태생적으로 지닌 어떤 신체적 속성들에서 필연적으로 유래한다"는 믿음에 근거한 "하나의 사고방식이며, 감정과 무관한 지적 태도"라고 규정한다. 한마디로 "타자로서의 타자에 대한 증오"라는 것이다.[189]

이처럼 "인간의 행동 양식이 선천적이고 유전적인 형질에 의하여 생물학적으로 결정된다고 믿는 사상"[190]으로서 인종주의(racism)라는 용어는 어디에서 기원했을까? 들라캉파뉴의 말을 따라가 보자.

---

189 Christian Delacampagne, *Une histoire du racisme: des origines à nos jours* (Paris: Librairie Générale Française, 2000), 하정희 옮김, 『인종차별의 역사』 (고양: 예지, 2013), pp. 14~19.

190 「인종주의」, 『다음 백과』, http://100.daum.net/encyclopedia/view/b18a1282a (검색일: 2018.10.26).

'race'라는 낱말은 이탈리아어 'razza'(부류, 종류)에서 유래한 것으로 보인다. 'razza'는 라틴어 'ratio'에서 유래하는데, 'ratio'는 '이치, 범주, 종류'의 의미와 (프랑스 사전인 『로베르』에 추가된 바에 따르면) '혈통'의 의미를 갖고 있고 중세 라틴어 문헌에서 그 실례를 찾아볼 수 있다. 'race'라는 낱말이 출현하는 순간부터 인종차별과 합리주의는 필연적으로 굳게 맺어져 있었던 것 같다. [...] 프랑스 학술원 사전에 따르면, 'race'에는 두 가지 뜻이 있다. 하나는 "같은 집안에서 출생한 사람 전체, 가계, 혈통, 가문"이라는 의미에서의 인간을 가리키고, 다른 하나는 "개, 말, 뿔 달린 짐승..."과 같은 가축을 가리킨다. [...] 'race'라는 용어의 근대적인 (그리고 인종차별적인) 의미는 – '열등한 인종들'에 대한 일체의 경멸적인 암시를 동반하여 – 17세기 말에 프랑스어에 정착했다고 단언해도 크게 무리는 아닐 것이다.[191]

이 인용문을 근거로 보자면, 유럽 대부분의 국가에서 사용하는 '인종(race)'이라는 단어의 개념과 관련해 두 가지 중요한 사실이 확인된다. 하나는 인종주의라는 말 안에는 그 어원에서부터 '합리주의'의 함의가 들어 있다는 것이고, 또 하나는 인종이라는 단어 안에 이미 '인종차별'적 의미를 내포하고 있다는 것이다. 외관상 상반된 것처럼 보이는 이 두 가지 의미는 그러나 '합리'라는 뜻의 라틴어 'ratio'가 이미 '이해타산'이라는 뜻을 내포하고 있고 이러한 계산적 태도가 세상을 구별하거나 또는 더 나아가 차별하는 데까지 이어진다는 점을 감안하면, 결국 서로 매우 밀접하게 연결된 것임을 알 수 있다. 자신에게 유리한 쪽으로 소득과 이익을 따지는 행위는 곧 자신과 타인을 구분하고 이 세상을 논리적으로 질서정연하게 만들겠다는 합리주의의 열정을 불러일으키며, 이

191 Delacampagne, *Une histoire du racisme [...]*, pp. 191~192.

것은 결국 우수한 유전자를 가진 인종이 열등한 유전자를 가진 인종을 다스리고 지배해야 한다는 생각에 기반을 둔 인종차별로 자연스럽게 이어진다. 적어도 이러한 논리의 앞부분을 18세기 계몽주의자들이 많이 공유했고, 뒷부분의 논리는 19세기에 과학이라는 힘을 빌려 체계적으로 전개되어 아예 이념과 사상으로, 그리고 나중에는 제도와 체제로까지 발전해 나간다.

여기서 두드러지게 눈에 띄는 두 명의 사상가로 프랑스의 외교관 출신의 작가 고비노(Arthur de Gobineau)와 그의 계승자격인 인물로 영국에서 태어났으나 나중에 독일로 귀화한 수필가 체임벌린(Houston Stewart Chamberlain)을 들 수 있다. 고비노가 그 선대의 모든 사상가들과 차별화된 점은, 고대부터 18세기까지 인종차별적 편견을 갖고 있던 서양 대부분의 사상가, 작가들에게 인종차별이라는 주제가 그들의 사고에서 중심적인 위치에 있지도 않았고 또 그들 작품에서 언급되더라도 그것이 결코 중심 소재가 아니었던 반면, 고비노는 1853년에서 1855년 사이에 발표한 『인종불평등론(*Essai sur l'inégalité des races humaines*)』이라는 네 권의 책에서 오직 인종차별이라는 주제와 이와 관련된 이론만을 중점적으로 다루었다는 점이다. 이 책에서 고비노는 인간 세계의 여러 인종이 서로 평등하지 않다는 점을 일종의 역사철학적 학설로 제시한다. 유물론적이고 무신론적인 이 학설은 "역사를 자연과학 계열에 포함시키는 것"을 목표로 삼고 있다.[192] 그는 인류 역사의 전체 운명을 그 발생부터 예측 가능한 종말에 이르기까지 우연이나 자유

192 Arthur de Gobineau, *Essai sur l'inégalité des races humaines* (Paris: Gallimard, Bibliothèque de la Pléiade, 1983), vol. 1, p. 1152.

의 여지는 완전히 배제하고 철저하고 순수하게 결정론으로, 그것도 고대의 에피쿠로스학파가 시도했던 물리적 결정론이나 마르크스의 경제적 결정론처럼 가설의 형태가 아니라 아예 확정적 이론으로서 생물학적 결정론, 즉 '피'의 결정론으로 설명하고자 시도했다. 이 피의 결정론에 따르면, 한 문명의 역사와 운명은 자연이나 문화 또는 사회의 환경과 조건에 의해 영향을 받지 않고 오로지 내재적 원동력으로서 해당 문명의 구성원들이 가진 피의 성질, 피의 힘, 피의 에너지, 피의 생명력에만 의존한다는 것이다. 이에 따라 고비노는 인간을 가장 아름답고 가장 지적이며 가장 활동적인 백인종, 자신에게 이로워 보이는 일에만 전념하는 황인종, 지금 이 순간의 감각에만 몰두하는 흑인종 등 크게 세 인종으로 구분한다. 그리고 앞서 말한 피의 생명력은 흑인종의 피보다는 황인종의 핏속에, 황인종의 피보다는 백인종의 핏속에 더 많이 있다고 말한다. 더불어 백인종도 철저한 서열에 따라 순서가 매겨진 다양한 가계들로 구성되어 있는데, '코카서스인' 가계가 '셈인(유대인)' 가계보다 우월하고, '코카서스인' 가계 안에서도 '아리아인'이 켈트인과 슬라브인보다 우월하다. 인도-유럽어족에 속하는 이 아리아인 중에서도 중세 초부터 프랑크인과 결합한 게르만인이 서열상 가장 우수하다. 따라서 고비노에 따르면, 우월한 인종은 독일과 중세 프랑스에서 역사적인 절정에 도달했다. 그러나 이후 절대왕정과 프랑스혁명을 거치면서 프랑스의 우수한 피는 점차 나빠지고 더구나 인종이 서로 섞이려는 성향, 즉 우수한 피가 열등한 피와 결합하고 혼합하려는 성향과 그 결과인 혼혈을 통해 생명의 원동력은 소진된 채 인류 문명은 마지막에 가서 결국 자살로 생을 마감한다.

아리아인은 결국 죽었다고 생각했고 아리아인의 최종 승리도 예고하지 않은 고비노의 주장들은 나치즘의 학설과 일치하지 않지만, 그가 "처음으로 인종을 하나의 사실이자 가치로 만들었고, 인류 역사에서 처음으로 인종의 역할을 역설했으며, 처음으로 아리아인의 절대적인 우월성을 부르짖은 인물"이었다는 점은 분명한 사실이다.[193] 이후 고비노의 추종자들 가운데 가장 대표적인 인물인 체임벌린은 반유대주의자였던 음악가 바그너(Richard Wagner)의 막내딸과 결혼하고 아리아 인종을 찬양하면서 나중에 히틀러에 지대한 영향을 준 사상가다. 영국인이었으면서 독일로 귀화할 정도로 독일을 칭송하고 숭배한 그의 이력 자체가 이처럼 범상치 않다. 고비노의 글을 탐독했던 그는 1899년 독일에서 독일어로 출판한 대표작『19세기의 토대(*Die Grundlagen des neunzehnten Jahrhunderts*)』에서 고비노의 주장을 더 과학적으로 증명하고자 시도했다. 실제로 생물학적 지식들을 거의 참조하지 않았던 고비노와 달리 진정한 사상적 지도자로서 다윈(Charles Darwin)의『종의 기원』을 애독한 체임벌린은 자연과학의 관점을 취하고자 애썼다. 인종에 대해 철저하게 생물학적 의미만 부여한 채 민족주의적 의미는 부여하지 않았고 범게르만주의를 경계했던 당대의 다른 인종주의 사상가들, 예컨대 라푸주(Georges Vacher de Lapouge)와 달리, 그는 아리아인의 표상인 게르만인이 역사에서 승리하기를 갈구하고 예견했다. 그는 또 설령 아리아인이 실존하지 않는다 하더라도 우생학적 전략을 강제적이고 체계적으로 적용해서 아리아인을 완전히 새롭게 창조해낼 수 있다고 주

193 Delacampagne, *Une histoire du racisme [...]*, p. 215.

장했다.[194] 이처럼 인종차별적인 생각에 정치적인 색을 입히고 거기에 실제적인 목표를 설정해주었기 때문에 1920년대에 히틀러는 민족사회주의 계획을 세울 때 지체 없이 그를 수용했다.

요컨대 인종차별주의는 그 안에 엄청난 강도의 폭력적 에너지와 가능성이 잠재된 살벌한 이념이라고 할 수 있다. 그렇다면 인종주의가 펼쳐진 역사적 실상은 어떠할까? 둘째가라면 서러워할 대표적인 종교이념적 폭력 현상으로서 이 이념은 고대부터 현재까지 꾸준히 관철되어왔고, 오늘날에도 저개발 국가나 개발도상국은 말할 것도 없고 문명화된 서구 사회에서조차 버젓이 나타나고 있다. 그것이 전개된 양상은 시대와 장소에 따라 다소 차이가 있지만 크게 세 가지 유형으로 분류할 수 있다. ⑴ 첫째는 노예제도다. 19세기까지 이어진 노예제도는 고대부터 꾸준히 있었지만 아메리카 대륙이 발견되고 식민지 개척 시대에 오면 노예무역을 통해 더 가속화되고 가혹한 형태로 전개된다. ⑵ 둘째는 식민주의 또는 제국주의다. 16세기 이후, 특히 19세기 후반에 오면 유럽인들은 유럽 이외의 대륙에서 사는 열등한 인종이나 미개한 민족을 문명화시킨다는 전략과 구호 아래 식민주의, 제국주의를 펼쳐 이들 지역을 침탈하고 식민통치한다. ⑶ 셋째는 인종청소다. 20세기 들어 1차 대전 한복판인 1915년에 서양인들의 무관심 속에서 터키인들에 의해 자행된 아르메니아인들에 대한 집단학살, 나치에 의한 홀로코스트와 같은 전쟁범죄, 1990년대 유고슬라비아 내전, 1994년 르완다에서 투치족을 상대로 후투족에 의해 펼쳐진 대량학살이 그 대표적인 사례

194 Houston Stewart Chamberlain, *Die Grundlagen des neunzehnten Jahrhunderts* (München: Bruckmann, 1903, 1st ed. 1899), pp. 463~531.

들이다. 물론 대부분의 폭력 현상이 그렇듯, 이 세 개의 유형들은 2~3개가 섞여서 혼합형으로 전개되기도 한다.

노예제도는 인류가 목축 또는 농경을 하며 정착 생활을 하던 시기, 즉 문명 또는 역사의 탄생과 시기를 함께 한다. 거꾸로 말하면 인류가 수렵 채취를 하며 살던 시기에는 노예제가 없었던 것으로 추정된다. 백과사전식 정의로는 "재산법(property law)의 원리를 인간에게 적용해 법률상 재산 형태로서의 개인들을 소유하고 다른 개인들에게 판매하고 구매하는 것을 허용하는 모든 제도"를 말한다.[195] 이처럼 사유재산으로서 소유되고 매매되던 사람들을 노예(slave)라고 부르는데, 이들은 대체로 전쟁포로, 납치(노예 포획), 범죄행위에 대한 벌, 빚에 대한 보상, 부모나 후견인 또는 우두머리의 직접 매매, 원래 주인에서 다른 주인으로 소유권을 이전하는 과정 등을 통해 또는 그들의 자녀 등 혈통에 따라 본인들의 의사와는 무관하게 노예가 되었다. 노예의 종류는 크게 가사노예와 생산노예로 구분된다. 가사노예는 집안에서 하인이나 하녀 역할을 하며 주인을 모셨고, 생산노예는 대부분 탄광이나 농장 같은 곳에서 시장성 있는 상품을 생산하는 일을 담당했다.[196] 대부분의 서구 국가들에서는 노예제가 19세기에 법적으로 폐지되었고, 관행적으로 유지되던 아라비아 반도의 국가들도 1970년 노예제를 불법으로 규정했으며, 현대에 들어와서 노예제가 유지되던 최후의 나라였던 북아프리카의 모리타니에서 2007년 공식적으로 노예제를 폐지하면서 지구상에서 현재

195 Art. "Slavery", *Wikipedia*, https://en.wikipedia.org/wiki/Slavery (검색일: 2018.10.26).

196 「노예제」, 『다음 백과』, http://100.daum.net/encyclopedia/view/b04n0096a (검색일: 2018.10.26).

적어도 법적으로 노예제를 시행하는 나라는 없다. 그럼에도 불구하고 노예제는 오늘날에도 모리타니를 비롯해서 세계 여러 나라에서 불법적으로 또는 음성적으로 행해지고 있다. 우리나라만 해도 인신매매된 사람들이 아직도 염전이나 새우잡이 배 같은 곳에서 노예로 일하고 있으니 더 말해 무엇 하랴.

역사적으로 그리스와 로마 문명에서는 대부분 노예제를 채택했고, 당시 노예들은 일상적인 가사와 농사일은 물론 관리직이나 비서 심지어 가정교사 역할을 하기도 했다. 중세 장원제도 하의 농민들도 거의 노예와 다를 바 없는 생활을 했다고 해서 일반적으로 '농노'라 불린다. 이슬람 세력이 등장한 7세기 초부터 거의 17세기까지 아라비아 반도에서 그리고 지중해 일대의 섬들이나 해안가 도시들 또는 지중해 바다 한복판에서 아랍인, 투르크인, 기독교인들 사이에 벌어진 정규군, 용병, 민간 부대, 해적들의 전쟁과 이 와중에 자행된 해안가 주민들에 대한 약탈과 납치를 통해 많은 노예가 생겨났다.

15세기 대항해 시대가 펼쳐지면서 아메리카 대륙이 유럽인에게 발견되고 이곳 원주민들에 대한 유럽인의 끔찍한 착취와 강제노역 및 학살, 이어지는 아메리카 대륙의 농장들에서의 노예 공급을 위해 아프리카 대륙에서 실시된 노예사냥과 노예무역 등을 통해 안 그래도 폭력적인 성향이 강한 사회정치 제도로서 노예제는 '한 차원 업그레이드된 악랄한 제도'로 거듭난다. 이 비극적 역사의 출발점으로서 최초의 암시는 콜럼버스(Christopher Columbus)가 카리브해 서인도제도의 원주민을 접하고 최초로 그 중 위험한 식인종들을 가혹하게 다룰 것을 권하고, 이 "건장한 남자들"이 "현존하는 최고의 노예"가 될 것이라고 적은 1494년

1월 30일 지인에게 보낸 글에서 잘 드러난다.[197] 콜럼버스는 또 외지인인 자신들을 따뜻하게 맞이해준 원주민들에 대해 다음과 같은 기록도 남겼다.

> 섬의 토착민은 천성적으로 말을 잘 듣는 사람들인 것 같다. 우리에게 필요한 일을 시켜도, 우리 유럽인처럼 옷을 입고 우리의 풍습을 따르도록 가르쳐도, 고분고분하게 따라줄 것이다.[198]

여기서 콜럼버스가 말한 "우리에게 필요한 일"들 중 가장 중요한 것이 여러 정황과 그의 평소 언행으로 보아 금광을 찾아 금을 채굴하는 일임은 누구나 안다. 하지만 이러한 탄광 일은 토착민, 즉 아이티 주민에게는 생소하고 자기들의 생활 방식에도 어울리지 않는 힘겹고 가혹한 노동이었기에 그들은 이러한 착취를 견디지 못하고 수없이 죽어갔다. 아이티는 최초의 정복사업이 이루어진 곳이었는데, 여기서 벌어진 일이 그 후 아메리카 대륙에서도 그대로 반영되어 나타나기에 일종의 식민착취의 원형(原型)이라는 점에서 식민주의 역사에서 매우 중요한 위치를 차지한다. 인디언 부족의 입장에서 외지인들이 일시적으로 방문해서 체류하는 사람들이라면 기꺼이 환영할 일이었지만, 영구적으로 거주할 권리를 내줄 생각은 전혀 없었을 것이다. 더구나 이 외지인들 밑에서 노예처럼 일한다는 것은 상상조차 할 수 없는 일이었다. 그

---

197 Christopher Columbus, 1494년 1월 30일자 편지. 다음 문헌에서 재인용함. Delacampagne, *Une histoire du racisme [...]*, pp. 151~152.

198 Christopher Columbus, *La découverte de l'Amérique* (Paris: Michel Lequenne, 1979), vol. 1, p. 148. 다음 문헌에서 재인용함. Marc Ferro, ed., *Le livre noir du colonialisme. XVIe-XXIe siècle: de l'extermination à la repentance* (Paris: Robert Laffont, 2003), 고선일 옮김, 『식민주의 흑서』 (서울: 소나무, 2008), p. 68.

때문에 자신들에게 저항하고 반발한 토착민들을 상대로 콜럼버스는 전쟁을 벌여 수많은 인디언을 살상했다.

당시 콜럼버스는 에스파냐에서 숙련된 수공업자와 노동자를 데려와 식민지 건설에 참여시키려는 계획을 세웠지만, 실제로 식민지에 건너온 에스파냐 사람들이 직접 일을 하기보다 남을 부리는 데 관심이 많음을 알아챘다. 노동 시간을 제한하는 규정도 없었고 가혹한 노동 조건과 거칠고 힘든 노동으로, 더구나 유럽인들이 가져온 천연두 같은 전염병에 면역력이 전혀 없던 토착민들은 속수무책으로 죽어갔다. 결과는 참혹해서, 콜럼버스가 처음 도착했을 때 아이티 섬의 인구가 110만 명쯤이었으나 1507년 세금징수를 담당하던 관리는 6만 명이 넘지 않을 것이라고 보고했다. 다른 지역도 사정은 비슷했다. 공식적으로는 노예가 아니었지만 실제로는 노예나 다름없이 취급된 원주민의 노동력이 부족해지자, 인근 지역 원주민의 강제이주가 시작되었지만, 이것마저 여의치 않자 식민지 개척에 어려움을 느낀 이들은 노예제가 아직 남아 있던 에스파냐에서 흑인 노예를 들여왔다. 정확한 기록은 없지만 대략 1498년경부터 시작되었을 이러한 관행은 점차 속도를 내기 시작해, 1520~1530년 즈음엔 흑인 노예가 인디언 노동력을 완전히 대체했고, 약 반세기 안에 히스파니올라 섬은 금 생산지에서 사탕수수 생산지로 탈바꿈한다. 그리고 이때부터 흑인 노예가 아프리카에서 곧바로 강제이주되기 시작했다. 이른바 노예사냥과 노예무역이 본궤도에 오른 것이다.

흑인 노예들은 처음에 카리브해, 브라질, 기타 중남미 지역을 넘어 나중에 북아메리카 지역에까지 공급되었는데, 수요와 공급, 유통과 소비되는 노예무역의 전 과정을 보면, 각 단계가 모두 폭력으로 점철되어 있었음을 알 수 있다. 아프리카에서 마치 짐승처럼 사냥당하여 노예로 끌려오는 과정, 상상조차 하기 힘든 열악하고 끔찍한 조건에서 노예선을 타고 북미 대륙으로 운송되는 과정, 도착해서 거의 발가벗겨진 채 노예시장에서 물건처럼 매매되는 과정, 농장에서 가혹한 조건들 속에서 강도 높게 진행되는 강제노동 과정, 농장을 이탈하거나 말을 듣지 않았을 경우에 주어지는 온갖 고문 또는 살해와 같은 신체적 가혹행위 등 폭력이 개입되지 않은 단계가 없었다. 블랙 아프리카 지역은 이처럼 서구인들에 의해 영토 정복에 뒤이어 벌어진 노예사냥 및 노예매매의 희생물이 되었다. 앙골라와 기니만 해안지역은 흑인 노예의 주요 공급지였으며, 처음에는 포르투갈인, 다음에는 에스파냐인, 네덜란드인, 영국인, 프랑스인이 흑인 노예를 아메리카 땅으로 운반했다. 흑인 노예의 대규모 강제 이송은 17세기 초부터 18세기 말까지 지속되었으며, 이 시기에 아메리카로 운송된 흑인 노예의 수는 대략 1,000만에서 1,500만 명 정도로 추산된다.

영국과 프랑스의 식민지였던 북아메리카 지역에서의 노예제는 에스파냐와 포르투갈이 통치하던 중남미 지역과 사정이 약간 달랐다. 흑인 노예 대부분은 먼저 아프리카에서 카리브해 지역으로 건너왔고, 그 가운데 일부가 다시 북아메리카 대륙으로 흘러들어왔다. 1680년에서 1770년까지 남부의 여러 식민지에서 전체 인구 가운데 흑인이 차지하는 비율은 6~40%까지 이른다. 대서양 횡단 노예무역이 금지된 1808년까지 미합중국을 구성하던 13개 주에서는 약 60만 명의 아프리카인이 수입되었다. 이는 아메리카 대륙으로 이주한 흑인 노예를 전체

1,000만 명으로 잡았을 때 대략 6%에 해당하는 수치다. 노예무역이 금지되자 미국 남부 지역에서는 노예매매가 성행했고, 이렇게 해서 1810년 미국의 노예 수는 110만 명이 되었으며, 반세기 뒤인 1860년에는 400만 명에 도달했다. 이는 비교할 수 없을 정도로 더 많은 노예가 들어왔지만 노예해방 이후 더 적은 수만 살아남았던 브라질 또는 카리브해 지역과 대조적이다. 미국 노예의 상황이 이처럼 특이하게 펼쳐진 것은, 중남미 지역에 비해 출생률이 높았고 사망률이 낮았던 점, 나은 생활 조건과 섭생, 다른 지역을 휩쓸었던 전염병이 나타나지 않았던 점, 여성 노예 인구 비율이 상대적으로 높았던 점, 미국의 특수한 정치적 상황 등에 그 원인이 있다.[199]

물론 사정이 이렇다고 해서 미국 남부의 노예제도가 그다지 폭력적이지 않았을 것이라고 오해하면 곤란하다. 채찍질을 겪어보지 않은 노예는 드물었고, 공시대(公示臺)에 매달리는 형벌, 모욕, 지하 감방에 감금당하는 일, 강간 등은 흔한 일이었으며, 터너(Nat Turner)와 같이 저항하거나 반란을 주도한 노예들에게 가해진 교수형이라는 극형, 다양한 형태의 린치, 가혹한 노동과 처우를 견디지 못해 감행하는, 한 해 약 1,000명에 달하는 탈주 행위, 절망에 빠진 노예들이 선택하는 자살이나 자해, 매매과정에서 발생하는 노예 가족 간의 생이별 등 형언할 수 없는 폭력 현상은 줄을 잇는다.

* * *

199 Ferro, ed., *Le livre noir du colonialisme [...]*, pp. 186~201.

인종차별주의의 두 번째 폭력 유형으로 제시한 식민주의와 제국주의는 어찌 보면 앞서 논의한 노예제도의 원인이나 배경에 해당한다. 전자는 이념이고 후자는 제도이기 때문이다. 더구나 식민주의와 제국주의는 보통 한 세트로 묶여서 논의되는 경우가 많아서 사실상 이 둘을 구별하는 것이 그리 쉬운 일은 아니다. 누구나 동의하는 것은 아니겠지만 그래도 굳이 구분하자면, 대체로 식민주의가 영토의 정복과 확장에 더 주안점을 둔다면, 제국주의는 이들 지역에 대한 패권과 영향력의 관철과 확대에까지 관심을 둔다는 점이다. 서구 역사에서 식민주의는 대체로 예루살렘의 성지 회복이라는 표면상의 이유와 목표로 시작된 중세의 십자군 원정을 출발점으로 잡지만, 본격적인 신호탄은 역시 대항해 시대로 보는 편이 타당하다.

식민주의가 폭력적 이념이자 사고방식인 이유는 앞서 노예제도와 관련해서 언급했던 유럽인들에 의한 아메리카 대륙의 식민통치에서 적나라하게 드러난다. 그에 앞서 먼저 참혹했던 최초의 식민착취의 현장 아이티 등 카리브해 주변 섬들의 절멸 현장부터 살펴보자. 당시 반(反)식민주의, 반(反)노예제도, 반(反)에스파냐정부, 친(親)인디언의 입장에서 백인들의 만행을 폭로한 글을 남긴 도미니크회 수사 라스 카사스(Bartolomé de las Casas)는 "(유럽에서 건너온) 정착민은 이 섬에서 저 섬으로, 아니면 대륙 여기저기를 쏘다녔다. 한 곳에서 약탈과 파괴, 주민 학살을 저지르고 나면, 다른 곳으로 가서 똑같은 짓을 저질렀다"고 고발한다.[200] 아마도 에스파냐 정복자들은 인디언들을 인간이 아니라 인간

200 Bartolomé de las Casas, *La historia de las Indias* (1561), vol. III, ch. xxi. 다음 문헌에서 재인용함. Ferro, ed., *Le livre noir du colonialisme [...]*, p. 77.

에게 해를 끼치는 해충이나 병균쯤으로 여기지 않았을까 싶다. 이것은 마치 영화 「매트릭스(The Matrix)」에서 모피어스를 취조하던 스미스 요원이 인간이라는 종을, 지구 자원을 황폐화시키며 이동해가는 바이러스에 비유해가며 질타한 내용[201]을 연상시킨다. 결국 이런 과정을 거치며 카리브해 지역의 인디언들은 말살된다.

익히 알려져 있듯이, 카리브해의 섬들만이 아니라 메소아메리카, 즉 누에바 에스파냐(Nueva España)로 불리던 지금의 멕시코와 중앙아메리카 지역의 아스테카 문명과 마야 문명, 지금의 페루와 칠레 지역의 잉카 문명도 모두 에스파냐의 직업적 정복자들과 입식자들에 의해 철저히 파괴된다.[202] 북아메리카 지역의 원주민, 즉 수많은 인디언 부족들 역시 가해자와 가해 방식은 조금씩 달랐지만, 메소아메리카 지역과 유사한 과정을 거치며 역시 짧은 시간 안에 절멸되거나 절멸 수준으로 인구수가 급감한다. 당시 아메리카 전역에 거주하던 인구수를 추산하는 것은 지금도 학자마다 논란이 있지만, 인구밀도가 높았던 메소아메리카 지역과 남아메리카에 대략 3,000만~4,000만 명, 북아메리카에는

---

201 스미스 요원은 모피어스에게 이렇게 말한다. "너희 종을 분류하면서 한 가지 결론에 도달했지. 인간은 순수한 포유류가 아니었어. 지구상의 모든 포유류는 본능적으로 환경과 조화를 이루는데, 너희 인간들은 그렇지 않아. 너희들은 한 지역에서 번식하고 모든 자연자원을 소모해버리고는 생존을 위해 또 다른 지역으로 이동하지. 지구상에 너희와 똑같은 방식으로 움직이는 유기체가 있어. 그게 뭔지 알고 있나? 바로 바이러스지. 인간은 질병이야. 지구의 암세포지." 출처: 영화 「매트릭스(The Matrix)」(1999).

202 스페인 정복자들이 침략했을 당시 번성했지만 이들에 의해 파괴되었던 문명은 '아스테카 문명'과 '잉카 문명'이었고, '마야 문명'의 경우 찬란했던 구(舊)마야 문명은 이미 사라진 뒤였고, 신(新)마야 문명이 펼쳐졌지만 15세기 초반이 되면 대체로 쇠퇴기에 접어들었으며, 따라서 스페인 정복자들이 당시 파괴했던 것은 당시 살아 있는 문명이 아니라 남아 있던 마야 문명의 흔적들, 유적들이라고 할 수 있다.

대략 600~800만 명 정도가 살고 있었을 것으로 추정된다. 이 많은 수의 사람들이 에스파냐 정복자들의 군사적 정복과정에서, 가혹한 노동 착취를 수반한 노예제도의 결과로, 어쩌면 이보다 더 중요하고 가장 직접적 원인인 인플루엔자, 천연두, 홍역, 페스트, 콜레라, 장티푸스, 디프테리아, 말라리아, 성홍열, 황열병, 성병, 결핵 같은 각종 세균에 의한 전염병, 강제노동, 전쟁, 알코올 중독 등으로 죽어갔고, 그와 더불어 원주민들의 전통적인 생활양식과 사회질서 또한 완전히 파괴되었다.

문명 파괴 과정에서 빼놓을 수 없는 또 하나의 요소는 식민통치 방식이다. 콜럼버스의 3차 항해(1498~1500) 이후 엔코미엔다(encomienda) 제도가 도입되었는데, 이 말은 본래 군사적 지배를 받는 백성을 '관리하(en commende)'에 둔다는 뜻으로, 에스파냐 정부가 정복자와 입식자들에게 나누어준 원주민이 딸린 땅, 즉 일종의 '왕실 하사 영지'를 의미했다. 마치 중세의 봉건제도처럼 엔코미엔다를 수여받은 사람은 위탁받은 주민을 보호하고 기독교로 개종시키는 작업을 수행하는 대가로 이들에게 공물 납부와 노역을 부과할 수 있었다. 원래는 원주민들을 학대하거나 노예로 취급해서는 안 될 뿐 아니라 이들에게 오히려 급료를 지급해 토지를 경작하게 하고 개종사업도 함께 떠맡도록 법으로 규정되어 있었으나, 현실은 전혀 그렇지 못했다. 마치 중세의 영주권처럼 나중에는 사법권으로 남용되고 원주민들을 금은 광산, 대규모 농장, 목축업 등에 투입해 노예처럼 부리는 횡포로까지 이어진 이 제도로 인해 원주민 모두가 '인위적인 구획과 분할'의 대상이 되면서 전통 사회질서의 파괴는 더 가속화되었다.[203] 이 모든 결과는 인종차별에서 시작된 노예제도가 식민주의와 만나 빚어낸 참극이 아닐 수 없다. 반드시 나치즘과 같은 극악무도한 전체주의 이데올로기가 아니더라도 그와 유사한 이념만으로도 이처럼 하나의 민족이나 문명을 지구상에서 흔적도 없이 영원히 사라지게 만들 수 있다는 사실을 직시하다 보면, 폭력적 성향의 이념이나 사상이 얼마나 무서운지 새삼 뼈저리게 느끼게 된다.

그렇다면 유럽인들이 저지른 아메리카 원주민들에 대한 학살과 문명 파괴를 '20세기적 의미의 제노사이드'라고 볼 수 있을까? 1948년 유엔에서 제정한 '제노사이드 협약'에 따르면, 제노사이드란 "민족적, 종족적, 인종적 또는 종교적 집단 자체나 일부를 절멸시킬 의도로 행해진 행위"로 정의된다.[204] 여기서 세 가지 중요한 특징을 도출해낼 수 있는데, 제노사이드란 (1) 첫째 한 민족에 대한 육체적 말살 계획이라는 점, (2) 둘째 그 계획의 동기가 국민적, 민족적, 인종적 또는 종교적 증오라는 점, (3) 셋째 학살이 실행되는 방식이 의식적이고 고의적이라는 점 등이다. 이에 따르면, 복잡한 현상으로서 16, 17세기에 자행된 아메리칸 인디언 말살은 그중 두 번째 특징에는 부합하지만, 첫 번째와 세 번째 특징에는 들어맞지 않는다. 에스파냐의 직업적 정복자들은 흔히 주장되는 것처럼 인디언들을 육체적으로 말살할 계획을 세운 적이 없었

203 Ferro, ed., *Le livre noir du colonialisme [...]*, pp. 75, 222 ff.

204 UN, Convention on the Prevention and Punishment of the Crime of Genocide(제노사이드의 방지와 처벌에 관한 협약, 약칭 Genocide Convention(제노사이드 협약)). 이 협약은 1948년 12월 9일 유엔 총회에서 총회 제260호 결의안(General Assembly Resolution 260)으로 채택되었고, 1951년 1월 12일 발효되었다. 전문 및 19개조로 구성되어 있고, 현재(2017년 12월 기준) 협약에 가입한 국가는 모두 149개국이다.

다. 물론 당시 정복자들에 의해 계획적으로 실행된 노예제가 폭력적이었고 그것이 중장기적으로 죽음을 가져왔던 것은 사실이지만, 노예제를 제노사이드와 혼동해서는 안 된다. 더구나 집단적으로 노예가 된 것은 인디언들이 아니라 흑인들이었다. 북아메리카의 인디언들에 대한 집단학살도 대부분 전쟁과 보복의 차원에서 설명될 수 있을 뿐 제노사이드는 아니었다. 대부분의 남쪽과 북쪽 인디언들은 독감과 천연두 같은 바이러스, 노예제 하의 가혹한 노동, 가족 및 종교의 소멸, 알코올 중독의 확산 등 사회질서의 전반적 파괴 등으로 죽어갔다. 따라서 애초에 유럽인들이 바라지도 않았고 계획했던 것도 아니며 초기 몇 년 동안은 자각조차 하지 못했던 전염병으로 인한 수백만 명의 사망을 '미생물을 이용한 제노사이드'라고 부르는 것은 적절치 않다. 그러나 오늘날의 제노사이드에 완전히 부합하지 않는다고 해서 그 당시 자행된 수많은 폭력적 잔혹 행위와 토착 인디언 문화의 파괴를, 자연스러운 문화의 이동 현상이라며 유럽인들에게 면죄부를 주는 것 또한 온당치 않은 일이다. 특히 "문화적 파괴"[205]는 인류의 기억에 대해 저지른 중범죄에 해당하기 때문이다.

오스트레일리아의 원주민들 역시 그 출발은 아메리카 대륙의 원주민들과 크게 다르지 않게 서양인들에 의해 파괴되어갔지만, 신기하게도 이곳에서의 서양인들에 의한 말살 정책은 결국 실패로 끝이 난다. 이곳의 원주민 사회의 파괴는 서로 중복되기도 하는 다음 세 단계에 걸쳐 이루어진다. (1) 첫 단계는 1788년 정착이주민이 유입되면서 시작된

205 Robert Jaulin, *La paix blanche: introduction à l'ethnocide* (Paris: Seuil, 1970).

것으로, 문명화 사업에 저항하는 원주민에 대한 살해 행위의 공식 승인이다. 공식 기록에 따르면, 이 단계는 적어도 노던 테리토리(Northern Territory)에서 들개 사냥을 하던 백인 한 사람을 공격한 데 대한 보복으로 32명의 원주민을 학살한, 그리고 나중에 이 보복이 정당하다는 판결이 내려진 1928년까지 지속되었다. 법적 구속 상태에 놓인 원주민의 사망이 자주 발생한다는 점에서 이 단계는 21세기인 오늘날까지 계속되고 있는 셈이다. (2) 두 번째 단계는 19세기 초에 시작된 강제동화 정책 또는 분리 정책인데, 이 결과 원주민 공동체의 파괴는 더욱 가속화되었다. 한곳에 정착해 이동을 못하게 하거나, 보호구역에 고립시킴으로써 조용히 죽어가도록 내버려 두거나, 아니면 강제통합 정책의 일환에서 혼혈 아동을 부모로부터 강제 격리시키고 백인 가정에 위탁함으로써 그곳에서 시중드는 일 같은 잡다한 일거리를 배우게 하면서 유색인종을 제거해나갔다. (3) 세 번째 단계는 1980년대부터 시작된 것으로 원주민에 대한 학살과 말살에 대한 역사적 사실의 부인, 즉 역사의 파괴 정책이다. 이것은 원주민의 인구 증가로 이들이 자신들을 말살하고 학살했던 사실을 정부가 인정하고 토지 반환 등의 피해를 보상해 줄 것을 요구했지만, 정부와 백인들은 침묵하거나 사실을 왜곡 또는 은폐하려 시도했던 일련의 과정을 통해 드러난다. 명분은 국가 정체성 확립이지만, 원주민들의 입장에서는 바로 그 때문에 식민주의는 여전히 계속되고 있다. 이러한 과정을 거치며 1788년 당시 대략 적게는 30만에서 많게는 75만이었던 원주민의 수는 1901년에 94,546명으로 줄었다. 그러나 그 후 원주민의 인구는 꾸준히 늘어 1981년에 171,150명, 그로부터 15년 뒤인 1996년에는 386,000명에 이른다. 이제 겨우 발견 당시의

수준으로 돌아온 것이다.[206]

식민주의라는 폭력 현상의 폐해는 우리나라도 직접 경험했다. 일제 강점기하에서 정신대 또는 근로정신대라는 이름으로 수많은 사람들이 강제 징용, 또 적지 않은 여성들이 – 이 책 제3장에서 다루었듯이 – 전쟁 중 위안부로 끌려가 고초를 겪었기 때문이다. 이른바 노예노동과 성노예를 강요당했던 것이다. 최근 본인들은 부정하고 있지만 우리나라의 반도체 생산에 차질을 주기 위해 반도체 부품과 소재 등 일본 내 전략 물자를 한국으로 수출하는 것을 제한하는 무역 보복 조치를 일본 정부가 취했던 것도 바로 미해결로 남아 있는 일제 강점기하의 강제노역 노동자의 개인적 보상 문제가 원인이 되었다는 점에서, 식민주의의 폭력은 우리에게도 여전히 현재진행형이다. 일본이 20세기 한국 현대사에 깊이 새겨놓은 아픈 상처는 지금도 그리고 앞으로도 쉽게 완치될 기미를 보이지 않는다.

식민주의와 연장선에 있는 제국주의의 뿌리는, 적어도 서양사만 놓고 보자면, 로마제국에 있다. 원래는 '개선장군'을 의미하던 라틴어 'imperator'가 황제라는 뜻으로 쓰이면서 사람이 아닌 국가를 지칭하는 'imperium'이라는 용어가 제국을 뜻하는 말로 파생되었다. '제국'을 마치 19세기 말 조선의 '대한제국'처럼 단순히 황제가 통치하는 국가로 볼 것인지, 아니면 여러 국가와 식민지를 통치하는 국가로 볼 것인지 논란은 있지만, 로마는 이미 이 두 조건을 모두 충족시킨 황제정 이전의 공화정 전성기에 여러 정복을 통해 엄청난 영토를 차지하면서 제국의 길

206 Ferro, ed., *Le livre noir du colonialisme [...]*, pp. 112~156.

로 들어섰다. 물론 로마가 지중해 패권을 장악하기 이전에 헬레니즘 시대를 연 알렉산더 대왕도 많은 영토를 정복하면서 제국을 통치할 뻔했지만 젊은 나이에 죽으면서 실패하고, 중세에 들어서는 서유럽 지역 일대를 정복한 샤를마뉴, 근대에 들어서는 대항해 시대를 겪으며 식민제국을 통치한 에스파냐, 포르투갈, 영국, 프랑스, 네덜란드 등이, 19세기 초에는 다시 전 유럽을 정복한 나폴레옹이 제국을 통치한 인물이거나 국가들이다. '제국주의'의 사전적 정의는 "다른 민족·국가의 영토를 침략하여 국가의 지배권을 확대시키려는 정책·행위"다.[207] 이어지는 추가설명에서, 제국주의는 군사력이든 또는 이것보다 교묘한 형태든 힘의 사용과 관련되어 있기 때문에 도덕적으로 비난받아 마땅하다 여겨지고, 주로 적국의 외교정책을 비방하고 신용을 떨어뜨리기 위한 국제선전에 자주 이용된다는 특징을 갖는다. 즉 제국주의라는 개념 안에는 이미 폭력의 의미가 넘쳐흐를 정도로 많이 담겨 있다. 역사용어로 쓰일 때는 일반적으로 "1880년대를 전후한 시기부터 제1차 세계대전이 발발할 때까지 서구 열강이 유럽 이외의 지역을 침탈하면서 시행한 식민지화 정책"을 일컫는다. 이 정의들만 놓고 보면 제국주의는 이념이나 사상보다는 정책이나 제도에 가깝다고 할 수 있다.

여기서 살펴볼 제국주의는 역사용어로서의 제국주의다. 16세기 전반기에 아메리카 대륙을 초토화시킨 서구 열강(에스파냐, 포르투갈, 영국, 프랑스, 네덜란드)이 이제는 시간을 훌쩍 뛰어넘어 19세기 말에 다시, 그리고 이번에는 독립이나 통일을 막 이룬 나라들(벨기에, 이탈리아, 독

207 「제국주의」, 『다음 백과』, http://100.daum.net/encyclopedia/view/b19j1589a (검색일: 2018.10.26).

일)뿐만 아니라 그동안 식민지 정책과 경영에 소극적이었거나 무관심했던 나라들(미국, 러시아, 덴마크, 터키, 일본)까지 경쟁적으로 아프리카와 아시아, 태평양의 여러 섬을 점령하고 식민지화해나갔다. 앞서 살펴본 15세기부터 18세기 중엽까지의 노예제도를 포함한 식민주의가 주로 향신료, 금은보석, 나중에는 대농장경영을 통한 고부가가치 농산물을 확보하기 위한 경제적 목적에서 추구되었다면, 19세기 말부터 제1차 세계대전까지의 제국주의에서는 경제적 목적보다도 국제 정치질서와 세계체제에서 헤게모니와 패권을 장악하고 자국민의 민족주의적 열망을 충족시켜주려는 정치적 목적이 더 강하게 작용했다. 19세기 말의 제국주의가 '팽창적 민족주의'로도 불리는 이유가 바로 여기에 있다. 그래서 식민지 경쟁과 쟁탈전이 더 심하게 전개되었던 것이고, 그러한 일촉즉발의 위기 상황은 결국 세계대전으로 폭발하고 말았다.

19세기 말 서구 열강의 제국주의 정책이 전개되는 과정에서 보여준 폭력성 정도를 15세기에서 18세기 중엽까지의 식민주의가 보여준 폭력성의 정도와 비교하는 것은 무의미하다. 왜냐하면 폭력이 전개된 지역과 양상만 달랐을 뿐, 원주민들을 거의 또는 실제로 노예처럼 취급하면서 착취하고 학대하며 경우에 따라서 학살해간 사실에는 둘 사이에 차이가 없기 때문이다. 에스파냐나 포르투갈, 영국 또는 프랑스 사람들이 아메리카와 호주의 원주민들에게 가한 폭력성이, 인도인들과 남아프리카 원주민들에게 가한 영국인들의, 알제리인들이나 인도차이나 반도의 원주민들에게 가한 프랑스인들의, 인도네시아 원주민들에게 가한 네덜란드인들의, 중앙아프리카의 콩고 지역 원주민들에게 가한 벨기에인들의, 조선이나 청나라 사람들에게 가한 일본인들의 폭력성보다 더 심했다거나 더 약했다고 말할 근거는 전혀 없다. 거의 비슷하게 잔인하거나 악랄했기 때문이다. 이러한 통찰은 폭력의 정량적 측면이 아니라 폭력의 정성적 측면에 대한 고찰로부터 도출된 것이다. 즉 폭력으로 희생된 사람들의 숫자나 수탈된 자원의 규모와 같은 폭력의 양이 아니라, 인종주의나 외국인 혐오증 같은 폭력이 표출되는 원인, 노예제도나 식민지 정책과 같은 식민지 원주민들을 대하는 본국 사람들의 취급 방식, 결코 그 피해 규모를 정량적으로 측정할 수 없는 식민지 사회의 전통 생활양식과 문화의 파괴, 그리고 그 결과 식민지 지역의 해방과 독립 이후 나타나고 또 '포스트식민주의(Postcolonialism)' 또는 '문화제국주의(Cultural Imperialism)' 담론[208] 등을 통해 드러난 숱한 부정적인 양상 등 폭력의 질 말이다.

그렇다고 하더라도 하나의 이념이나 제도의 폭력성 정도를 판단하는 데서 양적 측면도 무시할 수 없는 만큼, 여기서 제국주의 시대의 모든 열강의 사례들을 일일이 열거하는 불필요하고 우매한 짓은 관두고 그 실상이 상대적으로 외부에 덜 알려진 북대서양 연안의 두 국가, 즉 네덜란드와 벨기에의 사례만 간단히 살펴보도록 하자.

208 Cf. Robert J. C. Young, *Postcolonialism: An Historical Introduction* (Oxford, UK: Blackwell Publishers, 2001), 김택현 옮김, 『포스트식민주의 또는 트리컨티넨탈리즘』(서울: 박종철출판사, 2005); Gayatri Chakravorty Spivak, *Critique of Postcolonial Reason: Toward a History of the Vanishing Present* (Cambridge, Mass.: Harvard University Press, 1999), 태혜숙, 박미선 옮김, 『포스트식민 이성 비판』(서울: 갈무리, 2005); Homi K. Bhabha, *The Location of Culture* (London; New York: Routledge, 2004), 나병철 옮김, 『문화의 위치: 탈식민주의 문화이론』(서울: 소명, 2012); Edward Said, *Culture and Imperialism* (New York: Knopf, 1993), 박홍규 옮김, 『문화와 제국주의』(서울: 문예출판사, 2005); John Tomlinson, *Cultural Imperialism: A Critical Introduction* (London: Pinter Publishers, 1991), 강대인 옮김, 『문화 제국주의』(서울: 나남, 1994), etc.

1930년대까지만 해도 네덜란드는 영국과 프랑스 다음가는 세 번째 식민 강국이었다. 에스파냐 합스부르크 왕가의 통치로부터 독립해 상인 국가로 탄생한 네덜란드의 무역상들은 1594년 동방 국가들과 교역하기 위해 원방회사(Van Verre)를 설립하고 인도를 향해 떠나 1596년 자바 섬의 반텐에 도착했다. 그러나 소규모 회사의 난립, 무역상들의 무분별한 경쟁, 물품의 과잉공급으로 인한 가격의 폭락, 여러 투자자의 파산 등으로 초기 원정대가 어수선한 실패를 경험하자, 1602년 무역상과 투자가들이 연합해 강력한 민간 회사를 설립하게 되는데, 이것이 바로 연합동인도회사(Vereenigde Oost Indische Compagnie, 약자로는 VOC), 즉 네덜란드 동인도회사다. 17명의 이사로 구성된 17인 이사회가 실권을 장악한 이 회사 대리인의 주된 임무는 해당 지역의 이슬람 군주(술탄)와 향신료의 가격을 협상하는 일이었다. 이처럼 초기에 동인도회사는 영토 정복에 관심이 없었지만, 점점 상황은 식민화 정책 쪽으로 기울어갔다. 동인도회사는 향신료 가격하락을 우려해 시장 조절을 목적으로 정향(丁香) 재배를 몇몇 섬에 한정시키고 다른 지역에서의 재배는 금지시키는 생산지 한정 정책을 폈다. 이 과정에서 반다 제도에서는 15,000명의 주민이 살해되거나 강제 이주되어 이 지역은 육두구(肉荳蔲) 생산의 중심지가 되었다. 그런데 반텐 군주가 교역 물품에 엄청난 관세를 부과하자 동인도회사의 군대는 동쪽으로 몇 킬로미터쯤 떨어진 곳에 있는 작은 항구도시 자카타라를 점령하고 그곳을 무역활동을 총괄하는 전략 거점으로 삼았다. 이 도시가 당시는 '바타비아'로 불렸지만, 오늘날 인도네시아 수도가 된 자카르타다. 네덜란드인은 바타비아를 치장하기 위해 인도, 미얀마, 벵골, 스리랑카, 발리, 셀레베스 섬에서 유입된 노예를 활용했다. 1630년 바타비아의 노예 인구는 천여 명에 불과했으나, 17세기 말이 되면 25,000명으로 불어나 전체인구의 반 이상을 차지했다. 17세기 초 자바를 통치하던 여러 명의 이슬람 군주 중 한 명인 술탄 아궁의 군대가 바타비아를 포위하지만 네덜란드 군대가 이를 격퇴했다. 이런 식으로 네덜란드는 처음에는 동인도회사를 앞세워, 1800년 동인도회사의 파산 이후에는 정부가 직접 나서서 제1차 세계대전이 시작될 즈음까지 인도네시아를 완만하게 정복해나갔다. 물론 중간에 나폴레옹 시대를 겪으며 잠시 프랑스와 영국에게 패권을 넘겨주기도 했지만, 비인체제 때 되찾아 식민지 경영을 재개했다. 그러다 20세기에 들어와 1차 대전도 넘어 2차 대전 한복판인 1942년 일본에 인도네시아를 넘겨주면서, 그리고 1945년 8월 15일 일본의 항복 이틀 뒤에 인도네시아가 독립을 선포하면서 네덜란드는 이 지역에서 완전히 물러나는 듯했다. 그러나 2차 대전 직후 네덜란드는 15만 병력을 이끌고 영국군의 비호 아래 인도네시아에 다시 상륙해 재정복하고자 했고, 이러한 시도에 인도네시아인들은 강력히 반발하면서 동인도 군도 도처에서 치열한 전투가 벌어졌다. 이후 영국, 미국 등이 차례대로 중재에 나서거나 압력을 가해 결국 1949년 12월 27일 헤이그에서 열린 회담에 참석한 인도네시아 대표 하타(Mohammad Hatta)가 네덜란드 여왕에게서 인도네시아 공화국으로의 주권 이양을 얻어내면서 최종적인 독립을 이룬다. 식민통치 기간 3세기 동안에 희생된 전체 인도네시아인의 숫자는 정확한 통계가 없어 알 길이 없다. 그러나 식민통치 막바지인 1945년 독립을 선포하고 이후 4년 동안 벌어진 전투에서만 인도네시아인 10만~15만 명이 목숨을 잃은 것으로 추정되는 만큼, 3세기 동안 치러진 수많은 점령과 정복, 전쟁과 전투, 강제노역, 노예제도, 강제 이주, 학대와 학살 등 폭력적 행위들을 동반한 식민통치 기간에 얼마나 많은 원주민이 죽어갔을지 쉽게 미루어 짐작할 수 있다.[209]

벨기에의 콩고 지역 식민통치는 이보다 훨씬 더 짧은 기간 안에 피해 규모도 엄청나고 방식도 아주 잔인하게 진행됐다. 벨기에의 2대 국왕 레오폴 2세(Leopold II)는 자신의 후원하에 이루어진 스탠리(Henry Morton Stanley)의 탐험과 개척(1874~1877), '국제 아프리카 협회(Association Internationale Africaine, 1877)' 같은 기구, 서아프리카 문제를 논의하기 위해 열린 '베를린 회의(Berlin Conference, 1884~1885)' 등을 거쳐 1885년 중앙아프리카의 콩고강(지금의 자이르강) 일대에 위치한 분지 지역 콩고 자유국(Congo Free State; État indépendent du Congo)을 국제적 승인과 묵인하에 개인 사유지로 선포했다. 악명 높은 착취와 비인도적인 행위 때문에 국제적인 여론이 악화하면서 벨기에 의회와 정부가 이 지역을 국왕으로부터 빼앗아 '벨기에령 콩고(Belgian Congo)'로 전환시킨 1908년까지 레오폴은 약 23년 동안 이 지역 일대를 식민통치했다. 그는 국제 시장에 내다 팔기 위해 야생 고무, 상아, 야자유, 구리 같은 자원을 채취하는 데 지역 주민들을 대거 동원해 그들에게 강제노동을 시켰고, 고무 생산의 경우 할당량을 부과해 이에 못 미치거나 사소한 법규만 위반해도 벌로 팔과 다리를 자르거나 살해하기 일쑤였다. 광산과 농장에서 이런 야만적 행위가 널리 자행되면서, 그리고 그밖에 유럽인들이 가져온 새로운 전염병에 면역력이 없던 지역 주민들이 죽어

209 Ferro, ed., *Le livre noir du colonialisme [...]*, pp. 356~404.

가면서 이 지역 사망률은 급격히 올라갔다. 이에 대한 정확한 기록 역시 없어서 신뢰할 만한 통계수치를 제시할 수 없지만, 당시 약 2,000만~3,000만 명이던 이 지역 전체인구가 나중에 800만 명 정도로 줄어든 것으로 보아 최소한 50% 이상의 주민이 희생된 것으로 추정된다. 이후 1960년 벨기에령 콩고는 벨기에로부터 독립해 콩고 민주공화국을 수립한다.[210]

* * *

인종차별의 세 번째 폭력 유형이자 가장 최근, 즉 20세기에 들어와 자행된 인종청소 또는 제노사이드는 그것이 실행된 시작부터 결말까지의 폭력적 양상이 더욱 계획적, 의도적, 고의적이었을 뿐만 아니라 체계적, 조직적, 기술적이었다는 점에서 그 이전 세기들에서의 집단학살 사건들과는 정도만이 아니라 종류까지 달리한다.

길었던 19세기의 끝을 제1차 세계대전으로 잡는다면 짧았던 20세기는 제노사이드와 더불어 시작된다. 1차 대전 한복판에 서구 열강들의 무관심 속에서 터키인들이 아르메니아인들에게 저지른 집단학살이 그것이다. 터키인과 아르메니아인 사이의 적대 관계는 사실 역사적으로 오래된 것이었고, 이미 1894~1896년, 그리고 1909년의 일련의 학살로 약 20만 명의 아르메니아인들이 사망한 것으로 추정된다. 문제의

210 Art. "Congo Free State", *Wikipedia*, https://en.wikipedia.org/wiki/Congo_Free_State (검색일: 2018.11.02); 「콩고 자유국」, 『다음 백과』, http://100.daum.net/encyclopedia/view/b21k3832a (검색일: 2018.11.02).

1915년 대량학살은 더욱더 어수선한 상황 속에서 전개된다. 1908년 케말 파샤(Mustafa Kemal Pasha)가 주도한 청년터키당의 혁명 덕분에 정권을 잡은 정당 이티하드는 자신들의 성공에 고무되어 유럽이 혼란에 빠진 틈을 타 1915년 4월 24일 몇몇 책임자들이 비밀리에 장기간 숙고한 몰살 계획의 결실인 집단학살을 주도한다. 추정컨대 이후 1년 동안 문제의 이 범죄로 터키인들은 당시 오스만제국에 살고 있던 아르메니아인 공동체의 3분의 2에 해당하는 약 100만~150만 명을 없애는 데 성공한다. 추가로 터키가 1918년 봄과 1920년 가을에 러시아계 아르메니아인들에게까지 학살을 확대하면서 그 수치는 몇십만 명을 추가해 대략 총 170만 명 정도의 아르메니아인들이 죽어갔다. 터키는 러시아혁명의 결과로 탄생한 신생국 아르메니아공화국을 물리적으로 제거하려는 시도까지 했으나, 막판에 소련의 붉은 군대가 개입하면서 이 공화국은 겨우 구제된다. 이 엄청난 폭력사건의 원인에 대해 스코틀랜드 출신의 미국의 역사학자 퍼거슨(Niall Ferguson)은 나름 상당히 설득력 있는 해석을 제시한다. 그에 따르면, 이러한 폭력 현상은, 물론 표면적으로는 인종과 종교 및 문화를 달리하는 두 민족 간의 대립과 갈등에서 찾아볼 수 있지만, 그보다 더 근본적으로는 근대 제국주의가 해체되고 그 자리에 현대의 민족국가가 들어서면서 나타난 필연적인 결과라는 것이다. 제1차 세계대전과 그 결과가 이를 부추긴 셈인데, 요컨대 다민족적인 오스만제국이 터키 공화국이라는 단일 민족국가로 전환되는 과정에서 제국 내에 살고 있던 소수민족들의 제거와 추방은 불가피한 현상으로 간주되었고, 이에 발맞추어 일련의 잔혹한 정책들이 추진되었다는

것이다.[211]

정부에 의해 사전에 계획되고 타 민족과 타 종교(그리스도교)인에 대한 증오에 기반을 둔 국가 범죄라라는 점에서 명백한 '제노사이드'라고 할 수 있는 이 사건은 이후 오늘날까지 학살의 책임에 대한 터키 정부의 일관되고 지속적인 사실 부인과 서구 국가들의 미온적인 대처로 침묵 속에 묻히면서 거의 망각되어가고 있다. 특이하게도 이 아르메니아인들은 나치 시대의 유대인들처럼 그 어떤 외국도 보호해주려고 하지 않았던 종교적 소수집단이었기에 그만큼 더 학대받기 쉬웠던 측면도 있다. 물론 오늘날에는 그 당시 극적으로 살아남은 사람들을 중심으로 국가까지 건설되면서 다행히 국가와 민족이 모두 살아남은 행운의 사례가 되었지만, 자칫 잘못했으면 지구상에서 아르메니아란 이름은 영원히 사라질 뻔했다.

20세기 양차 대전 사이의 시기, 더 정확히는 2차 대전 한복판에 나치에 의해 자행된 홀로코스트는 역사상 전개된 수값은 이념적 폭력 양상들의 꼭짓점을 찍은 엄청난 사건이었다. 홀로코스트는 반유대주의라는 인종주의('이념적 폭력')와 타 종교에 대한 박해('종교적 폭력')를 국가적 탄압 정책('정치적 폭력')으로 실현시킨 삼중 폭력의 양상을 띠고 전개되었다. 또 그것은 나치 정권 치하와 전쟁의 상황 속에서 더 가속화되어 표출되었다는 점에서 군사적 측면에서의 폭력과도 밀접하게 연결되어 있다. 더 나아가 적지 않은 학자들이 이 비극적 사건을, 근대 관료

211 Niall Ferguson, *The War of the World: History's Age of Hatred* (London: Allen Lane, 2006), 이현주 옮김, 『증오의 세기: 20세기는 왜 피로 물들었는가』 (민음사, 2010), pp. 277~287.

제, 합리성과 효율성, 이윤 극대화만을 추구하는 근대의 자본주의적 사회경제 시스템이 야기한 자연스러운 결과물로 해석함으로써 홀로코스트는 근대 국가적 폭력과 근대 시민사회의 합리성 또는 자유주의 이념의 기묘한 결합으로 발생한 근대 서구사회의 어두운 면의 상징이자 대명사처럼 되어 버렸다.

여기서 너무나 많이 알려지고 연구된 홀로코스트라는 역사적 사실을 재현하는 불필요한 작업은 피하고자 한다. 대신 그 사건에 대한 해석 경향들을 범주적으로 살펴봄으로써 폭력을 바라보는 우리의 시야를 좀 더 넓혀주거나 새롭게 해줄 수 있는 실마리를 찾아보고 학문적 생산성을 높이는 데 주력하고자 한다. 홀로코스트에 대한 해석은 크게 세 개의 경향으로 갈린다. (1) 첫째는 히틀러와 나치 이데올로기 자체가 반유대주의를 갖고 있었기에 '유대인 문제의 최종 해결(Endlösung der Judenfrage)'이 히틀러의 명령으로 나치 집권 이전이나 초기에 이미 계획되고 시작되었다고 보는 '의도주의(intentionalism)' 경향이다. (2) 둘째는 제노사이드를 위한 장기적 계획은 애초에 없었고 히틀러가 최종 해결에 대한 명령을 내렸다는 점을 의심하면서 그에 대한 직접적 책임이 사건과 학살 현장의 나치 관리들에게 있다고 보는 '기능주의(functionalism)' 경향이다. (3) 셋째는 이들 두 해석에서 나온 통찰들을 끄집어내어 다양한 방식들을 통해 중간 지점을 찾고자 노력하는 '종합주의(synthetism)' 경향이다.[212] 이러한 해석의 경향 중 기능주의에 속하

212 이 학파들 사이의 논쟁에 대해서는 다음 문헌을 볼 것. Boaz Neumann, *Nazism* (Tel Aviv: Ministry of Defense, 2007), pp. 150~179. 이들 사이의 논쟁 양상이 더 복잡해진 것은, 과거에는 홀로코스트의 통합적 일부로 간주하지 않았던 나치 제노사이드의 주요 세 희생자 그룹(독일 장애인들, 집시들, 유대인들) 중 독일 장

는 바우만에 따르면, 홀로코스트의 핵심 책임은 히틀러나 나치 지도자들이 아니라 근대의 합리화된 관료조직, 진보한 과학기술의 성취, 수많은 기술관료적 수단들, 이른바 근대성 그 자체에 있다는 것이다.[213] 그러나 홀로코스트는 근대성 못지않게 전근대성, 비합리성, 반과학성, 반계몽성 등이 밀접하게 연관되어 발생했던 사건이다. 먼저 나치 독일의 과학은 정치적이고 이념적인 아젠다에 의해 지배되던 유사과학(pseudo-science)에 불과했고, 홀로코스트의 원인으로서 인종주의나 반유대주의에는 전근대적이거나 반근대적인 성격이 짙게 드리워져 있었으며, 나치 이데올로기의 핵심이 발을 딛고 서 있던 곳은 바로 '합리주의와 계몽주의와의 연합에 대한 경멸'이었다. 실행 과정을 보더라도 홀로코스트는 독일 관료제의 학살과는 거리가 먼, 전통적이고 원시적인 방식으로 자주 시행되곤 했다. 결국 홀로코스트는 야만성과 합리성, 전근대성(반근대성)과 근대성이 마치 자웅동체처럼 한 몸에 모두 나타난 매우 복합적인 사건이었다. 홀로코스트의 시기, 목표, 과정 등은 근대적이었지만, 원인, 결과, 효과 등은 전(前)근대적 또는 반(反)근대적이었다. 굳이 홀로코스트를 근대성과 연관시켜 규명하고자 한다면 그것은 '악의 근대성'이 아니라 '근대성의 악' 또는 '근대적인 악'으로 불려야 타당할 것이다.[214]

애인들과 집시들도 점차 홀로코스트의 범주 안에 포함시켜야 된다는 주장이 제기되면서부터다.

213 Zygmunt Bauman, *Modernity and the Holocaust* (Cambridge, UK: Polity Press, 1989).

214 최성철, 「악의 근대성?: 지그문트 바우만의 홀로코스트 해석에 대한 재고찰」, 『독일연구』 35 (2017), 83~120쪽.

홀로코스트에 대한 수많은 다양한 해석들을 여기서 일일이 다 소개하는 것은 그 사건을 재구성하는 일만큼이나 불필요해 보이지만, 최근의 연구성과 중 특이한 관점 한 두 개 정도 짚고 넘어가는 것은 그 폭력사건에 대한 폭넓고 깊이 있는 이해에 도움이 될 것으로 판단된다. 중유럽사와 동유럽사 전공의 예일 대학교 사학과 교수 스나이더(Timothy Snyder)는 최근에 발표한 『블랙 어스(*Black Earth*)』(2015)에서 홀로코스트가 국가파괴와 결부된 사건이었다는 흥미로운 견해를 제시한다. 무슨 말이냐 하면, 이 사건은 국가가 파괴된 곳들에서 극심하게 발생했고, 국가가 온전한 형태로 남아 있던 곳에서는 그렇지 않았다는 것이다. 이 점을 보여주는 극단적인 사례로 스나이더는 에스토니아와 덴마크 두 나라를 든다. 이 두 나라는 발트해에 긴 해변을 가진 북유럽의 소국이면서 유대인이 적게 거주했던 공통점을 갖지만, 결과는 극적으로 갈렸다. "그 전쟁 중에 두 나라 모두 독일에 점령되었고, 최종해결에 걸려들었으며, 독일인 점령자들에 의해 유대인이 없는 곳으로 선언되었다. 그러나 두 나라의 홀로코스트 역사는 더할 나위 없이 달랐다. 독일군이 도착했을 때 에스토니아에 살고 있던 유대인의 약 99퍼센트가 죽임을 당했다. 덴마크에서는 시민권을 가진 유대인의 약 99퍼센트가 생존했다. 덴마크 유대인은 아우슈비츠로 갈 운명이었고, 에스토니아 유대인은 아우슈비츠가 학살 시설이 되기 전에 운명을 맞이했다. 독일이 점령한 나라 중에 유대인의 사망 비율은 에스토니아에서 가장 높았고 생존 비율은 덴마크에서 가장 높았다."[215] 그 이유를 스나이더는 국

215 Timothy Snyder, *Black Earth: The Holocaust as History and Warning* (New York: Tim Duggan Books, 2015), 조행복 옮김, 『블랙 어스: 홀로코스트, 역사이자 경고』 (파

가 파괴와 국가 온존으로 설명한다.

> 홀로코스트는 국가 파괴라는 한쪽의 극단에서 발생했고, 국가의 온존이라는 다른 쪽 극단에서는 발생하지 않았다. 나치 지도부가 최종해결을 추구했으나 달성할 수 없었던 중간의 경우는 독일 세력이 미쳤으되 국가는 파괴되지 않은 곳, 즉 독일과 동맹했거나 독일에 점령된(또는 두 경우에 다 해당되는) 나라들이었다. 독일의 정책은 그러한 곳에 거주하는 유대인을 빼내 이송하여 죽이는 것이었다. 그러한 나라들에서 끔찍할 정도로 많은 유대인이 학살당했고, 그러한 곳의 유대인이 맞이한 운명이 언제나 동료 시민들보다 더 나빴지만, 그러한 나라들의 시민이었던 유대인은 전체적으로 절반 이상이 생존했다. 그러한 곳에서 두 명에 한 명꼴로 살해된 유대인의 희생 규모는 제2차 세계대전에서 희생된 다른 모든 범주의 희생을 뛰어넘는다. 그러나 국가 없는 지대에서 살해된 비율과는 엄청난 차이가 난다. 국가 없는 지대의 유대인은 스무 명당 열아홉 명이 살해되었다. 독일의 영향력이 미쳤으나 (어느 정도의) 주권을 보유한 나라들의 역사는 각각 달랐지만, 생존의 논리는 어디서나 동일하게 시민권과 관료 기구, 외교 정책이었다.[216]

요컨대 나치에 점령당한 국가라 하더라도 시민권, 관료 기구, 외교 정책의 보유처럼 국가의 형태를 어느 정도 유지한 대부분의 서유럽 나라들에서 평균 약 50%의 유대인들이 생존할 수 있었던 반면, 국가 자체가 완전히 파괴된 대부분의 동유럽 국가들에서 유대인은 거의 절멸했다는 주장이다. 스나이더 자신도 인정했듯이 주권을 보유했던 국가들 사이에서도 상당한 편차가 존재한다는 부차적인 사실만 논외로 친

주: 열린책들, 2018), p. 299.

216 Snyder, *Black Earth [...]*, pp. 308~309.

다면, 상당히 타당하고 설득력 있는 주장처럼 보인다.

한편 홀로코스트에 대한 기능주의적인 해석을 정면으로 반박할 설득력은 이 끔찍한 재난에서 살아남은 생존자들이 발표한, 이른바 홀로코스트 문학에서 자주 발견된다. 가령 아우슈비츠 생존 작가로 유명한 레비(Primo Levi)는 나치의 폭력이 쓸데없고 불필요한 폭력, 폭력 그 자체가 목적인 폭력, 오직 고통을 유발하기 위한 폭력이라고 규정한다.

> 전쟁은 이유 없이 일어나는 것이 아니며, 고통을 가하는 것을 목표로 하지 않는다. [...] 히틀러의 12년은 다른 많은 역사적 시공간들과 폭력을 공유한다. 그럼에도 나는 그 시기만의 특징이 쓸데없는 폭력의 만연이었다고 믿는다. 오로지 고통을 유발하려는, 폭력 그 자체가 목적인 폭력 말이다.[217]

유럽에서 나름 합리적으로 여겨지던 사람들이 인종과 민족, 종교와 신념이 자신들과 다르다는 이유 하나로 그 집단에 속한 사람들을, 그것도 오로지 고통을 유발할 목적으로 잔인하게 학살해나간 현상을 두고 레비는 "집단적 광기의 발현인가? 악을 목적으로 한 논리인가 아니면 논리의 부재인가?"라고 묻는다.[218] 이루 헤아릴 수 없는 기억의 고통 속에서 수많은 반성과 성찰을 해나간 후 그는 홀로코스트에 대해 다음과 같이 경고한다.

> '유용한' 폭력이든 '쓸데없는' 폭력이든, 폭력은 우리 눈앞에 있

217 Primo Levi, *I sommersi e i salvati* (Torino: Giulio Einaudi, 1986), 이소영 옮김, 『가라앉은 자와 구조된 자: 아우슈비츠 생존 작가 프리모 레비가 인생 최후에 남긴 유서』 (파주: 돌베개, 2014), p. 127.

218 Levi, *I sommersi e i salvati*, p. 128.

다. [...] 의회 민주주의 국가들과 공산권 국가들에서 폭력은 뱀처럼 꿈틀대고 있다. 제3세계에서 폭력은 고질병처럼, 유행병처럼 발발한다. 폭력을 계획하고 합법화하고, 폭력이 필수불가결하고 의무적인 것이라고 선언하며 세상을 오염시킬 새로운 광대를 기다릴 뿐이다(후보들은 늘 있다). 불관용과 권력에 대한 욕망, 경제적 이유, 종교적이거나 정치적인 광신, 인종적 마찰 등이 발생시키는 폭력이 난무하는 조류 속에서 미래에 면역성이 있다고 보장할 수 있는 나라는 소수이다. 그러므로 우리는 우리의 감각을 벼리고 있어야 하며 예언자들과 마법사들, 또한 타당한 이유들의 밑받침이 없는 "아름다운 말들"을 말하고 쓰는 사람들을 믿지 말아야 한다.[219]

"폭력으로부터는 폭력만 나올 뿐"이기 때문에 사실 "예방적 폭력에 대한 이론도 받아들일 수 없다"고 선언한 레비[220]는 홀로코스트가 우리에게 주는 교훈이 그 어떤 종류의 것이라 하더라도 모든 폭력을 과감히 결단코 거부하는 것이라고 힘주어 말한다. 만일 이러한 말들이 특별히 마음에 와닿는다면, 그 이유는 그러한 통찰이 단순히 연구자가 아니라 처절한 고통을 겪은 경험자에게서 나온 것이기 때문일 것이다.

홀로코스트가 어떻게 해석되든, 그 해석의 다양성 정도와 무관하게 밝혀진 무서운 사실 하나는, 하나의 특정 사상(반유대주의)과 이념(민족사회주의)이 통치자가 마음만 먹고 환경과 조건만 맞아떨어진다면 다른 종류의 사상과 이념, 인종과 종교 공동체에 속해 있는 사람들을 얼마든지 근대의 합리적이고 효율적인 수단을 이용해 완전히 절멸시켜나갈 수 있다는 점이다. 이 점은 유고슬라비아 내전(1991~1999)에서 나타

219 Levi, *I sommersi e i salvati*, p. 248.

220 Levi, *I sommersi e i salvati*, p. 249.

난 세르비아인들에 의한 보스니아-헤르체고비나인들 또는 크로아티아인들에 대한 인종청소(ethnic cleansing), 르완다에서의 후투족에 의한 투치족의 종족살해(1994)에서 보듯이, 2차 대전 이후 현재까지도 지속되고 있음을 통해 확인된다.

제노사이드에 해당하는 이러한 폭력사태들이 특히 경악스러운 것은 인간이라면 누구나 품을 수 있는 이종공포(異種恐怖, heterophobia)에서 유래한 폭력의 의도와 동기가 아니라, 폭력이 실제로 진행되는 과정에서 보여주는 참여 인간들의 어딘지 부조화스럽지만 자연스러운 움직임이다. 가해자들의 야만적 폭력성에 더해 피해자들의 어이없는 수동성이 일찍이 밀그램(Stanley Milgram) 실험이 보여주었듯 보통의 인간이라면 누구나 보여주는 전형적인 행동 패턴으로 밝혀졌음에도 불구하고, 그것은 여전히 우리에게 당연한 사실이 아닌 불편한 진실로 다가온다. 왜 인간은 상황과 조건이 주어지면 쉽게 폭력적으로 변하는가? 왜 인간은 그러한 부당한 폭력에 효과적으로 저항하지 못하는가? 폭력이 결코 자연스러운 현상은 아닐 텐데, 그럼에도 불구하고 마치 언제나 있었던 자연스러운 현상인 양 폭력을 자행하고 수용하는 인간의 모습을 보면, 폭력의 본질은 결코 이념에 있지 않고 실행 그 자체에 있지 않나 추론해본다.

제9장
폭력에 대한 예찬과 비판

제9장
폭력에 대한 예찬과 비판

폭력에 대한 서양 사상가들의 입장은 극렬한 반대에서 조건부 수용을 넘어 적극적 찬성에 이르기까지 다양한 스펙트럼을 형성한다. 폭력을 조건부로 수용한 사상가는 역사에서 쉽게 찾아볼 수 있다. 앞서 폭력의 개념을 다룬 서론에서 언급했던 키케로부터 루터와 그로티우스를 거쳐 오늘날의 슈미트(Carl Schmitt)와 보기에 따라서는 벤야민에 이르기까지 적지 않은 고전 사상가들은 폭력에 대한 대항폭력을 인정했고, 때로는 필요하다고까지 주장했다. 그러나 이들의 입장은 대체로 상황과 조건에 따라 수용한 것이지 폭력행위 그 자체를 인정한 경우는 매우 드물었다.

근대적 형태의 폭력예찬론의 원형은 엥겔스(Friedrich Engels)에서 발견된다. 앞서 사회경제적 폭력을 다룬 장(章)에서 보았듯이, 마르크스가 자본가에 의한 노동자의 노동력 착취에 바탕을 둔 자본주의의 생래적 폭력 시스템을 강조했다면, 엥겔스는 한 걸음 더 나아가 우선 외관상 정치적 현상으로 보이는 폭력이 궁극적으로 왜 경제적 폭력에 근거하며, 이 경제적 폭력이 어떻게 역사에서 프롤레타리아 혁명을 완수하는 데 긍정적인 역할을 수행할 수 있는지를 설파해나간다. 이러한 주장의 논거는 좀 더 자세히 추적될 필요가 있다. 엥겔스는 1878년 일명 『반(反)뒤링론(*Anti-Dühring*)』으로 더 잘 알려진 작품 『오이겐 뒤링씨의 학문의 전복(*Herrn Eugen Dührings Umwälzung der Wissenschaft*)』 중 「역사에서 폭력의 역할」이라는 제목이 붙은 장(章)에서 폭력이라는 정치적 현상의 배후에 경제적 발전이 자리 잡고 있음을 강조한다. 그 이유는 폭력의 실행과 성공을 위해서는 그것에 필요한 도구, 즉 우수한 무기의 생산이 중요한데, 이것은 해당 국가의 경제력에 의존하기 때문이라는 것이다. 그래서 그는 결국 "폭력의 승리는 '경제력', '경제적 상황', 폭력이 뜻대로 처분할 수 있는 물질적 수단에 근거한다"고 주장한다.[221] 이러한 분석에 입각해서, 그리고 당대의 사상가 뒤링(Eugen Dühring)의 폭력에 대한 비판적이고 부정적인 견해에 반박하면서 엥겔스는 다음과 같은 결론을 도출해낸다.

> 이상에 근거해 볼 때, 역사에서 폭력(Gewalt)이 경제 발전에 대해 어떤 역할을 수행하는지 명확해졌다. 첫째, 모든 정치적 폭력은 본원적으로는 어떤 경제적·사회적 기능에 근거하며, 본원적 공동체의 해체에 의해 사회 성원들이 사적 생산자로 전화하는 것과 같은 정도로, 따라서 성원들이 공동의 사회적 기능의 집행자들로부터 점

221 Friedrich Engels, "Die Rolle der Gewalt in der Geschichte", *Karl Marx-Friedrich Engels Werke* (Berlin[Ost]: Dietz Verlag, 1962), vol. 21(="Herrn Eugen Dührings Umwälzung der Wissenschaft ("Anti-Dühring")"), p. 170.

점 소외되는 것과 같은 정도로 강화된다. 둘째, 정치적 폭력이 사회에 대해 자립적인 것으로 되고 충복에서 주인으로 전화한 뒤에 그 폭력은 두 가지 방향으로 작용할 수 있다. 정치적 폭력은 합법칙적인 경제적 발전의 길을 따라 그 방향으로 작용할 수 있다. 이 경우에는 둘 사이에 아무런 충돌도 일어나지 않으며 경제적 발전은 촉진된다. 그러나 정치적 폭력은 경제적 발전에 반하는 방향으로 작용할 수도 있는데, 그렇다면 정치적 폭력은 약간의 예외를 제외하고는 대개 경제적 발전에 굴복한다. 이 약간의 예외란 더 야만적인 정복자들이 어떤 나라의 주민들을 절멸시키거나 몰아내고 그들로서는 이용할 방법을 모르는 생산력을 황폐화시키거나 못 쓰게 만드는 몇몇 정복의 경우다. [...] 뒤링씨에게 폭력은 절대악이며, 최초의 폭력 행위는 타락이다. 그의 서술 전체는 지금까지의 역사 전체가 원죄로 감염되고 모든 자연법칙과 사회법칙이 이 악마적 힘인 폭력에 의해 심히 왜곡되었다고 하는 비탄에 찬 설교다. 그러나 폭력은 역사에서 또 다른 역할, 즉 혁명적 역할을 수행한다는 것, (마르크스의 말에 따르면) 폭력은 새로운 사회를 잉태하고 있는 모든 낡은 사회의 산파라는 것, 폭력은 사회적 운동이 자신을 관철하며 굳고 마비된 정치적 형태를 파괴하는 도구라는 것 – 뒤링씨에서는 이런 언급을 한마디도 찾아볼 수 없다.[222]

폭력이 어떻게 혁명적 역할을 수행하면서 역사 발전의 원동력이 될 수 있는가를 역설하는 글들 중 이보다 더 명확하고 강렬한 인상을 주는 문헌은 없을 것이다.

엥겔스의 이러한 생각을 계승해 좌파 노선을 따라 부르주아지에 대항한 프롤레타리아의 총파업을 지지했던 소렐과, 프랑스 제국에 맞서 억압받는 식민지 민중들의 저항을 적극적으로 옹호한 파농(Frantz

222 Engels, "Die Rolle der Gewalt in der Geschichte", pp. 173~174.

Fanon)은 폭력을 단지 조건부로 수용하는 것을 넘어서 적극적으로 인정하거나 예찬한 사상가들에 속한다.

소렐은 폭력이 역사에서 매우 중요한 역할을 해왔다는 것을 전제로 자신이 살아가는 시대에 점차 강화되고 확산되고 있는 부르주아지에 맞서 노동자들이 어떤 행동을 취해야 할지 분명한 자기 입장을 보이기 위해 폭력을 옹호하는 책까지 저술했다. 그는 다음과 같이 주장한다. "프롤레타리아의 폭력은 그것이 개입한 모든 투쟁의 양상을 바꾸어 놓았다. 왜냐하면 그 폭력은 부르주아지에 의해 조직된 무력을 부인하고 그 중핵을 이루는 국가를 폐지하고자 하기 때문이다."[223]

여기서 중요한 두 개념이 등장한다. 바로 무력과 폭력이다. 소렐이 보기에 국가에 의한 정치적 폭력은 부르주아들이 조직하고 건설했으며 현재 장악하고 있는 정치체제하에서 국가라는 이름으로 자행되고 있고 그 형태는 대체로 '무력(force)'으로 나타나지만, 프롤레타리아는 그러한 부르주아지의 무력에 맞서 총파업과 같은 '폭력(violence)'으로 맞서 싸워야 한다는 것이다. 국가폭력은 부르주아들에 의해 부당하게 자행되는 무력이고, 프롤레타리아의 정당한 저항이 바로 그 이름에 걸맞은 '폭력'이라는 것이다.

> 무력이란 용어와 폭력이란 용어는 관헌 당국의 행위를 묘사할 때든 폭동행위를 묘사할 때든 두루 사용된다. 하지만 이 두 경우가 전혀 다른 결과를 낳는다는 사실은 명백하다. 나는 어떤 모호함도 없는 용어를 사용하는 것이 좋으며, 폭력이라는 용어는 두 번째 경우에 사용해야 한다고 생각한다. 따라서 우리는 므력의 목적이 소

223 Sorel, *Réflexions sur la violence*, p. 52.

수가 통치하는 어떤 사회질서의 수립을 부과하는 것임에 반해서, 폭력은 이 사회질서의 파괴를 지향하는 것이라고 말할 수 있다. 근대 초 이후 부르주아지는 무력을 사용한 반면, 프롤레타리아는 오늘날 부르주아지와 국가에 폭력으로 맞서고 있다.[224]

소렐이 보기에 무력이 소수 부르주아가 세운 국가 질서 수립을 목표로 한다면, 폭력은 프롤레타리아들이 합심해 그 부르주아들의 국가를 전복시키는 것을 지향한다. 단순히 총파업을 넘어 국가 전복을 꾀한다는 점에서 가히 혁명적인 발상이라고 할 수 있다. 이러한 프롤레타리아의 폭력은 정치적 반대파의 제거나 권력투쟁이 아니라 새로운 사회 건설을 향한다는 점에서 그 정당성을 획득한다.

프롤레타리아의 폭력은 정적(政敵) 숙청과는 아무 관련이 없다. 프롤레타리아의 폭력은 순수한 전쟁행위 그 자체인 바, 군사적 시위의 효과를 갖고 계급간의 분리를 확보하는 데 이바지한다. 전쟁과 관련된 모든 것은 어떠한 증오도 복수심도 없이 진행된다. 전쟁에서 패배한 자는 살해당하지 않으며, 군대가 전장에서 겪었을 허망한 일들을 비전투원들로 하여금 감내하게 하지도 않는다. 힘은 이제 사회에 의해 범죄자에게 강요되는 사법절차들로부터 그 어떤 것도 빌려오지 않고 단지 그 처분에 따라 발휘된다.[225]

이러한 소렐의 논의들은 사회주의 사상의 존폐 위기 상황에 기대어 급기야 폭력을 적극적으로 옹호하는 데까지 나아간다.

224 Sorel, *Réflexions sur la violence*, p. 242.

225 Sorel, *Réflexions sur la violence*, pp. 163~164.

> 오늘날 나는 조금도 주저하지 않고 사회주의가 폭력을 옹호하지 않고는 존속할 수 없을 것이라고 단언한다. 프롤레타리아가 자신의 존재를 확인하는 것은 파업을 통해서이다. [...] 파업은 하나의 전쟁현상이다. 따라서 폭력이 앞으로의 파업에서는 자취를 감추게 될 돌발사건이라고 말하는 것은 새빨간 거짓말이다. 사회혁명은 거대한 파업 하나하나가 삽화를 이루는 이러한 전쟁의 확대이다. [...] 폭력적 파업과 전쟁 사이에 놓인 유사성은 풍요로운 결실을 낳는다. [...] 몇 년 전만 해도 거의 짐작하기 힘들었던 이 계획에 따라 오늘날 하나의 철학이 만들어지고 있다고 나는 단언한다. 이 철학은 폭력의 옹호와 밀접하게 연결되어 있다.[226]

프롤레타리아들이 할 수 있는 최대의 전쟁 수단은 무기를 들고 싸우는 전투가 아니라 바로 파업, 그것도 총파업이라고 지적하면서, 그것이 곧 부르주아들이 국가라는 이름을 걸고 치르는 전쟁에 해당한다고 주장하는 소렐을 우리는 과연 단순히 '폭력 옹호자'로만 불러야 할까? 그것은 너무 미약하다. 특히 "사회혁명", "풍요로운 결실", "하나의 철학" 등의 표현들을 볼 때 그는 오히려 적극적 '폭력 예찬자', 즉 '혁명가'로 불려야 할 것이다.

유사한 사례로 우리는 파농을 들 수 있다. 알제리가 프랑스로부터 독립하는 데 산파 역할을 한 파농은 탈식민주의적 관점에서 단지 식민제국의 야만성을 폭로하는 것에 그치지 않고 그에 맞선 대항폭력이 어떻게 식민 치하의 민족을 하나로 단결시켜주고 창조적인 역할을 해내는 엄청난 에너지로 전화(轉化)될 수 있는지를 예리하게 통찰했다는 점에서, 일종의 소극적 저항이라고 할 수 있는 총파업을 주장한 소렐을

226 Sorel, *Réflexions sur la violence*, pp. 385~386.

넘어선다.

> 식민지 민중으로서는 폭력만이 유일하게 가능한 일이기 때문에, 바로 이 폭력이 그들에게 긍정적이고 창조적인 자질을 부여해준다. 폭력의 행사는 그들을 하나의 전체로 묶어주는데, 그 이유는 각 개인들이 폭력이라는 커다란 사슬의 고리들이 되기 때문이다. 이 거대한 폭력의 유기체는 [유럽] 이주민이 처음에 행사한 폭력이 클수록 덩치가 커진다. 집단들은 서로를 인정하고, 미래의 민족은 통합될 수 있다. 무장투쟁은 민중을 동원시키며 그들을 한쪽 길과 한쪽 방향으로 나아가도록 만들어준다.[227]

여기서 파농은 폭력을 '유기체'에 비유하는 천재적 기질을 발휘한다. 식민제국의 폭력성이 커지면 커질수록 그에 비례해서 식민지인들의 폭력성도 커져 가는, 마치 살아 숨 쉬는 닮은꼴의 생명체로, 아니 어쩌면 파트너의 행동을 보며 처음에는 똑같이 따라 하다가 나중에는 그의 못되고 악한 행동을 능가하면서 무섭게 성장하는 거대한 바이러스와도 같은 괴물로 그려낸다. 물론 이때의 괴물은 악마나 마귀가 아니라 능동적이고 창조적인 복합 변신체의 이미지를 갖는다. 실제로 파농은 마치 지상의 과제 또는 철학적 사명인 양 폭력에 긍정적 에너지를 불어넣는 작업을 철저하게 수행해나간다. 위에서 인용한 글로부터 세 번째 단락 뒤를 읽어보자.

> 개인적 차원에서 폭력은 일종의 정화시켜주는 힘이다. 폭력은 원주민을 열등감과 좌절, 무기력으로부터 해방시켜주고, 용기 있게

227 Frantz Fanon, *The Wretched of the Earth*, Preface by Jean-Paul Sartre, trans. Constance Farrington (New York: Grove Press, 1963), p. 93.

> 해주며, 자존심을 회복시켜준다. 설령 무장투쟁이 상징적인 데 그치고 전 민족이 급속한 탈식민화 운동을 통해 해산된다 하더라도, 민중은 해방이 모두의 과제이며 이 경우 설령 지도자라고 해서 특별한 혜택을 얻지 않는다는 사실을 깨닫게 된다.[228]

폭력이 인간을 파괴하고 피폐하게 만드는 것이 아니라 오히려 인간을 정화하고 순화시켜준다는 생각은 도대체 어느 별에서 온 우주인의 통찰일까? 나치의 명령에 아무런 저항 없이 그저 가스실로 들어가 무기력하게 죽어간 수많은 유대인과 달리 죽을 줄 뻔히 알면서도 프랑스 정부에 끝까지 저항하다 죽어간 알제리 독립투사들의 행동이 파농의 눈에는 폭력의 미화를 넘어 예찬으로까지 가도록 만들지 않았나 싶다. 아무리 얼핏 보기에는 황당하고 다소 억지스러워 보인다 할지라도 이런 식의 논리와 담론이 저항하는 알제리 식민지인들에게 얼마나 많은 힘과 용기를 주었을지 쉽게 짐작이 간다. 그런 힘만 준다면야 누구라도 이보다 더 심한 표현도 서슴지 않고 내뱉었을 듯싶다. 마치 1848년 마르크스와 엥겔스가 "전 세계 노동자들이여 단결하라!"고 부르짖었듯이, 파농은 이제 모든 '알제리인들이여 분연히 일어나라!'고 열변을 토한다.

폭력이 폭력을 낳는다는 것, 그리고 그러한 대항폭력이 오히려 피억압자들을 결속시켜준다는 것, 폭력이 사람들을 깨끗하게 정화해준다는 것, 폭력이 인간을 변화시킨다는 것, 나아가 폭력이 결국 새로운 세계를 창조한다는 것, 이러한 생각들을 물론 소렐도 일부 피력했지만 더

---

228 Fanon, *The Wretched of the Earth*, p. 94.

정교하게 발전시켜나간 사람은 파농이다. 소렐이 생각했던 "풍요로운 결실"은 "억제할 수 없는 폭력을 통해 인간이 자기 자신을 재창조한다"는 파농의 생각들로 한 단계 업그레이드되어 나타난다. 이러한 폭력예찬 담론들은 비록 맥락은 상이하지만 마치 전쟁, 혁명 등과 같은 갈등과 투쟁이 인간을 성숙하게 하고, 한 민족과 국가를 승화시킨다는 전체주의 시대의 여러 이론가나 선전선동가들의 주장과 맞닿아 있다.

그렇다면 폭력을 예찬한 이 사상가들의 원래 의도, 본래 목표는 무엇이었고, 왜 조건부 수용을 넘어 예찬으로까지 나아가게 되었을까? 이 사상가들의 비교 분석도 이루어져야 되겠지만, 여기서 문제가 되는 것은 폭력의 기능과 효용이다. 수단으로 활용된 폭력은 그 기능과 효용 면에서 능력, 권력 등 다른 유사 개념들과 비교했을 때 가장 직접적이고 강력한 힘을 발휘한다. 아렌트에 따르면, 폭력은 언제나 수단으로 기능하고 도구를 필요로 하기에, 과학기술과 도구제작의 혁명으로부터 절대적인 영향을 받는다. 이러한 폭력의 기능과 효용이 가장 잘 발휘되는 장소와 상태는 당연히 전쟁이다. 더불어 그녀는 "폭력 행동의 실체 자체는 수단-목적 범주에 의해 지배되기에, 그것이 인간사에 적용될 경우, 목적을 정당화하고 달성하기 위해 요구되는 수단에 의해서 그 목적이 압도될 위험에 항상 직면해왔다"고 경고한다.[229] 한편 조프스키는 폭력이 발휘될 수 있는 기능과 효용의 저변에는 고통에 대한 인간의 공포와 불안이 놓여 있다고 주장한다. 따라서 그는, 이미 앞서 살펴본 것처럼, 폭력으로부터 질서(사회)가 나오고, 질서로부터 폭력(혼돈)이 나

229 Arendt, *On Violence*, p. 25.

온다는 역설적 테제를 제시한다. 사회공동체의 질서는 '폭력의 체계화'에 다름 아니라는 것이다. 국가폭력은 곧 합목적성에 근거해 합리적으로 기획되고 작동한다. 더불어 폭력은 무언가를 바꾸거나 파괴하는 힘으로 작용한다. 문명 탄생과 소멸의 순환, 국가의 흥망성쇠가 폭력과 질서의 변증법적 관계에서 이루어진다는 점을 감안하면, 인간 역사는 파괴와 폭력의 연속인 셈이다. "국가들의 연대기는 결코 평화와 문명의 연대기가 아니다. 그것은 계속되는 파괴적 힘의 역사이다."[230]

* * *

사실 폭력을 예찬하는 일이나 폭력을 비판하는 일은 동전의 양면과 같은 것이고 폭력의 본질을 성찰한다는 점에서 출발선 또한 동일하다. 폭력을 예찬한다고 해서 모든 폭력을 용인하는 것도 아니고, 폭력을 비판한다고 해서 모든 폭력을 거부하는 것이 아니라는 점에서도 두 작업은 동일한 지점에서 출발해 결과적으로 종류가 아닌 정도의 측면에서 서로 다른 길을 걸어간다.

폭력 비판과 관련해서는 벤야민과 아렌트가 주목된다.[231] 벤야민은 1921년에 발표한 에세이 「폭력비판에 대하여(Zur Kritik der Gewalt)」에서 먼저 폭력이 법과 정의의 원천이라고 정의한다. "모든 폭력은 수단으로서 법제정적이거나 법유지적이다." 모든 폭력은 이처럼 본질적으

230 Sofsky, *Traktat über die Gewalt*, p. 21.

231 여기서의 서술은 다음 문헌을 참고하거나 인용했음을 밝혀둔다. 최성철, 「폭력을 바라보는 두 시선: 벤야민과 아렌트」, 『독일연구』 33 (2016), 79~119쪽.

로 스스로 정당성을 요구하는 성향을 갖는다. 폭력이 정당성을 요구하는 것은 그 자신의 정당성을 위해서만이 아니라 권력을 추구하는 그 자신의 성향 때문이기도 하다. 폭력이 법을 요구한다는 것, 즉 새로이 법을 만들기를 또는 법을 지속시키기를 요구한다는 것은 곧 그 스스로 정당한 폭력임을 선포하는 것과 같으며, 그렇게 해서 법이나 정당성이 확보되었을 때 폭력은 비로소 권력이 된다.[232] 법과 정의, 권력 등이 폭력에 기초한다는 이러한 사유는 앞서 국가의 폭력성에 관한 장(章)에서 살펴보았던, "계약이란 칼이 없으면 말에 불과하다"고 일갈했던 홉스의 유명한 명구를 연상시킨다. 실제로 벤야민은 이 논문에서 폭력에 대한 무조건적인 비난보다는 '법'과 '정의' 등의 개념과 연계시켜 그것의 원천적인 또는 긍정적인 의미를 찾아보려고 정치사상적으로 고찰해나간다.

우리는 벤야민의 논문 제목이 '폭력에 대하여(Zur Gewalt)'가 아니라, '폭력 비판에 대하여(Zur Kritik der Gewalt)'라는 점에 주목할 필요가 있다. 벤야민은 폭력 자체를 성찰하기 위하여 또는 폭력의 개념을 정의하기 위해 이 짤막한 글을 쓴 것이 아니라, 정치와 국가 영역에서 본질적으로는 법이나 정의와 관련하여, 현실적으로는 전쟁이나 파업 등과 같은 구체적인 삶의 현장과 정치적 상황 속에서 표출되는 폭력의 양상들을 비판하려는 목적에서 이 글을 써나갔다. 물론 나중에는 이러한 비판을 근거로 폭력의 특징은 무엇인지, 그리고 폭력에는 어떠한 종류들이 있는지를 질문하면서 궁극적으로 폭력의 본질은 무엇인지를 규명하

232 Walter Benjamin, "Zur Kritik der Gewalt", in: W. Benjamin, *Gesammelte Schriften* (Frankfurt a. M.: Suhrkamp, 1972~1989), vol. II/1(1977), pp. 179~203, here p. 179.

는 데까지 나아가긴 하지만 말이다. 결국 벤야민이 이 글을 쓴 목적은 폭력을 비판하기 위해서가 아니라 궁극적으로는 폭력의 본질과 실체를 파악하기 위해서였다.

벤야민은 이 논문에서 폭력의 종류를 세 가지 방식으로 분류한다. (1) '합법적 폭력' 대 '불법적 폭력', (2) '법제정적 폭력' 대 '법유지적 폭력', (3) '신화적 폭력' 대 '신적 폭력' 등이 그것이다. 이 중에서 내가 보기에 가장 중요한 것은 '신화적 폭력'과 '신적 폭력'의 분류다. 특히 '신적 폭력'은 벤야민 자신이 정작 이 논문에서 가장 말하고 싶었던 핵심 부분에 해당하는 것처럼 보인다. "수단의 정당화와 목적의 정당성을 결정하는 것은 결코 이성이 아니다. 전자는 운명적인 폭력이, 후자는 신이 각각 결정한다."[233] 벤야민은 폭력 개념을 법이나 정의, 국가 권력의 차원을 넘어 초자연적, 신적, 구원적, 메시아니즘적 차원으로 끌어올려 사유하고자 했다. 법적 수단은 운명(신화)을 통해서, 그리고 법의 목적은 신(神)을 통해서 그 정당성을 최종적으로 담보 받는다. 벤야민은 그 두 폭력을 다음과 같이 정의한다. "모든 영역에서 신화에 대해 신이 맞서듯이, 신화적 폭력에도 신적 폭력이 맞선다. 그것도 후자의 폭력은 전자의 폭력에 대해 모든 면에서 반대를 나타낸다. 신화적 폭력이 법제정적이라면 신적 폭력은 법파괴적이고, 신화적 폭력이 경계를 설정한다면 신적 폭력은 경계를 없애며, 신화적 폭력이 죄를 부과하면서 동시에 속죄를 시킨다면 신적 폭력은 죄를 씻어주고, 신화적 폭력이 위협적이라면 신적 폭력은 물리치는 폭력이고, 신화적 폭력이 유혈적이라면

233 Benjamin, "Zur Kritik der Gewalt", p. 196.

신적 폭력은 무혈(無血)의 상태에서 죽음을 가져온다."[234] 만일 이 두 폭력이 우리에게 직접 행사된다면, 과연 어느 쪽이 우리에게 더 위협적이고 치명적일까? 적어도 내 해석으로는, 신화적 폭력은 인간적 폭력이고, 신적 폭력은 말 그대로 신에 의해 이루어지는 초인적, 초자연적 폭력이다. 만일 우리가 서양의 정신적, 문화적 전통을 관류하는 두 개의 뿌리가 헬레니즘(신보다도 인간과 자연을 중시하는 그리스와 로마의 고전 문화)과 헤브라이즘(신을 피조물이자 구원의 대상인 인간의 상위에 두고 숭배하는 그리스도교 문화)임을 인정한다면, 신화적 폭력은 전자에, 신적 폭력은 후자에 각각 해당한다. 그리스-로마 신화에서의 신들이 의인화된 신임을, 그리고 그리스도교에서의 신이 인간이라는 피조물을 창조해 자신을 숭배하도록 만든 초인적인 절대적 존재자임을 염두에 둔다면, 벤야민의 의도가 무엇인지 어느 정도 파악할 수 있을 것이다. 여기서 초점은 신적 폭력이 인간 사회, 특히 국가 권력에서 벗어나 구원을 향해 나아가는 폭력이라는 점에 놓여 있다. 벤야민 자신의 용어로 표현하면, 신적 폭력은 "법, 모든 폭력, 종국에는 국가 권력까지도 탈정립"하는, 그럼으로써 "새로운 역사 시대의 토대를 마련해주"는 "순수한 폭력의 최고의 표현"이자 "혁명적 폭력"이다. 반면 신화적 폭력은 "신화와 법이 교배하여" 탄생한 잡종적 괴물 폭력이다.[235] 정리하면, 신화적 폭력이 인간을 법으로써 통제하고 협박하고 인간에게 죄를 부과하면서 인간으로 하여금 피가 나도록 하는 잔인한 수단적 폭력인 데 반해, 신적 폭력은 파괴로써 법을 초월해 인간의 죄를 용서해주고 만일 죽임을

234 Benjamin, "Zur Kritik der Gewalt", p. 199.

235 Benjamin, "Zur Kritik der Gewalt", pp. 202~203.

당해야 한다면 고통 없이 죽을 수 있도록 배려해주며 궁극적으로는 인간을 구원에 이르도록 해줄 수 있는 최고의 정의와 정당성을 부여받은 합목적적 폭력이다. 벤야민 논문의 마지막 구절은 그 점을 웅변적으로 보여준다. "감독하며 지배하는 폭력이라고 불릴 수 있는 모든 신화적 폭력, 법제정적 폭력은 배척해야 마땅하다. 그 폭력에 봉사하는 관리된 폭력인 법유지적 폭력 역시 배척해야 마땅하다. 성스러운 집행의 옥새와 인장이지 결코 그것의 수단이 아닌 신적 폭력은 베풀어 다스리는 폭력이라고 부를 수 있을 것이다."[236] 이로써 우리가 원천적으로 지양(止揚)해야 하는 폭력은 신화적 폭력이고, 만일 꼭 행사해야 한다면 지향(志向)해야 할 폭력은 신적 폭력임이 분명해진다.

이처럼 폭력에 대한 나름 긍정적인 사유는 홀로코스트를 경험한 20세기 후반에 이르면 완전히 부정적인 방향으로 급선회한다. 가령 아렌트는 폭력을 권력의 안티테제로 규정한다. 폭력이 목적을 달성하기 위한 수단에 불과하다면, 권력은 그 자체로 정당성을 부여받는 개념이다. 따라서 권력이 폭력을 사용할 때, 그것은 이미 상실했거나 사라져가려는 권력을 붙들기 위한, 불가능하고 절망적인 노력을 의미한다. 그 때문에 폭력을 사용하는 권력은 이미 권력이 아니며, 아무런 정당성도 없다.

베트남전쟁, 흑인민권운동, 여성인권운동, 68혁명 등의 사건들을 겪으며 2년의 준비 기간을 거쳐 1969(1970)년에 발표된 아렌트의 『폭력론(*On Violence*)』은 비록 분량은 적지만, 아렌트 정치사상의 한 축을 담

236 Benjamin, "Zur Kritik der Gewalt", p. 203.

당하는 중요한 저술이다. 이 책의 독어판은 이듬해 『권력과 폭력(*Macht und Gewalt*)』이라는 제목으로 뮌헨에서 출판된다. 아렌트는 이 저술에서 벤야민과 정반대되는 시선이라기보다는 그와는 많이 다른 관점에서 폭력 개념을 성찰해나간다. 서로 친분을 유지하던 열네 살 차이의 동시대의 유대인 지식인이라는 공통점을 제외하면, 남성과 여성이라는 점, 성별의 생물학적 차이로부터 기인하는 것으로 보이는 동일 주제에 대한 민감한 시각의 차이, 해당 텍스트를 발표한 두 사상가의 나이가 각각 20대(초기저작)와 60대(후기저작)였다는 점, 두 사람의 텍스트가 세상에 발표된 시기에서 50년이라는 적지 않은 시간적 간극이 존재한다는 점, 결국 직접이든 간접이든 나치의 홀로코스트를 경험하지 못했느냐 경험했느냐의 근본적 차이는 두 사람의 폭력에 대한 사유와 성찰이 서로 많이 다른 방향으로 나아가도록 만들었다.

먼저 대상에 접근해가는 방식부터 다르다. 벤야민이 '법'의 관점에서 폭력을 관찰했다면, 아렌트는 독일어판 제목에서 보이듯 '권력' 개념을 염두에 두고 폭력 문제를 다룬다. 결론부터 말하자면, 아렌트는 폭력이 권력의 반대 개념이라고 주장한다. 아렌트는 '모든 정치가 권력을 위한 투쟁'이고, '모든 폭력이 권력의 가장 극악한 발현'이라는 여러 학자의 주장에 일단은 동의한다. 그러나 곧이어 그녀는 권력과 폭력이 근본적으로 다르다는 것을 넘어 왜 폭력이 권력의 반대 개념인지를 다음과 같이 설명해나간다. "사실상 권력과 폭력의 가장 명백한 차별성들 중 하나는 권력이 언제나 다수를 필요로 하는 반면, 폭력은 도구에 의존하기 때문에 다수가 없이도 어느 정도 작동할 수 있다는 점이다. [...] 권력의 극단적인 형태는 한 사람에 반하는 모든 사람이고, 폭력의 극단적인 형태는 모든 사람에 반하는 한 사람이다. 그리고 폭력은 도구 없이는 결코 불가능하다."[237] 결국 "정치적으로 말하자면, 권력과 폭력이 동일하지 않다고 말하는 것으로는 충분치 않다. 권력과 폭력은 서로 반의어다. 왜냐하면 하나가 절대적으로 지배하는 곳에서, 다른 하나는 부재하기 때문이다. 폭력은 권력이 위태롭게 된 곳에서 나타나지만, 제멋대로 내버려둔다면 그것은 권력의 소멸로 끝난다. 이것은 폭력의 반의어를 비폭력으로 생각하는 것이 올바르지 않음을 함축한다. 따라서 비폭력적 권력에 대해 말하는 것은 실질적으로 동어반복이다. 폭력은 권력을 파괴할 수 있다. 하지만 폭력은 권력을 전혀 생산할 수 없다."[238] 대립에까지 이르는 권력과 폭력 사이의 엄청난 간극을 이만큼 명확히 통찰한 텍스트는 역사상 찾아보기 힘들 것이다. 폭력 담론의 전체 역사를 두고 보았을 때, 아렌트에서만 발견되는 가장 독특한 점이 바로 이 테제다. 여기서 우리가 눈여겨보아야 할 점은, 권력이 폭력의 대립물이 아니라 폭력이 권력의 대립물이라는 점이다. '폭력의 반(反)개념'이 비(非)폭력이나 반(反)폭력이 아니라 바로 '권력'이라는 이 독특한 테제의 이면에는 누구나 동의할 수 있는 '폭력의 부당성 폭로'보다는 누구나 동의하지 않을 수 있는 '권력의 긍정성 옹호'라는 저의가 놓여 있다.[239] 권력이 공동체 내에서 다수의 지지를 얻음으로써 그 자체로 정

237 Arendt, *On Violence*, pp. 41~42.

238 Arendt, *On Violence*, p. 56.

239 '권력' 또는 협소한 의미의 '정치 권력'을 긍정적으로 보는 아렌트의 관점에 대한 비판으로는 다음 문헌을 참조할 것. Cf. Keith Breen, "Violence and Power: A Critique of Hannah Arendt on the 'Political'", *Philosophy & Social Criticism* 33 (2007), pp. 343~372.

당성을 부여받은 자발적이고 자생적인 다수의 힘이라면, 폭력은 다수의 지지를 필요로 하지도 않고 또 얻지도 못할 뿐 아니라 미래의, 그것도 가까운 미래의 목적을 위해 행사되기에 정당성을 갖는 것이 아니라 단지 정당화되거나 합리화될 수 있을 뿐인, 도구를 필요로 하는 힘이기 때문이다. 한마디로 권력이 목적이라면 폭력은 수단인 셈이다. 이러한 구별법은 정치영역에서 정의가 목적이고 폭력이 수단이라고 주장했던 벤야민을 연상시킨다. 벤야민이 '정의 – 법 – 폭력'으로 이어지는 연계성을 염두에 두고 폭력을 비판했다면, 아렌트는 '권력 vs. 폭력'이라는 대립 구도로써 폭력의 본질을 파헤쳐나간다. 다만 두 사람이 폭력을 정치와 법 또는 권력의 목적을 달성하기 위한 수단으로 보았다는 점은 동일하다. 그렇지만 벤야민이 폭력을 강제적 공권력, 즉 국가의 권력으로 간주한 경향이 강해 폭력을 권력 또는 법과 유사한 개념으로 이해했다면, 아렌트는 권력을 공동체 자체에서 자연스럽게 발생하는, 다수의 동의 또는 지지에 기반을 둔 긍정적 힘으로서 폭력과는 구별될 뿐 아니라 오히려 상반된 개념으로 파악했다.

폭력의 부당성과 폐해를 강조하기 위한 아렌트의 또 다른 전략은 폭력의 정당성을 주장하면서 폭력을 미화하고 목적시(目的視)했던 소렐과 파농, 그리고 사르트르 등 폭력예찬론자들을 비판하는 것이었다. 아렌트가 보기에 소렐의 문제점은 폭력을 예찬했다는 데 있는 것이 아니라, 오늘날의 관점에서 폭력의 범주에 들지도 않는 총파업 이외의 그 어떠한 전략이나 방법도 프롤레타리아에게 제안하지 못했다는 사실에 있다. 사르트르(Jean-Paul Sartre) 역시 파농의 『대지의 저주받은 자들』 서문에서 소렐보다 더 폭력예찬을 밀고 나가지만, "억제할 수 없는 폭력은 [...] 자신을 재창조하는 인간이다"라고 쓰면서 폭력 문제에서 마르크스와 심각한 불일치만을 보여준다고 비판받는다.[240] 한편 파농은 민중들이 투쟁 과정에서 삶이 끝없는 경쟁이라는 것을, 폭력이 삶의 구성요소라는 것을 깨닫게 된다며 폭력 실천을 찬양하는 쪽으로 몰고 가는데, 아렌트는 그렇다면 "폭력적 행동은 아마도 생생히 살아 있는 젊은 이들의 특권이 아닌가? 따라서 삶에 대한 찬양은 폭력에 대한 찬양과 동일하지 않은가?"라고 반문한다.[241] 폭력이 결코 힘 있는 자들 또는 살아 있는 자들의 특권이 될 수 없고, 삶이 폭력과 동일시될 수 없음을 적시한 것이다. 정치의 목적으로서 자유, 인간 삶의 조건으로서 노동과 실천, 사유와 정신 등 한마디로 활동하는 삶(vita activa)과 관조하는 삶(vita contemplativa)을 강조한 정치사상가 아렌트는 결코 인간 정신과 육체를 파괴하는 폭력을 찬양하거나 예찬할 수 없다고 선언한다.

폭력을 비판한 사상가는 벤야민과 아렌트 외에도, 또 그들 이전이나 이후에도 무수히 많이 있을 수 있다. 그러나 이 두 사상가가 주목되는 이유는 그들이 홀로코스트라는 극적인 사건을 기점으로 서로 다른 관점에서 폭력을 비판하고 있기 때문이다. 결론적으로 나는 이 두 사상가의 생각의 비교가 폭력을 종합적으로 이해하는 데 큰 도움을 줄 수 있다고 생각한다.

* * *

240 Arendt, *On Violence*, p. 12.

241 Arendt, *On Violence*, p. 69.

마지막으로 폭력 비판 담론과 연장선에 있는 '비폭력 담론' 또는 '평화연구'에 대해 잠깐 언급하고 이 장을 마무리할까 한다. 사실 이 주제는 별도의 장, 아니 제대로 논의하려면 별도의 책을 써야 할 정도로 크고 복잡한 테마다. 그러나 우리의 주제가 폭력이지 비폭력은 아니기 때문에 깊이 있는 천착은 자제하도록 하겠다. 이 분야에 얼핏 떠오르는 현대의 인물로 톨스토이, 간디, 만델라 등이 있지만, 세부로 들어가면 갈퉁에 의해 정착된 갈등과 평화연구, 즉 '평화학'이라는 학문이 별도로 탄생할 정도로 그 범위는 방대하다. 여기서는 대표적인 몇 사람의 생각들을 간략히 짚어보는 것으로 만족하고자 한다.

앞서 국가와 폭력에 대한 문제에서도 언급했던 톨스토이는 현대의 비폭력주의와 평화연구의 선구자 격에 해당하는 인물이다. 그는 폭력적인 권력 기구로서 국가와 정부를 폐지하기 위해서는 폭력을 결코 폭력으로 맞서지 말고, 정부의 폭력을 없애기 위해, 국가의 폭력에 참여하지 않기 위해, 정부의 기만과 부정을 폭로하기 위해 노력해야 한다고 말한다. 그의 말들을 직접 들어보자.

> 가장 중요한 점은 현재 삶의 질서가 부당하다는 것이다. 이에 관해서는 모두가 동의한다. 부당한 조건과 현존하는 노예제의 원인은 정부가 이용하는 폭력에 있다. 정부 폭력을 없애버리는 길은 단 한 가지다. 사람들이 거기에 참여하지 않으면 된다. 따라서 정부 폭력에 참여하지 않는 일이 어려운지 쉬운지, 그러면 바라던 결과를 얻을 수 있을지 없을지 묻는 것은 쓸데없는 일이다. 왜냐하면 사람들을 노예제에서 해방시키기 위해서는 그 방법 단 하나밖에 없기

때문이다. 다른 방법은 없다.[242]

> 술 때문에 몸이 아프다는 것을 알면, 우리는 술을 더 이상 마시지 않거나, 의사가 주는 약을 먹어야 한다. 사회적 질병 또한 마찬가지다. 어떤 사람들이 다른 사람들에게 폭력을 휘두르기 때문에 사회가 병든 것임을 알면, 우리는 사회의 조건을 개선하기 위해 기존의 정부 폭력을 계속 지지하거나 새로운 종류의 혁명적 폭력이나 사회주의적 폭력을 끌어들이려 하지 않을 것이다. [...] 이와 마찬가지로 사람들을 사회의 악폐에서 해방시키는 방법은 한 가지며, 그것은 고통의 원인인 폭력을 근절하고 폭력을 가르치거나 폭력을 정당화하는 어떤 일도 금지하는 것이다.[243]

여기서 국가폭력에 참여하지 않는 개인적 차원의 행동으로 납세 거부나 병역 거부 등을 들 수 있다. 물론 논란의 여지가 없는 것은 아니지만, 가령 19세기 미국에서 멕시코와 부당한 전쟁을 벌이려는 미국 정부에 항의해 전비에 들어갈 세금 납부를 거부하고 교도소에까지 갔으나 우여곡절 끝에 '월든(Walden)'이라는 숲속에 들어가 살면서 시민 불복종 운동을 전개했던 소로(Henry David Thoreau)는 바로 이 범주에 속하는 대표적 인물이다. 어쨌든 톨스토이는 "병역을 거부한 자에게 좋은 점은 인간의 존엄성을 지킬 수 있다는 것이다."라고 주장하면서,[244] 국가의 조직적 폭력을 거부할 것을 독려한다.

톨스토이가 국가와 정부의 폭력성을 폭로하고 국가와 정부를 폐지해서 행복한 사회를 꿈꾼 이면에는 사회의 근간을 형성하는 기층 백성

242 Tolstoy, *Government is Violence [...]*, pp. 177~178.

243 Tolstoy, *Government is Violence [...]*, pp. 181~182.

244 Tolstoy, *Government is Violence [...]*, p. 46.

들, 특히 농민과 노동자의 고통에 대한 공감이 깊게 자리 잡고 있다. 농민과 소규모 농업의 중시는 톨스토이가 프루동(Pierre-Joseph Proudhon)에게서 넘겨받아 간디에게 넘겨준 것으로, 산업화와 근대화의 욕망에서 벗어난 진보의 이상이다. 톨스토이는 소농을, 인류의 미래를 열어줄 행복한 사회의 주체로 보았다. 더구나 다른 산업도 그렇겠지만 특히 농업은 협업을 원칙으로 하고 상호부조의 정신을 키워주는 분야이기에 국가 정부와 기업의 폭력성을 해결할 수 있는 실마리를 제공한다. 폭력은 그 사회의 건강성의 정도를 측정하는 척도다. 폭력이 만연한 사회는 병들었다는 증거고, 폭력이 없는 사회는 건강하다는 증거다. 톨스토이는 일찍이 동시대의 마르크스주의나 아나키즘에서 주장하는 혁명론이 근본적인 처방이 될 수 없음을 간파하고, 비폭력과 평화를 기반으로 한 사회개혁을 부르짖었다. 그리고 톨스토이는 개인 차원으로 다시 돌아와 우리 자신의 욕망을 바꿔 소유의 욕망에서 벗어나 나누며 살아야 한다고 강조했다. 이러한 욕망의 변화가 바로 국가의 힘을 약화시킬 뿐 아니라 사회를 근본적으로 바꾸는 동력이 된다는 것이다. 톨스토이는 이러한 의식과 태도의 변화야말로 "단 하나의 영구적인 혁명", "도덕적인 혁명, '영혼'의 갱생"이라고 주장했다.[245] "국가라 불리는 인위적인 연합체를 위해 삶과 자유를 희생하는 게 아니라 진정한 삶과 자유를 위해 국가라는 미신에서 [...] 해방되어야 한다. 이처럼 국가와 권력기관에 대한 태도가 변화하면 한 세상이 끝나고 다른 세상이 시작될 것이다."[246]

245 Tolstoy, *Government is Violence [...]*, p. 87.

246 Tolstoy, *Government is Violence [...]*, p. 285.

톨스토이의 사상을 넘겨받은 간디는 비폭력 무저항 운동의 상징과도 같은 인물이다. 우리는 간디의 사상과 운동과 관련해 그것이 단지 인도가 영국으로부터 독립을 이루는 데 큰 역할을 했다는 식의 단순한 탈식민화의 논리를 넘어 인간의 근본적인 정신 개혁을 기조로 20세기 비폭력 담론, 평화연구 등에 어마어마하게 큰 영향을 미쳤다는 점에 주목할 필요가 있다.

비폭력을 연구한 미국의 평화학자 네이글러(Michael N. Nagler)에 따르면, 비폭력(nonviolence)이라는 단어가 등장한 것은 채 100년도 되지 않는다.[247] 정확히는 1923년부터 쓰이기 시작했다는 것이다. 그는 원래 영어에 없던 이 단어가 "해치려는 의도"라는 뜻을 가진 산스크리트어 'himsa'에 부정 접두사 'a'가 붙어 그것의 반대말인 'ahimsa'를 그대로 옮긴 단어이지만 오해의 소지가 있다고 주장한다. 즉 'ahimsa'는 '폭력적인 상황의 반대'나 '반(反)폭력'과 같은 적극적 의미보다도 '해치려는 의도의 부재'를 뜻한다. 이 용어는 이미 기원전 200년부터 기원후 200년 사이에 기술된 인도의 고전 『바가바드 기타(*Bhagavad Gita*)』보다 더 오래된 문헌에도 나올 만큼 역사가 깊고, 그 안에 사랑, 용기, 동정심 같은 감정까지 복합적으로 담겨 있는, 매우 심오한 뜻을 담고 있는 이중 부정어다. 간디는 남아프리카 공화국에 살면서부터 이 문제에 직면했다. 간디가 그곳의 노동자들을 새로운 방식의 운동으로 이끌자, 백인들은 조세 거부 운동이나 영국 국교에 반대하는 운동, 여성 참정권 운동과 비슷한 것으로 간주했다. 외견상의 유사성으로 오해를 불러일

247 Nagler, *The Search for a Nonviolent Future [...]*, pp. 96 ff.

으키지 않을까 우려했던 간디는 실제로 이 문제에 부딪혔다. 간디의 운동을 옹호하고 변호해주기 위해 호스켄(William Hosken)이라는 백인이 유럽인 지배층에 트란스발 주의 인도인들의 요구를 알리기 위한 만남을 주선해서 유럽인들에게 이들이 힘이 없는 약자로서 소극적 저항을 하고 있다고 설명하자, 간디는 준비해온 연설문을 치워버리고, 비록 선의에서 한 말이었겠지만 호스켄의 발언을 다음과 같이 조목조목 반박했다.

> 무엇보다도 먼저 참정권 운동가들은 폭력을 피하지 않았다. 그러나 이곳 사람들은 어떤 상황에서도 결코 폭력을 쓰지 않았다. [...] 아무리 큰 고통을 겪어도 사티아그라하(Satyagraha) 운동에 참여하는 사람들은 폭력을 쓰지 않았으며, 폭력을 효과적으로 쓸 수 있는 위치에서도 그렇게 하지 않았다. 다시 한번 말하지만, 인도인들은 아무 권리도 없고 힘도 없으나 이들이 약해서 폭력을 쓰지 못했다는 이야기는 사티아그라하 운동에는 결코 해당되지 않는다.[248]

간디는 이처럼 자신의 운동에 '사티아그라하'라는 이름을 부여했다. 따라서 인용문에서 보이듯 '비폭력'이나 '소극적 저항' 등은 이 운동에 적절한 표현이 아니다. 간디가 즐겨 '영혼의 힘'이라고 불렀던 '사티아그라하'는 직역하면 '진리를 꽉 붙잡음'이라는 뜻이다. 이는 호스켄이 생각한 것처럼 '약자의 무기'가 아니라 '강자의 무기'다. 왜냐하면 그것은 사람의 숫자나 무기로부터는 나올 수 없는 일종의 영혼의 힘, 진리의 힘이기 때문이다. 간디는 사티아그라하를 다음과 같이 정의한다.

---

248 Mahatma Gandhi, *Satyagraha in South Africa* (Ahmedabad: Navajivan, 1928), p. 103.

> 사티아그라하(진리파지(眞理把持))는 물리력이 아니다. 사티아그라히(진리파지자(眞理把持者))는 적수에게 고통을 가하지 않으며 적수의 파멸을 구하지도 않는다. 사티아그라하는 소형화기를 절대로 사용하지 않는다. 사티아그라하를 사용할 때는 어떤 악의도 없다. 사티아그라하는 순수한 혼의 힘이다. 진리는 혼의 실체 바로 그것이다. 바로 그 때문에 이 힘은 사티아그라하로 불린다. 혼은 지식을 얻으며, 그 혼 속에서 사랑의 불꽃이 탄다. [...] 비폭력은 잠자는 상태이고, 그것이 깨어나면 사랑이 된다.[249]

이처럼 사티아그라하의 역할은 이성을 억누르는 것이 아니라 반대로 잠든 이성을 깨워 그것을 편견, 증오 같은 저급한 감정보다 우월한 위치에 올려놓는 것이다.[250] 태초에 인간은 폭력적이지 않았고 자연과 더불어 평화로운 상태에서 살았다. 인간이 문명을 이루고 살면서 그리고 무엇보다도 산업화와 자본주의 경제체제가 확대된 근대 시기에 오면 인간의 탐욕이 극에 달하면서 사회와 세계 전체가 폭력적인 방향으로 흘러간다. 그러나 사티아그라하는 인간 내면에 원래 잠재되어 있을 초록색, 즉 평화에 대한 욕구를 일깨워내는 것이다. 심지어 폭력적으로 변했다고 하는 오늘날에도 뉴스에서 매일 접하는 사건이나 사고, 아니면 역사에서 기록된 숱한 사건이나 사고를 제외한다면 사람들은 소소한 다툼은 있을지언정 대체로 평화롭게 살아간다. 이에 대해 간디는 누구나 공감할 수 있는 다음과 같은 멋진 말을 남긴다.

249 Mahatma Gandhi, *The Moral and Political Writings of Mahatma Gandhi: Non-Violent Resistance and Social Transformation*, ed. Raghavan N. Iyer, 3 vols. (Ahmedabad: Navajivan, 1987), 허우성 옮김, 『마하트마 간디의 도덕·정치사상 3: 비폭력 저항과 사회변혁』(파주: 나남, 2018), p. 80.

250 Pyarelal, *The Epic Fast* (Ahmedabad: Navajivan, 1932), p. 35.

오늘날 지구상에 수많은 사람이 살고 있다는 사실만 봐도 인류 사회는 무력이 아니라 진실 또는 사랑의 힘으로 지탱되고 있음을 알 수 있다 [...] 매일 수백만 가정에서 일어나는 조그마한 다툼은 폭력까지 가기 전에 사라져 버린다. 수백 개의 나라들이 평화 속에서 살고 있다. 그런데 역사는 이러한 사실을 부각시키지 않는다. 역사는 중단 없이 작용하던 사랑 또는 영혼의 힘이 가끔씩 끊어졌을 때의 기록이다. [...] 그렇다면 역사는 자연의 흐름이 차단된 사건의 기록이라고 보는 것이 옳다. 자연의 일부인 영혼의 힘은 역사책에는 나타나지 않는다.[251]

과거와 현재 인류의 삶은 크게 보아서 평화의 연속이지만, 역사서에는 폭력들만 기록되어 있다는 것이다. 그렇다면 간디의 이러한 주장은 사실일까? 사실이다. 역사는 대체로 평화적으로 흘러왔고, 특히 현대로 올수록 폭력으로 희생된 사람들의 숫자가 비율적으로 현저히 줄어들었으며, 이제야 비로소 인권 의식의 신장, 문명과 문화화 과정을 겪으며 비폭력적 시대로 들어섰다는 점을 두꺼운 책으로 발표한 핑커의 실증적 연구가 이를 입증한다.[252] 그것이 아니더라도 실제 역사에서 비폭력이 폭력에 대해 승리를 거둔 사례들은 무수히 존재한다. 가령 고려 시대에 서희가 비폭력적 수단인 대화로써 거란족의 침입을 막은 일이나, 중세 독일 신성로마제국의 프리드리히 2세가 아랍인들과 담판을 지어 성지순례 길을 확보하면서 6차 십자군을 – 비록 잠시였지만 – 승리로 이끈 일 등은 군사적 충돌 없이 일이 평화적으로 위기를 극복한

251 Mahatma Gandhi, *Hind Swaraj, or Indian Home Rule* (Ahmadabad: Navajivan, 1938), p. 70. 다음 문헌에서 재인용함. Nagler, *The Search for a Nonviolent Future [...]*, p. 112.

252 Pinker, *The Better Angels of Our Nature [...]*.

경우다.

개설적으로 익히 알려진 사례 말고 좀 특이한 사례를 하나 들어보자. 로마 통치하의 유대인들이 비폭력적 저항으로 자신들의 뜻을 관철시킨 적이 있다. 때는 바야흐로 서기 1세기, 예수가 처형되고 몇 년 뒤인 39년 칼리굴라 황제는 예루살렘 대성전 안에 제우스의 모습으로 환생한 자신의 상을 세우겠다는 어처구니없는 생각을 떠올렸다. 자신을 과시하는 행동이라면 어떤 것이든 선이라고 생각하던 칼리굴라에게 그것은 멋진 생각이었겠지만 이 계획은 대실패로 돌아갔다. 당시 시리아 총독이던 페트로니우스(Publius Petronius)는 이 정신 나간 명령을 수행하기 위해 예루살렘으로 출발했지만, 역시 같은 시각에 수많은 유대인도 신분과 성별을 가리지 않고 예루살렘으로 모여들기 시작했다. 남자, 여자, 심지어 어린아이들까지 이 끔찍한 소식을 들은 유대인 중 갈릴리 호수 서쪽에 사는 사람들은 수많은 도시, 촌락, 농촌으로부터 속속 집결하기 시작했던 것이다. 그들의 손에는 무기가 들려 있지도 않았고, 몇몇 사람들은 제국에 대한 충성의 상징을 지니고 오기도 했다. 이들은 페트로니우스에게 유대인들의 신을 모독하는 행위는 결코 용납하지 않겠다는 단호한 의지를 전달했다. 물론 페트로니우스는 군대를 동원하겠다고 위협했지만, 유대인들은 자신들의 종교에 그런 모욕이 가해지는 꼴을 보느니 차라리 죽겠다는 뜻을 분명히 밝혀 왔다.[253] 페트로니우스는 유대인에게 결코 우호적이지 않았지만 이 비무장 저항 앞에서는

253 John Dominic Crossan, *The Historical Jesus: The Life of a Mediterranean Jewish Peasant* (San Francisco: Harper Collins, 1991), pp. 130~132. 다음 문헌에서 재인용함. Nagler, *The Search for a Nonviolent Future [...]*, pp. 114~116.

어찌할 바를 몰랐다. 유대인들을 설득하는 데 실패한 총독은 그렇다고 이들을 대량학살하기도 싫었다. 페트로니우스는 결국 한 걸음 물러나서 로마에 편지를 보내 황제의 우둔한 계획이 실패로 돌아간 것에 대해 변명했다. 칼리굴라는 폭군답게 페트로니우스를 즉시 처형하라는 명령을 내렸다. 그러나 운명의 시계는 거꾸로 돌려졌다. 칼리굴라는 암살되었고 페트로니우스는 목숨을 건졌으며, 유대교도 대박해를 면했다.

사람들은 흔히 폭력적 저항도 맥을 못 추었던 나치 시대에 비폭력 저항이 성공한 사례가 있었을 것이라고는 상상조차 하지 못한다. 그러나 실제로 그런 사례가 있었다. 1943년 2월 말경 어느 흐린 주말, 베를린 경찰과 게슈타포는 아직 자유로운 몸이었던 상당수의 유대인(대부분 남자)을 체포했다. 이들이 그때까지 끌려가지 않았던 이유는 유대인이 아닌 여인과 결혼한 이른바 '아리안족의 남편'이었기 때문이다. 쉽게 상상할 수 있는 일이지만 이 기습적인 체포 과정에서 사람들은 별로 저항하지 않았다. 체포된 사람들은 별 소란을 일으키지 않고 게슈타포 본부가 있는 건물에서 몇 블록 떨어진 로젠슈트라세 거리에 최근 수용소로 개조된 곳으로 실려 갔다. 그로부터 바로 2주 전에 뮌헨에서는 학생들이 주도한 '백장미' 계획이 누군가의 밀고로 알려졌고, 여기 참여한 젊은이들은 거의 모두 사형에 처해졌다. 그러나 베를린에는 '유대인 라디오'라고 불리던 유대인들의 비공식적 전화 네트워크가 아직도 남아 있었다. 이 연락망을 통해 몇 시간도 되지 않아 체포된 사람들의 아내들, 그리고 몇몇 사람들의 경우에는 어머니들이 체포 사실을 알게 되었다. 그러자 나치 지배 기간 중 어느 곳에서도 일어날 수 없었던 일이 일어났다. 다음 날 아침 베를린 전역에서 마치 어떤 부름에 응답하듯, 미리 약속이라도 한 듯 아내들과 어머니들은 로젠슈트라세의 수용소로 몰려와 가족을 내놓으라고 요구하기 시작했다. 하루 종일 그들은 해산하라는 명령을 거부했다. 이들의 숫자가 6천 명이 넘어가자 수용소 안에 있던 사람들도 용기를 내서 창살로 막힌 창문을 두드리며 석방을 요구했다. 당국으로서는 매우 당혹스러운 상황이었다. 앞에서 말한 것처럼 게슈타포 본부는 몇 블록 떨어진 곳에 있었다. 세상이 오직 협박만 존재했다면 기관총 한두 자루쯤으로 말썽꾼들을 싹 쓸어버릴 수 있었을 것이다. 시위로 인해 나치 당국은 해결할 수 없는 딜레마에 빠졌고, 그로부터 며칠 뒤 시위하는 여인들이 아닌 게슈타포가 굴복했다. 일요일이 되자 남자들이 풀려났다. 일부는 강제수용소로 옮겨진 다음이었다. 나치는 이들에게 강제수용소에서 본 것을 아무에게도 말하지 말라고 다짐한 뒤 서둘러 기차에 태워 베를린으로 보냈다. 최근까지 사람들은 '아리안족과 관계가 있는' 남자들이 나중에 두세 명씩 다시 체포되었을 것이고, 아무도 이들을 구해 주지 못했을 것이라고 생각했다. 따라서 여성들의 시위는 극적인 효과는 거두었지만 지속적인 성공은 거두지 못했을 것이라고 생각했다. 그러나 1996년『마음의 저항』이라는 안성맞춤의 제목이 붙은 세부 연구 결과가 발표되었는데, 여기에 보면 베를린뿐만 아니라 파리, 기타 여러 유럽 도시에서 현지 게슈타포 본부가 베를린 총본부의 지시를 초조하게 기다리면서 이들 '아리안 관계자'들을 어떻게 다루었는지가 나와 있다. 이 책은 나치 논리의 광기에 대해 놀랍도록 상세히 파헤치고 있으며, 폭력의 모순도 낱낱이 지적하고 있다. 예를 들어 히틀러 자신도 어떤 결정을 내리는 것을 거부했다는 것이다. 가장 놀라운 일은 로젠슈트라세 수용소에서 죽음의 문턱까지 끌

려갔다가 아내나 어머니에 의해 구출된 사람들은 대부분 전쟁이 끝날 때까지 살아남았다는 것이다.[254]

이처럼 비폭력이 승리한 역사들을 접하다 보면, 톨스토이나 간디, 네이글러의 생각처럼 비폭력이 폭력보다 궁극적으로 더 강한 힘을 발휘한다는 사실에 동의하지 않을 수 없게 된다. 더불어 역시 이들 비폭력과 평화 연구자들의 생각처럼 이 세상은 폭력의 광기라는 메커니즘보다는 비폭력의 에너지로 작동해나간다는 점을 부정할 수 없게 된다. 이는 결국 역사가 폭력의 연쇄였다는 이 책의 첫 문장에 강한 의문을 제기하도록 만든다. 과연 무엇이 진실일까?

254 Nagler, *The Search for a Nonviolent Future [...]*, pp. 178~182.

제10장
결론: 역사적 폭력 이론

제10장

결론: 역사적 폭력 이론

이제 지금까지 논의한 내용을 토대로 역사적 폭력을 이론화시키는 작업만이 남게 되었다. 폭력 개념을 요약하고, 역사에서의 다양한 폭력행위들을 유형화하며, 역사와 폭력과의 관계를 이론적으로 정립하는 작업의 필연성은 역사가 사실들의 나열로 끝나는 것이 아니라, E. H. 카의 주장처럼 언제나 그 사실들에 대해 해석을 가하는, 그리고 그 해석이 매우 중시되는 학문이라는 사실로부터 도출된다. 논리적으로 약간 비약하자면, 폭력이 무엇인지를 알면, 삶이 무엇인지가 보이고, 삶이 통찰되면 역사가 무엇인지 인식되며, 역사가 인식되면 인간이란 무엇인지 파악되고, 인간의 본질이 파악되면 우리가 어떤 삶을 살아야 하는지 더욱더 명확해질 것이다.

지금까지 이 책에서 살펴본 역사상의 폭력들을, 이들이 우리의 일상생활 속에서 자주 접하는 가정폭력, 학교폭력, 성폭력, 언어폭력, 감정폭력 등과 구별된다는 점에서 편의상 '역사폭력'이라고 명명해 보자. '역사폭력'은 역사 자체가 폭력적이라기보다 역사가들이 역사적 사실로 인정하는 수많은 사건과 현상 중에서 특별히 폭력적인 것들이 많다는 의미로 이해할 필요가 있다. 이 책에서 살펴본 것처럼 역사폭력은 무척이나 다양하고 복잡하다. 그렇다면 역사폭력은 어떻게 분류되고, 그 각각의 종류들은 어떠한 특징들 또는 속성들을 갖는지 종합적으로 정리해보자.

먼저 정치외교적 역사폭력에는 국가, 전쟁, 혁명이, 사회경제적 역사폭력에는 계급과 신분 간의 권력과 재산의 불평등한 분배 체계에서 기인하는 구조적 폭력이, 문화예술적 역사폭력에는 언어, 예술 등 상징기호들에 가하는 크고 작은 상징적 폭력이, 종교이념적 역사폭력은 종교와 사상의 영역에서 출발해 결국 정치영역으로까지 확대되어 자행된 폭력이 각각 핵심을 이룬다. 이들 각 영역에서 발생한 폭력들은 또 각각의 조건과 환경에서 상이한 특징과 속성들을 보여주고 있기 때문에, 이들을 하나로 묶어주는 상위의 대(大)개념은 따로 없고, 있다면 그것은 다시 '역사폭력'으로 환원된다는 사실에 주목하자. 한마디로 역사폭력이란 역사적 사실 중에서 발견되는 폭력, 역사적 사료나 기록, 더 나아가 역사서술에서 등장하는 폭력으로 정의된다.

그렇다면 이 역사폭력들을 모두 아우르는 특징과 속성들은 과연 있을까? 있다면 그것들은 어떻게 이론적으로 정립될 수 있을까? 약간의 일반화의 오류를 감안하고 정리해보면 다음과 같다.

1. 역사폭력의 복합성

하나의 역사폭력은 삶의 여러 영역에 걸쳐서 복합적으로 나타난다. 복잡다단한 인간의 삶 자체가 그러하듯이, 삶의 여러 영역에서 발생하는 폭력은 특정 영역 한 곳에만 한정되어 나타나지 않는다. 예컨대, 종교나 사상 또는 이념에 의한 폭력은 단순히 하나의 특정 종교나 사상 또는 이념만을 표방하면서 자행되는 경우가 매우 드물다. 폭력이 행사되고 작동되는 메커니즘은 언제나 정치, 사회, 경제, 심지어 문화와의 긴밀한 연결고리 속에서 이루어지기에 우리가 역사상 폭력사건을 유형화시킬 때 언제나 난관에 봉착하게 되는 것은 바로 그 사건을 어디에 범주화시켜야 할지 쉽게 판단이 서지 않을 때가 많다는 점이다. 많은 폭력사건은 삶의 여러 영역에 걸쳐 중복 또는 중첩되거나 복합적인 양상을 띠고 전개되기 때문이다. 가령 공화주의와 전체주의(파시즘)의 대립 사례로서 1936년의 에스파냐 내전을 예로 들어보자. 내전이라는 현상만 보면 이 사건은 분명 정치외교적 폭력에 해당한다. 그러나 문제는 그 배후에 이념과 사상의 대립과 갈등이 사건 발생의 큰, 아니 어쩌면 결정적인 영향을 끼쳤다는 데 있고, 따라서 이것을 사상이나 이념에서의 폭력으로 분류했을 때 크게 문제가 될 것 같지는 않다. 그렇게 말하면 공산주의와 자본주의의 대결 양상을 보인 한국전쟁이나 베트남전쟁 등도 정치적 폭력과 사상적 폭력이 중첩되는 모습을 보이기는 마찬가지다. 다른 범주의 예를 들면, 가령 노예무역은 유럽인들이 경제적 이득을 노리고 벌인 만큼 외견상 사회경제적 폭력으로 볼 여지도 있지만, 그것의 출발점을 이루는 저변에는 아프리카인들에 대한 유럽인들의 인종적 멸시와 폄훼가 깔려 있었다는 점에서 이 책에서는 인종주의라는 종교이념적 폭력으로 다루었다. 결국 대부분의 역사폭력 사건이나 현상은 다양한 원인과 요소들이 중첩되거나 결합되어 나타나기에 그것을 하나의 유형으로 범주화하기가 곤란할 때가 많다. 바로 이러한 복잡한 문제 때문에 이 책에서 시도한 폭력의 유형화와 범주화에 적잖이 거부반응을 보이거나 비판적 시선을 보낼 사람들이 있을 수 있다고 생각한다. 그러나 그렇다 하더라도 학문이 어차피 연구대상들을 개념화하고 범주화하는 작업인 이상 그러한 시도 자체가 결코 무의미한 것은 아닐 뿐 아니라, 하나의 역사폭력 사건을 특정 범주에서 다룬다고 해서 그것이 그 범주를 상징하거나 대변하는 사건 또는 그 범주에만 통용되는 사건으로 간주하지 않는 이상, 문제가 될 것은 없어 보인다. 더구나 나는 그러한 시도 자체가 해당 역사폭력 사건뿐 아니라 역사폭력 전체를 유형적으로, 체계적으로, 그리고 종합적으로 이해하는 데도 큰 도움이 될 수 있다고 확신한다.

2. 역사폭력의 편재성(遍在性)

역사폭력은 인간 삶의 전 영역에 걸쳐서, 모든 분야에서 나타난다. 이것은 앞서 살펴본 '폭력의 복합성'과 다른 관점에서 폭력이 광범위하고 포괄적이라는 점을 지적한 것이다. 이미 이 책 본문에서 충분히 살펴보았듯이, 국가, 정치, 외교, 군사 영역을 출발해서, 계급과 신분, 제도 또는 규범, 생산과 소비, 재산과 소득의 분배 문제와 같은 사회와 경제 영역, 언어, 학문, 언론, 출판, 미술, 건축 등을 포함하는 문화와 예술의 전 영역을 거쳐, 그리고 어쩌면 가장 빈번하고 가장 끔찍하게 나타나는 종교와 이념, 사상의 영역에 이르기까지 폭력은 시간과 장소를 가리지 않고 등장한다. 이처럼 우리 인간들의 삶 구석구석에 폭력의 손길이 미치지 않는 곳이 없다. 이러한 폭력의 편재성은, 특히 그것으로부터 도저히 벗어날 가망성이 전혀 보이지 않을 때 우리에게 좌절과 절망, 체념을 안겨주기도 하지만, 바로 그렇기 때문에 우리에게 매 순간 상황이 폭력적으로 변하지 않을까 하고 경계심과 경각심을 갖도록 해주는 긍정적 기능도 갖는다. 즉 그 안에는 역기능과 순기능이 다 들어 있다. 폭력의 편재성 테제만 놓고 보면, 우리 인간의 본성 안에 폭력성이 잠재되어 있음은 분명해 보인다. 물론 그 매개가 되는 것이 바로 분노와 화(火) 정도가 되겠지만 말이다. 분노가 폭발하면 폭력이 되고, 잠재워지면 평화가 유지된다. 이렇게 보면 인간 삶의 영역 도처에 쉽사리 폭력적으로 변할 수 있는 환경이 조성되어 있다기보다는 그 조건과 환경에 처한 인간의 심리적 상태가 불안정해지고 분노로 전이되었을 때, 그리고 그것이 실제 행동과 실천으로 옮겨졌을 때, 폭력은 발생한다. 쉽게 말해 폭력 발생의 주요 원인은 환경 자체가 아니라 그 환경을 잘 다스리지 못한 인간의 감정과 심리에 있다고 할 수 있다.

3. 역사폭력의 정치성

이처럼 하나의 역사폭력이 여러 영역에 걸쳐 있거나, 여러 영역에 걸쳐 역사폭력이 발생한다는 점이 사실이라 하더라고, 모든 역사폭력은 언제나 궁극적으로 '권력', 즉 '정치'와 연결되어 있다. 모든 종류의 폭력에는 예외 없이 권력 관계, 정치적인 역학관계가 들어가 있다. 그 점에서 모든 폭력은 '정치적'이다. 이 점은 굳이 역사폭력만을 문제로 삼지 않더라도, 지금 이 순간에도 세계 도처에서 벌어지고 있는 수많은 다양한 폭력적 사건과 현상들을 접하다 보면 곧바로 알 수 있다. 이 세상 대부분의 악은 정치라는 이름을 걸고 자행된다. 아무리 종교를 내걸고 행해지는 폭력이라 하더라도 그것이 기독교의 십자군이나 이슬람의 지하드(Jihad)에서처럼 일단 폭력으로 전화되는 순간 정치가 되고 만다. 신분상의 차이와 경제적 불평등을 법제화한 자본주의 사회가 그렇고, 황제나 교황 같은 최고의 권력자가 결정하는 성상파괴의 허용과 금지 여부가 그러하며, 노예제도와 식민주의, 제국주의와 전체주의, 나아가 홀로코스트로까지 비화한 인종주의 같은 이념들이 그러했다. 막판에 정치가 개입되지 않은 각 영역의 역사폭력은 거의 없었다. 물론 정치 자체가 악한 것이 아니라, 정치라는 이름을 걸고 행해지는 일들이 악했던 것이었다 할지라도 말이다. 동양에서 '政治'는 애초에 말 그대로 잘못된 것을 바로잡아 다스리는 것이고, 서양에서 'politics'는 그 출발부터 도시국가(polis)라는 공동체 안에서 인간들이 합리적이고 선한 삶을 영위할 수 있도록 도와주는 모든 행위를 일컫는다. 정치의 본질은 동양이나 서양에서 본래 선함, 올바름, 정의 등에 있지만, 그것들을 실현해 나가는 과정에서 권력이라는 악마적 본성의 힘을 장악하고 행사하려는 사람들에 의해 도구화되면서 끔찍한 폭력이 자행되는 역설이 나타난다. 그 점에서 정치는 이념상(idealistisch) 선이지만, 현실상(praktisch) 악이다. 그래서 19세기에 독일어권의 많은 지식인들은 "권력은 그 자체로 악이다(Die Macht ist an sich böse)!"라고 일갈했다.[255] 바로 그 선과 악의 투쟁 속에서 정치는 일반적으로 자기모순을 안고 자기파멸의 길로 들어간다. 따라서 가장 훌륭한 정치란, 고대 중국의 '요순시대'에 그랬던 것처럼, 정치를 한다는 사실을 느끼지 못하도록 행해지는 정치를 말한다. 결국 역사폭력은 사회경제적인 것이건, 문화예술적인 것이건, 종교이념적인 것이건, 그 어떤 종류가 되었건 최후의 심급에서는 언제나 정치영역으로 수렴된다.

4. 역사폭력의 폭발성

역사폭력은 많은 경우 그 안에 무시무시한 힘이 숨어 있기 때문에 한 번 발생하면 그 자체의 에너지가 십분 발휘되어 폭발적인 힘을 발산할 때가 많다. 전쟁, 혁명, 계급 갈등과 투쟁, 분서갱유, 성상파괴, 종교전쟁, 종교재판, 종교박해, 마녀사냥, 인종주의, 식민주의, 노예제도, 제국주의, 전체주의, 홀로코스트, 제노사이드 등 수많은 역사폭력 사건들은 한번 발동하면 멈추지 않고 자체 동력으로 작동하고 확산된 경우가 많았다. 한 번 시작된 역사폭력 사건들이 왜 이처럼 폭발적 힘을 발휘하게 되었는지에 대한 이유는 좀 더 많은 분석이 필요하겠지만,

255 Burckhardt, *Über das Studium der Geschichte*, pp. 260, 302, 328. 이 중 302쪽에는 다음과 같이 쓰여 있다. "권력은 그 자체로 악이다. 누가 행사하든 똑같다. 권력은 결코 인내하는 법이 없다. 그것은 탐욕이고, 그 자체로 결코 충족되지 않는다. 그 때문에 불행하고 남을 불행하게 만들 수밖에 없다."

이 책을 쓰고 알게 된 짧은 식견으로 보자면, 가장 큰 이유가 아마도 대중들에게 먹혀들었거나, 아니면 먹혀들게 하려고 대중을 동원할 정도로 커다란 권력이 작동했기 때문일 것이다. 즉 다수를 움직이게 하지 않으면 이러한 커다란 사건들은 폭발력을 발휘할 수가 없다. 가령 가장 큰 역사폭력 사건 유형으로 '전쟁'을 예로 들어보자. 대중을 동원하지 않으면 전쟁 수행은 불가능하다. 대중들이 자발적으로 호응했건, 아니면 그 자체가 다시 폭력인 호응을 유도하기 위해 강제력을 발휘했건, 대중들이 따라주지 않으면 그만큼의 큰 힘은 발산되지 않는다. '혁명'도 마찬가지다. 혁명이 수행되고 성공하는 데 필요한 가장 중요한 요건 중의 하나는 대중의 참여다. 그들의 자발적 참여 없이는 혁명은 성공을 거둘 수가 없다. 다른 역사폭력 사건들도 대부분 이런 식으로 대중의 자발적 또는 강제적 호응과 동원을 기초로 이루어졌다. 특히 대중의 자발적이 아닌, 강제적 참여와 동원의 경우, 그들에게 효과를 발휘하도록 하려고 사용되는 사회 불안과 공포의 조성 및 유발은 그 자체가 또한 폭력으로서, 굳이 표현하자면 '폭력을 위한 폭력'이라고 할 수 있다. 예컨대 프랑스혁명 당시 자코뱅파와 로베스피에르가 펼친 공포정치, 폭력과 테러를 일삼으면서 수행한 전체주의 하의 감시와 통제 및 대중동원 등이 바로 그런 사례들에 속한다. 따라서 '폭력의 폭발성'이라는 이 특성은 폭력이 자신을 수단이자 목적으로 만들어버린다는 '폭력의 자기목적성' 또는 하나의 폭력이 대체로 또 다른 폭력을 유발한다는 점에서 '폭력의 자기증식성'으로 이해되어도 무방하다.

5. 역사폭력의 비인권성

폭력 그 자체는 악마나 신, 가해자나 피해자, 그 누구의 편도 아니다. 폭력 그 자체는 중립적 얼굴을 갖고 있다. 문제는 그 폭력이 누구에 의해서 어떻게 사용되었느냐다. 그럼에도 분명한 것은 그것이 어떤 종류가 되었든 역사폭력은 언제나 인간에게 해를 끼친다는 사실이다. 그것은 반드시 인권을 해치고 인간성을 파괴하는 방향으로 흘러간다. 그리고 역사폭력은 결코 자연재해와 같은 천재지변이 아니라 언제나 인재(人災)라는 점을 아는 것이 중요하다. 역사폭력을 행사하는 주체나 대상은 대부분 인간이다. 일부 예외가 있는데, 가령 언어사용의 금지, 창씨개명, 분서, 금서, 성상파괴 등 문화예술적 요소와 수단 또는 작품들을 향한 문화예술적 역사폭력이 그런 경우다. 그러나 이런 경우라 하더라도 대상이 문화 요소와 작품들이기에 비록 인간을 신체적으로 파괴하는 것은 아닐지라도 궁극적으로 인간 정신을 파괴하거나 파괴하는 효과를 발휘한다는 점에서, 이 또한 인간 파괴 행위에 속한다고 할 수 있다. 결국 역사폭력은 예외 없이 주체와 대상이 인간이라는 점에서 '인간적'이고, 또 인간에 의해 자행되고 인간 파괴를 목표로 한다는 점에서 '비인간성'을 지향한다. 특히 역사폭력의 '비인간성'은 아무리 일부 사상가들이 폭력을 예찬하고 미화하고, 그 안에 담긴 긍정적인 에너지와 힘, 특성들을 나름대로 설득력 있게 설파했다고 해서 없어지거나 약화되지 않는다. 가령 소렐이 부르주아지에 대항하는 효과적인 폭력 수단으로 총파업을 권장했을 때, 그 총파업이 부르주아지, 즉 기업가나 권력자들만이 아니라 궁극적으로는 일반 민중, 노동자들에게까지 파괴적인 영향을 미칠 수 있다는 점에서, 그리고 파농이 식민지인들에게 자신감을 심어 주고 탈식민화를 재촉할 수 있다는 점을 근거로 예찬했던 폭력이 결국 전쟁으로 비화하면서 식민 통치자들, 유럽 이주민들만이 아니라 나중에는 원주민, 식민지인들에게까지도 신체적, 정신적 피해를 주었다는 점에서, 결국 모든 역사폭력의 결과는 비인간적이고 비인권적인 거대한 괴물의 모습으로 수렴된다.

6. 역사폭력의 비효율성

효과와 효능 면에서 폭력은 외관상 또는 일시적으로 비폭력보다 우세해 보이지만, 궁극적으로는 결코 비폭력에 대해 승리를 거둘 수가 없고, 종착점에서는 비폭력에 굴복하고 만다. 인간을 파괴해왔던, 가령 종교재판이나 마녀사냥, 노예제도와 같은 역사폭력이 오늘날까지 유지되고 있는 경우가 있는가. 역사상 존재했던 수많은 폭력사건은 결국 모두 사라졌거나 사라져가고 있다. 물론 오늘날에도 변형된 형태로 나타나기도 하는 이러한 역사폭력은 어쨌든 과거에 실제로 발생했던 바로 그대로의 폭력은 더 이상 존재하지 않고 사라졌다는 점에서, 폭력은 언제나 그 궁극적 모습을 알 수 없는 방향으로 진화를 거듭해왔고 거듭해갈 것이지만, 최종 심급에서는 다시 비폭력에 무릎을 꿇고 말 것이다. 그러나 폭력의 이러한 단기간의 효율성, 효과 때문에 많은 권력자가 그동안 폭력을 즐겨 사용해왔던 것 또한 사실이다. 폭력의 일시적, 단기적 효과는 우리가 역사폭력의 피해자라고 가정하고 그 상황을 감정이

입시켜보면 그대로 드러난다. 목전에 닥친 무방비 상태의 거대한 폭력 앞에 예비 피해자가 취할 수 있는 행동은 (1) 무의미한 저항을 시도하거나, (2) 스스로를 해치거나, (3) 아니면 아무런 저항도 하지 않는 것, 이 세 가지밖에 없다. 첫째는 발악이고, 둘째는 자해이며, 셋째는 포기다. 그 어느 것 하나 피해자가 피해를 당하지 않을 방법, 위기에서 벗어날 방법, 자신을 지켜낼 방법이 없다는 점에서 결과는 동일하다. 하지만 과정에는 커다란 차이가 있다. 첫째 방법은 상대를 향한 분노와 생존 의지를 반영한 적극적 저항이라는 점에서 장렬함이 느껴지고(장렬한 최후), 둘째 방법은 상대로부터 자신을 지켜내는 최후의 방법으로써 자신의 존엄과 실존을 스스로 결정하겠다는 자유의지의 발로로서 차선의 적극적인 저항이라는 점에서 비장감이 느껴지지만(비장한 최후), 마지막 방법은 이도 저도 아닌 자포자기, 즉 상대에게 모든 것을 내맡겨버리는 가장 소극적인 저항이라는 점에서 애절함이 느껴진다(불쌍한 최후). 역사적 경험에 비추어보았을 때, 대부분의 인간은 무방비 상태에서 폭력을 당했을 경우 그 무기력함에 강한 거부감을 표하면서도 대체로 이 마지막 방법을 취한다. 예나 지금이나 똑같다. 600만 유대인들이 나치의 절멸 시도 앞에 취했던 저항방법도 크게 보아 바로 이 세 번째 방법이었다. 그러나 영원할 것 같았던 나치의 잔혹함도 독일의 패전과 함께 자연 소멸하고 말았다. 심지어 뉘른베르크를 포함한 그밖의 지역에서의 다양한 전범재판으로 수많은 전범자가 형장의 이슬로 사라져갔다. 궁극적인 정의의 승리, 즉 사필귀정은 폭력의 궁극적 패배와 비효율성을 상징적으로 웅변한다.

7. 역사폭력의 영속성

그럼에도 불구하고 폭력은 인류 문명의 탄생부터, 아니 종으로서의 인류의 탄생과 더불어 지금까지 역사상 끊이지 않고 지속되어 왔고 앞으로도 계속될 것으로 보인다. 적어도 인간의 삶이 지속되는 한 말이다. 그 점이 역사폭력의 중요한 한 특징이자 한 부분을 차지한다. 아무리 현대로 올수록 폭력이 줄어들어 왔다고는 하지만, 완전히 사라지지도 않았고, 그런 조짐 또한 전혀 보이지 않는다. 오히려 조건과 환경만 주어진다면 인간은 언제 어디서든 폭력적일 수 있다. 앞서 지적했던 것처럼 환경이 달라지면서 매번 폭력은 사라지지 않고 오히려 진화해왔다고 표현하는 것이 더 옳을지 모른다. 이것이 '폭력의 진화성'이라는 특성으로 일반화될 수 있을지는 나도 모르겠다. 하지만 분명한 사실은, 폭력이 향후 감소할 가능성이 크다는 것을 인정하는 것과 폭력이 완전히 사라질 것이라고 예단하는 것은 전혀 별개의 문제라는 점이다. 전자는 합리적인 추론이지만 후자는 억측이기 때문에, 그 둘 사이에는 하늘과 땅 만큼의 어마어마한 간극이 있다. 여전히 우리나라와 세계 도처에서 폭력사건이 끊임없이 보도되고 있는 것만 봐도 그 점은 쉽게 입증된다. 폭력이 멈추거나 사라지는 것은 인간의 삶이 멈추거나 사라지는 순간일 것이다. 그 점에서 역사폭력 또한 역사가 멈추지 않는 한 지속될 것이다.

* * *

이제 정말로 마지막 성찰로써 글을 마무리하고자 한다. 그렇다면 애초에 폭력을 근절시키지는 못하더라도 폭력의 빈도수나 강도를 줄이는 방법은 없을까? 그래서 점차 폭력이 완전히 사라지도록 유도하는 방법은 없을까? 물론 이러한 문제를 제기하고 이에 대한 해답을 찾는 것은 이 책의 주제에서 벗어난다. 즉 비폭력이나 폭력 예방, 갈등과 평화연구 또는 평화학 등은 여기서 다루어질 내용이 아니다. 그러나 책이 결론부에 이른 지금, 이에 대해 잠깐 언급하고 마무리하는 것도 나쁘지 않을 것 같다는 생각이 든다. 갈퉁을 위시한 평화 연구자들도 많은 연구성과를 내왔지만, 그 담론들보다는 다시 핑커의 주장을 들여다보자. 핑커는 자신의 책 결론부에서 폭력이 감소한 원인과 향후 폭력이 지속적으로 감소하도록 만들 수 있는 아홉 가지 요인들을 제시한다. (1) 무기와 군비의 축소, (2) 자원과 힘, (3) 부유함, (4) 종교, (5) 리바이어던, (6) 온화한 상업, (7) 여성화, (8) 확장하는 공감의 범위, (9) 이성의 에스컬레이터 등이다.[256] 모두 다 공감할 수 있는 요인들은 아니지만 나름 타당하고 설득력이 있어 보이는 것 또한 사실이다.

한편 프랑스 신학자 자크 엘륄은 『폭력에 맞서』라는 저서에서 폭력 대(對) 대항폭력, 안정과 평화를 가져오는 폭력 대(對) 혼란과 고통만 수반하는 폭력, 정의로운 폭력 대(對) 부당한 폭력 등등 수많은 이항대립적 폭력이 있을 때, 어떤 폭력이 더 나은지, 정당화될 수 있는지, 수용 가능한지 등등을 묻는 것보다 더 중요하고 우선시해야 할 가치는 그리스도인으로서 그 어떤 종류의 폭력이라 할지라도 폭력 자체를 거부하

---

256 Pinker, *The Better Angels of Our Nature [...]*, pp. 1142~1169.

는 것이라고 설파한다. 왜냐하면 정의로운 "폭력조차도 '필연성의 질서'에 머무르는 것이며 그러한 전제에 따르는 것의 결과는 자유로운 기독교적 삶과는 모순된 것"이기 때문이다. 그리고 하나의 정의로운 폭력이 불의에 맞서 싸워 승리를 쟁취했을 경우 그 폭력이 또 하나의 권력질서를 수립하게 되면 그것은 역사상 단지 또 "하나의 불의를 더하는" 꼴밖에 되지 않는다.[257] 공산혁명을 통해 창출된 수많은 공산주의 정권을 떠올려 보면 이 주장의 타당성은 금세 수긍된다.

핑커나 엘륄의 주장과 담론에 대한 타당성 여부는 논외로 하자. 분명한 것은, 인간에게는 폭력의 본능 못지않게 평화와 안정을 추구하는 평온에의 욕구도 있다는 점이다. 아니 어쩌면 평화에의 욕구가 폭력에의 욕구보다 더 클지도 모른다. 폭력을 줄이거나 없애는 가장 좋은 방법은, 적어도 현재의 조사 수준에서 말하자면, 자기와 타자를 구별하는 것을 넘어서 타자를 차별하는 일을 금지하는 것이다. 그러기 위해서는 자기가 자신을 인정하듯이 타자를 인정하는 것이 중요하다. 즉 정통이나 이단을 구별하는 것 자체를 없애는 것이 가장 좋은 방법이지만, 굳이 정통과 이단을 구분해야 한다면, 정통이 이단이 되거나 이단이 정통이 되는 사회보다는 이단이 이단으로서 인정되고 포용되는, 그리고 더 나아가 궁극적으로는 정통과 이단의 구분이 완전히 사라지는 사회가 건전하지 않겠는가. 이단과 정통이라는 용어와 개념 자체가 사라지고 무의미해지는 사회 말이다. 정통과 이단 사이, 정상과 비정상 사이, 도덕과 비도덕 사이, 선과 악 사이, 미와 추 사이, 보수와 진보 사이, 일

257 Jaques Ellul, *Contre les violents* (Paris: Éditions de la Table Ronde, 1972), 이창헌 옮김, 『폭력에 맞서』(대전: 대장간, 2012), pp. 166~167.

상과 비상사태 사이, 정돈과 카오스 사이, 자아와 타자 사이 등등. 이 모든 사이의 구별이 구별을 넘어 '차별'이 되고 '억압'이 되어 '폭력'으로 나타날 수 있기에, 그러한 구별 자체가 무의미해지고 나중에는 아예 사라지는 날, 인간 문명에는 진정한 평화가 도래할 수 있지 않을까? 삶이란 서로 다른 배경과 환경 속에서 태어나 서로 다른 모습과 성격을 갖고서 서로 다른 생활양식과 목표를 추구하며 살아가는 사람들의 생리적, 정서적, 지성적, 영성적 사고와 행위의 장(場)이다. 따라서 그 모든 사람이 살아가는 모습이 다를 수밖에 없고, 적어도 자신에게 피해를 주지 않는 한, 그 다름을 인정해주는 것이야말로 모든 갈등과 폭력을 없애고 건전한 사회를 가꾸어나가는 지름길이다. 세계평화의 화두는 수용이자 인정(認定)이다.

참고문헌

1. 서양문헌

Adler, L. L. & Denmark, F. L. eds., *Violence and the Prevention of Violence*, Westport, Ct: Praeger, 1995.

Adorno, Th. W., "Cultural Criticism and Society", Neil Levi & Michael Rothberg, eds., *The Holocaust: Theoretical Readings*, New Brunswick: Rutgers University Press, 2003.

Agamben, G., *Homo sacer*, Stanford: Stanford University Press, 1998.

Allen, D., ed., *Comparative Philosophy and Religion in Times of Terror*, Lanham, MD: Lexington Books, 2006.

Alvarez, A., Governments, *Citizens, and Genocide: A Comparative and Interdisciplinary Approach*, Bloomington: Indiana University Press, 2001.

Applebaum, A., *Gulag: A History*, London: Allen Lane, 2003.

Appleby, R. S., *The Ambivalence of the Sacred*, Lanham, MD: Rowman & Littlefield Publishers, 2000.

Apter, D. E., ed., *The Legitimization of Violence*, New York: Washington, 1996.

Arendt, H., *On Violence*, New York: Harcourt, Brace & World, 1969, 1970.

______, *The Origins of Totalitarianism*, revised ed. New York: Houghton Mifflin Harcourt, 1973.

______, *Über die Revolution*, München: Piper, 1963.

______, *On Revolution*, New York: Viking Press, 1963.

Aristoteles, *Politics*, trans. H. Rackham, London: William Heinemann Ltd.; Cambridge: Harvard University Press, 1959, 1st ed. 1932.

______, *Metaphysik*, trans. Hans Günter Zekl, Würzburg: Königshausen & Neumann, 2003.

Art. "Revolution, Rebellion, Aufruhr, Bürgerkrieg", O. Brunner, et al., eds., *Geschichtliche Grundbegriffe*, Stuttgart: Klett-Cotta, 1984, vol. 5, pp. 653~788.

Avalos, H., *Fighting Words: The Origins of Religious Violence*, Amherst, NY: Prometheus Books, 2005.

Balibar, É., "'Gewalt': Violence et pouvoir dans l'histoire de la théorie marxiste", in: Wolfgang Fritz Haug, ed., *Historisch-Kritisches Wörterbuch des Marxismus*, Hamburg: Argument Verlag, 2001, vol. 5.

Barth, H., "Revolution und Tradition", *Saeculum* 14 (1963), pp. 1~10.

Bataille, G., *Théorie de la religion*, Paris: Gallimard, 1948.

Bauer, Y., *Rethinking the Holocaust*, New Haven: Yale University Press, 2002.

Bauman, Z., *Tod, Unsterblichkeit und andere Lebensstrategien*, Frankfurt a. M.: Fischer Taschenbuch-Verlag, 1994.

_____, *Modernity and the Holocaust*, Cambridge, UK: Polity Press, 1989.

Baumeister, R. F., *Evil: Inside Human Violence and Cruelty*, New York: Macmillan, 1999.

Begin, M., *The Revolt: Story of the Irgun*, New York: Nash, 1977.

Behringer, W., *Witchcraft Persecutions in Bavaria: Popular Magic, Religious Zealotry, and Reason of State in Early Modern Europe*, Cambridge: Cambridge University Press, 1997.

Bender, K.-H., *Revolutionen: Die Entstehung des politischen Revolutionsbegriffes in Frankreich zwischen Mittelalter und Aufklärung*, München: Wilhelm Fink Verlag, 1977.

Benjamin, D. & Simon, S., *The Age of Sacred Terror*, New York: Random House, 2002.

Benjamin, W., *Gesammelte Schriften*, eds. Rolf Tiedemann und Hermann Schwepenhäuser, Frankfurt a. M.: Suhrkamp, 1974 ff.

______, "Zur Kritik der Gewalt", W. Benjamin, *Gesammelte Schriften*, Frankfurt a. M.: Suhrkamp, 1972~1989, vol. II/1, pp. 170~203.

Berding, H., "Revolution als Prozeß", K.-G. Faber & C. Meier, eds., *Historische Prozesse*, München: Deutscher Taschenbuch Verlag, 1978, pp. 266~289.

Besançon, A., *Forbidden Image: An Intellectual History of Iconoclasm*, trans. Jane Marie Todd, Chicago: Chicago University Press, 2000.

Bevan, R., *The Destruction of Memory: Architecture at War*, London: Reaktion Books, 2006.

Beyrau, D., et. al., eds., *Formen des Krieges. Von der Antike bis zur Gegenwart* (=Krieg in der Geschichte, Bd. 37), Paderborn: Schöningh, 2007.

Bhabha, H. K., *The Location of Culture*, London; New York: Routledge, 2004.

Black, J., *Why Wars Happen*, London: Reaktion Books, 1998.

Bloxham, D., *The Final Solution: A Genocide*, Oxford: Oxford University Press, 2009.

______ & Gerwarth, R., eds., *Political Violence in Twentieth Century Europe*, Cambridge: Cambridge University Press, 2011.

Bonacker, Th., ed., *Sozialwissenschaftliche Konflikttheorien: Ein Einführung*, Wiesbaden: VS Verlag für Sozialwissenschaften, 2008.

Bourdieu, P., *Ce que parler veut dire: l'économie des échanges linguistiques*, Paris: Fayard, 1981.

______, *Die feinen Unterschiede: Kritik der gesellschaftlichen Urteilskraft*, Frankfurt a. M.: Suhrkamp, 1982.

______, *Language and Symbolic Power*, ed. John B. Thompson, trans. Gino Raymond & Matthew Adamson, Cambridge: Polity Press, 1991.

Breen, K., "Violence and Power: A Critique of Hannah Arendt on the 'Political'", *Philosophy & Social Criticism* 33 (2007), pp. 343~372.

Brinton, C., *The Anatomy of Revolution*, Englewood Cliffs, NJ: Prentice-Hall, 1957, 1st ed. 1938.

Brown, W., *Regulating Aversion: Tolerance in the Age of Identity and Empire*, Princeton: Princeton University Press, 2006.

Bruno, G., *Gesammelte Werke*, ed. Ludwig Kuhlenbeck, Leipzig: Diederichs, 1904~1909.

Bühl, W. L., *Theorien sozialer Konflikte*, Darmstadt: Wissenschaftliche Buchgesellschaft, 1976.

Burckhardt, J., *Über das Studium der Geschichte*. Der Text der "Weltgeschichtlichen Betrachtungen" auf Grund der Vorarbeiten von Ernst Ziegler nach den Handschriften, ed. P. Ganz, München: C. H. Beck, 1982.

Burke, E., *Reflections on the Revolution in France: and on the Proceedings in Certain Societies in London Relative to that Event*, ed. and intro. by Conor Cruise O'Brien, Harmondsworth: Penguin Books, 1969.

Bury, J. B., *A History of Freedom of Thought*, New York: Henry Holt and Company; London: Williams and Norgate, 1913.

Caillois, R., *L'Homme et le sacré*, Paris: Leroux, Presses universitaires de France, 1939.

Cairns, ed., *Children and Political Violence*, Cambridge, MA: Harvard University Press, 1996.

Capelle, W., ed., *Die Vorsokratiker*, Stuttgart: Alfred Kröner, 1968.

Carr, E. H. *The Twenty Years' Crisis, 1919—1939: An Introduction to the Study of International Relations*, London: Macmillan, 1939.

Carus, P., *The History of the Evil and the Idea of Evil: From the Earliest Times to the Present Day*, La Salle, Ill.: Open Court, 1974, 1st ed. 1900.

Casas, B. d. L., *Historia de las Indias (1561)*, 3 Vols., ed. Augustin Millares Carlo & Lewis Hanke, Mexiko-Stadt: Fondo de Cultura Económica, 1951.

Cassirer, E., *Der Mythus des Staates: Philosophische Grundlagen politischen Verhaltens*, Frankfurt a, M.: Fischer Taschenbuch Verlag, 1988; 1st ed. Zürich & München: Artemis Verlag, 1949.

Candland, Ch., *The Spirit of Violence: An Interdisciplinary Bibliography of Religion and Violence*, New York: Guggenheim Foundation, 1992.

Cavanaugh, W., *The Myth of Religious Violence: Secular Ideology and the Roots of Modern Conflict*, New York: Oxford University Press, 2009.

Chakrabarty, B., ed., *Non-Violence: Challenges and Prospects*, New Dehli: Oxford University Press, 2014.

Chamberlain, H. S., *Die Grundlagen des neunzehnten Jahrhunderts*, München: Bruckmann, 1903, 1st ed. 1899.

Charny, I. W., "Understanding the Psychology of Genocidal Destructivenss", I. W. Charny, ed., *Genocide: A Critical Bibliographic Review*, New York: Facts on File, 1988, pp. 191~208.

Cheney, Ch. R., *Pope Innocent III and England* (Päpste und Papsttum, number 9.), Stuttgart: Anton Hiersemann, 1976.

Chuchiak IV, J. F., ed. & trans., *The Inquisition in New Spain, 1536~1820: A Documentary History*, Baltimore: Johns Hopkins University Press, 2012.

Cioran, E. M., *Der Absturz in die Zeit*, Stuttgart: Klett-Cotta, 1980.

Clastres, P., "Archeologie de la violence: La guerre dans les sociétés primitives", *Libre* 1 (1977), pp. 137~173.

______, *Recherches d'anthropologie politique*, Paris: Éditions du Seuil, 1980.

Clausewitz, C. v., *Vom Kriege* (1832), ed. Werner Hahlweg, Bonn: Dümmler, 1991, 19th ed.

Columbus, Ch., *La découverte de l'Amérique*, Paris: Michel Lequenne, 1979.

Combs, C. C., *Terrorism in the Twenty-First Century*, Upper Saddle River, NJ: Prentice Hall, 1997.

Coser, L. A., *The Functions of Social Conflict*, New York: Free Press, 1964.

Crépon, M., & Worms, F., *La philosophie face à la violence*, Paris: Éditions des Équateurs, 2015.

Cronin, A. K., "Behind the Curve: Globalization and International Terrorism", *International Security* 27 (2003), pp. 30~58.

Crossan, J. D., *The Historical Jesus: The Life of a Mediterranean Jewish Peasant*, San Francisco: Harper Collins, 1991.

Dahrendorf, R., *Der moderne soziale Konflikt*, Stuttgart: Deutsche Verlags-Anstalt, 1992.

Davies, N., *Europe at War 1939–1945: No Simple Victory*, London: Macmillan, 2006.

Delacampagne, Ch., *Une histoire du racisme: des origines à nos jours*, Paris: Librairie Générale Française, 2000.

DiCanio, M., *The Encyclopedia of Violence: Origins, Attitudes, Consequences*, New York: Facts on File, 1993.

Drury, S. B., *Terror and Civilization: Christianity, Politics, and the Western Psyche*, New York: Palgrave, 2004.

Duménil, A., Beauprè, N., and Ingrao, C., eds., *1914–1945. L'Ere de la guerre: violence, mobilisations, devil*, vol. 1, *1914–1918*, Paris: Agnés Viénot Éditions, 2004.

Ellul, J., *Autopsie de la révolution*, Paris: Éditions de la Table Ronde, 2008.

______, *Contre les violents*, Paris: Éditions de la Table Ronde, 1972.

Engels, F., "Die Rolle der Gewalt in der Geschichte", *Karl Marx-Friedrich Engels Werke*, Berlin[Ost]: Dietz, 1962, vol. 21(="Herrn Eugen Dührings Umwälzung der Wissenschaft ("Anti-Dühring")").

Erickson, V. L., & Jones, M. L., eds., *Surviving Terror: Hope and Justice in a World of Violence*, Grand Rapids: Brazos, 2002.

Fanon, F., *The Wretched of the Earth*, Preface by Jean-Paul Sartre, trans. Constance Farrington, New York: Grove Press, 1963.

Ferguson, N., *The War of the World: History's Age of Hatred*, London: Allen Lane, 2006.

Ferro, M., ed., *Le livre noir du colonialisme. XVIe-XXIe siècle: de l'extermination à la repentance*, Paris: Robert Laffont, 2003.

Fretheim, T. E., "God and Violence in the Old Testament", *Word & World* 24 (2004), pp. 18~28.

Friedlander, H., *The Origins of Nazi Genocide: From Euthanasia to the Final Solution*, Chapel Hill: University of North Carolina Press, 1995.

Galtung, J., *Peace by Peaceful Means*, London: Sage, 1996.

______, *Strukturelle Gewalt. Beiträge zur Friedensund Konfliktforschung*, Reinbek bei Hamburg: Rowohlt Taschenbuch Verlag, 1975.

______, "Cultural Violence", *Journal of Peace Research* 27 (1990), pp. 291~305.

______, "Kulturelle Gewalt", *Der Bürger im Staat* 43 (1993), pp. 106~112.

______, "Violence, Peace, Peace Research", *Journal of Peace Research* 6 (1969), pp. 167~191.

Gandhi, M. K., *Non-violent Resistance (Satyagraha)*, New York: Schocken

Books, 1961.

______, *Satyagraha in South Africa*, Ahmedabad: Navajivan, 1928.

______, *The Moral and Political Writings of Mahatma Gandhi: Non-Violent Resistance and Social Transformation*, ed. Raghavan N. Iyer, 3 vols., Ahmedabad: Navajivan, 1987.

______, *Hind Swaraj, or Indian Home Rule*, Ahmadabad: Navajivan, 1938.

Geyer, D., Art. "Revolution", W. Besson, ed., *Das Fischer Lexikon: Geschichte*, Frankfurt a. M.: Fischer Taschenbuch Verlag, 1961, pp. 308~313.

Giddens, A., *The Nation-State and Violence: Volume Two of a Contemporary Critique of Historical Materialism*, Berkeley, CA: University of California Press, 1985.

Ginzburg, C., *The Cheeses and the Worms: The Cosmos of a Sixteenth-Century Miller*, trans. John Tedeschi, Anne Tedeschi, Baltimore: Johns Hopkins University Press, 1992.

Girard, R., *La violence et le sacre*, Paris: Éditions Grasset & Fasquelle, 1972.

Glover, G., *Humanity: A Moral History of the Twentieth Century*, London: Jonathan Cape, 1999.

Gobineau, A. d., *Essai sur l'inégalité des races humaines*, Paris: Gallimard, Bibliothèque de la Pléiade, 1983.

Goebbels, J., *Michael. Ein deutsches Schicksal in Tagebuchblättern*, München: Franz-Eher-Verlag, 1929.

Goldhagen, D. J., *Hitler's Willing Executioners: Ordinary Germans and the Holocaust*, New York: Random House, 1997.

Goldstone, J. A., *Revolutions: A Very Short Introduction*, Oxford: Oxford University Press, 2014.

Gombrich, E. H., *A Little History of the World. Illustrated Edition*, trans. Caroline Mustill, New Haven; London: Yale University Press, 2013, 1st German Original ed. 1985; 1st English Trans. ed. 2005.

Griewank, K., *Der neuzeitliche Revolutionsbegriff: Entstehung und Entwicklung*, ed. Ingeborg Horn-Staiger, Frankfurt a. M: Europäische Verlagsanstalt, 1969.

Grotius, H., *De Jure Belli ac Pacis* (Paris, 1625), ed. Richard Tuck, *The Rights of War and Peace*, Indianapolis: Liberty Fund, 2005.

Gushee, D. P., *The Righteous Gentiles of the Holocaust: A Christian Interpretation*, Minneapolis: Fortress, 1994.

Hauser, A., *The Social History of Art*, intro. Jonathan Harris, 4 Vols., London: Routledge, 1999, 1st ed. 1951.

Hayek, F. A., *The Road to Serfdom*, Chicago: University of Chicago Press, 1994.

Heidegger, M., *Sein und Zeit*, Tübingen: Niemeyer, 1967, 1st ed. 1927.

______. *Der Begriff der Zeit* (1924), Tübingen: Niemeyer, 1979.

Hilberg, R., *The Destruction of the European Jews*, 3 Vols., New Haven, CT: Yale University Press, 2003 (3rd ed.), 1st ed. 1961.

Hobbes, Th., *Leviathan, or The Matter, Form, and Power of a Commonwealth, Ecclesiastical and Civil*, ed. William Molesworth, *The English Works of Thomas Hobbes of Malmesbury*, London: John Bohn, 1839~1845, vol. III.

Hoffman, B., *Inside Terrorism*, New York: Columbia University Press, 1998.

Holsti, K. J., *The State, War, and the State of War*, Cambridge: Cambridge University Press, 1996.

Homza, L. A., T*he Spanish Inquisition, 1478–1614: An Anthology of Sources*, Indianapolis: Hackett, 2006.

Honneth, A., *Kampf um Anerkennung. Zur moralischen Grammatik sozialer Konflikte*, Frankfurt a. M.: Suhrkamp, 1994.

Houben, J. E. M., & van Kooij, K. R., eds., *Violence Denied: Violence, Non-Violence and the Rationalization of Violence in South Asian Cultural History*, Leiden: E. J. Brill, 1999.

Huntington, S., *The Clash of Civilizations and the Remaking of World Order*, New York: Simon & Schuster, 1996.

Iggers, G. G., *The German Conception of History: The National Tradition of Historical Thought from Herder to the Present*, Middletown, Conn.: Wesleyan University Press, 1968.

Jackson, R., et. al., *Terrorism: A Critical Introduction*, Basingstoke & New

York: Palgrave Macmillan, 2011.

Jaulin, R., *La paix bliancje: introduction à l'ethnocide*, Paris: Seuil, 1970.

Jonassohn, K., & Björnson, K. S., *Genocide and Gross Human Rights Violations: In Comparative Perspective*, Piscataway, NJ: Transaction Publishers, 1998.

Juergensmeyer, M., *Terror in the Mind of God: The Global Rise of Religious Violence*, Berkeley, CA: University of California Press, 2003.

Jünger, E., *Der Kampf als inneres Erlebnis*, Berlin: E. S. Mittler & Sohn, 1926, 1st ed. 1922.

Kagan, R. L., and Dyer, A., eds., and trans., *Inquisitorial Inquiries: Brief Lives of Secret Jews and Other Heretics*, Baltimore: Johns Hopkins University Press, 2004.

Kaldor, M., *New and Old Wars: Organized Violence in A Global Era*, Stanford, CA: Stanford University Press, 1999.

Kant, I., "Kritik der Urteilskraft", I. Kant, *Werkausgabe*, ed. Wilhelm Weischedel, vol. 10, Frankfurt a. M.: Suhrkamp, 1974.

Karolides, N. J., Bald, M., and Sova, D. B., *100 Banned Books: Censorship Histories of World Literature*, New York: Checkmark Books, 1999.

Kershaw, I., *The Nazi Dictatorship: Problems and Perspectives of Interpretation*, London: Edward Arnold, 2000.

Keyserling, H. d., *La Révolution Mondiale et la Responsabilité de l'Esprit*, Paris: Éditions Stock, 1934.

_________, *Méditations sud-américaines Traduit de l'allemand par A Beguin*, Paris: Éditions Stock, 1941.

Kippenberger, H., *Violence as Worship: Religious Wars in the Age of Globalization*, Stanford, CA: Stanford University Press, 2011.

Kirk-Duggan, Ch., *Violence and Theology*, Nashville: Abingdon Press, 2006.

Koselleck, R., "Historische Kriterien des neuzeitlichen Revolutionsbegriffs", R. Koselleck, *Vergangene Zukunft: Zur Semantik geschichtlicher Zeit*, Frankfurt a. M.: Suhrkamp, 1992, pp. 67~86.

Kroener, B. R. & Pröve, R., ed., *Krieg und Frieden. Militär und Gesellschaft in der frühen Neuzeit*, Paderborn: Schöningh, 1996.

Koonz, C., *The Nazi Conscience*, Cambridge, MA: Harvard University Press, 2003.

Krishnamurti, J., *Beyond Violence*, New York: Harper & Row, 1973.

Krysmanski, H.-J., *Soziologie des Konflikts: Materialien und Modelle*, Reinbek bei Hamburg: Rowohlt, 1971.

Lacroix, M., *Le mal*, Paris: Flammarion, 1998.

Lasaulx, E. v., *Neuer Versuch einer alten auf die Wahrheit der Tatsachen gegründeten Philosophie der Geschichte*, München: Literarisch-Artistische Anstalt, 1856.

Lea, H. Ch., *A History of the Inquisition of Spain*, 4 vols., New York: Macmillan, 1906.

Leech, G., *Capitalism: A Structural Genocide*, London: Zed Books, 2012.

Lemkin, R., *Lemkin on Genocide*, ed. Steven Leonard Jacobs, Lanham, MD: Rowman & Littlefield, 2012.

Levi, P., *I sommersi e i salvati*, Torino: Giulio Einaudi, 1986.

Lincoln, B., *Holy Terrors: Thinking About Religion after September 11*, Chicago: University of Chicago Press, 2003.

Litt, Th., *Staatsgewalt und Sittlichkeit*, München: Erasmus, 1948.

Lorenzi, J.-H. & Berrebi, M., *Un monde de violence. L'économie mondiale 2016–2030*, Paris: Groupe Eyrolles, 2015.

Lukács, G., *Geschichte und Klassenbewußtsein: Studien über Marxistische Dialektik*, Berlin: Malik, 1923.

Machiavelli, N., *Il Principe*, a cura di M. Martelli, Roma: Salerno, 2006.

McMillan, J., "War", Donald Bloxham & Robert Gerwarth, eds., *Political Violence in Twentieth Century Europe*, Cambridge: Cambridge University Press, 2011, pp. 40~86.

Malcolm, N., "Thomas Hobbes: Liberal illiberal", *Journal of the British Academy* 4 (2016), pp. 113~136.

Malik, A. A., ed.. *With God on Our Side: Politics and Theology of the War on Terrorism*, Bristol: Amal Press, 2006.

Manheim, J. B., *Political Violence in the United States, 1875–1974: A Bibliography*, New York: Garland, 1975.

Marazzi, Ch., *The Violence of Financial Capitalism*, Los Angeles, CA: Semiotext(e), 2010.

Marx, K. & Engels, F., *Marx-Engels-Gesamtausgabe*, Berlin (Ost): Dietz, 1972 ff.

May, R., *Power and Innocence: A Research for the Sources of Violence*, New York: Norton, 1972.

Michaud, Y., *Violence et politique*, Paris: Gallimard, 1978.

Minow, M., *Between Vengeance and Forgiveness: Facing History after Genocide and Mass Violence*, Boston, MA: Beacon Press, 1998.

Monter, W., "Witch Trials in Continental Europe", *Witchcraft and Magic in Europe*, eds. Bengst Ankarloo & Stuart Clark, Philadelphia: University of Pennsylvania Press, 2002.

Morgenthau, H. J., *Politics among Nations: The Struggle for Power and Peace*, 2nd ed., New York: Knopf, 1955.

Morris, I., *War! What Is It Good For?: Conflict and the Progress of Civilization from Primates to Robots*, New York: Farrar, Straus and Giroux, 2014.

Münkler, H., *Kriegssplitter: Die Evolution der Gewalt im 20. und 21. Jahrhundert*, Berlin: Rowohlt Berlin, 2015.

________, *Die neuen Kriege*, Reinbek bei Hamburg: Rowohlt, 2002.

________, "Privatisierung des Krieges. Warlords, Terrornetzwerke und die Reaktion des Westens", *Zeitschrift für Politikwissenschaft* 13 (2003), pp. 7~22

________, *Der Wandel des Krieges: Von der Symmetrie zur Asymmetrie*, Weilerswist: Velbrück Wissenschaft, 2006.

Muchembled, R., *A History of Violence*, trans. Jean Birrell, Malden, MA: Polity Press, 2012.

Nagler, M. N., *The Search for a Nonviolent Future: A Promise of Peace for Ourselves, Our Families, and Our World*, Novato, Calif.: New World Library, 2004.

Neumann, B., *Nazism*, Tel Aviv: Ministry of Defense, 2007.

Newton, M., *Racial and Religious Violence: A Chronology*, New York: Garland, 1991.

Niebuhr, B. G., *Römische Geschichte*, 3 Vols., Berlin: Verlag von S. Calvary, 1873.

Nordquist, J., *Violence in American Society: A Bibliography*, (Contemporary Social Issues: A bibliographic series, no 33) Reference & Research Services. 1994.

Nowosadtko, J., *Krieg, Gewalt und Ordnung. Einführung in die Militärgeschichte*, Tübingen: Edition Diskord, 2002.

Paine, Th., "Rights of Man"(1791), Th. Paine, *The Complete Writings of Thomas Paine*, 2 Vols., New York: Citadel Press, 1945.

Paton, *Platonis Republica*, ed. S. R. Slings, Oxford Classical Texts, Oxford: Oxford University Press, 2003.

Payk, Th. R., *Das Böse in uns*, Düsseldorf: Patmos Verlag, 2008.

Peters, E., *Inquisition*, Berkeley: University of California Press, 1989.

Pinker, S., *The Better Angels of Our Nature: Why Violence Has Declined*, New York: Viking, 2011.

Popitz, H., *Phänomene der Macht: Autorität - Herrschaft - Gewalt - Technik*, Tübingen: J. C. B. Mohr (Paul Siebeck), 1986.

Potter, W. J., *The 11 Myths of Media Violence*, Thousand Oaks, CA: Sage, 2003.

Pyarelal, *The Epic Fast*, Ahmadabad: Navajivan, 1932.

Pyszczynski, Th. A., Solomon, Sh., and Greenberg, J., *In the Wake of 9/11: The Psychology of Terror*, Washington, DC: American Psychological Association, 2003.

Rawls, J., *A Theory of Justice*, Cambridge, MA: Harvard University Press, 1971.

Ricœur, P., *Histoire et vérité*, Paris: Éditions du Seuil, 1955.

Rinehart, J. F., *Apocalyptic Faith and Political Violence: Prophets of Terror*, New York: Palgrave MacMillan, 2006.

Rittner, C., Roth, J. K., and Whitworth, W., eds., *Genocide in Rwanda: Complicity of the Churches?*, St. Paul, MN: Paragon House, 2004.

Robespierre, M., *Virtue and Terror*, London: Verso, 2007.

Rosenbaum, R., *Explaining Hitler: The Search for the Origins of His Evil*, New York: Random House, 1998.

Röttgers, K., Art. "Gewalt", Joachim Ritter, ed., *Historisches Wörterbuch der Philosophie*, vol. 3, Basel: Schwabe, 1974, Sp. 562~570.

Rummel, R. J., *Death by Government*, New Brunswick, NJ: Transaction, 1994.

Russell, J. B., *A History of Witchcraft: Sorcerers, Heretics and Pagans*, London: Thames & Hudson Ltd., 1980, 2nd ed. 2007.

Said, E., *Culture and Imperialism*, New York: Knopf, 1993.

Salomon, E. v., *Die Geächteten*, Berlin: Ernst Rowohlt, 1930.

Sartre, J.-P., *Existentialism and Humanism*, London: Eyre Methuen, 1974.

______, *Kritik der dialektischen Vernunft 1*, trans. Traugott König, Reinbek bei Hamburg: Rowohlt, 1968.

Scheidel, W., *The Great Leveler: Violence and the History of Inequality. From the Stone Age to the Twenty-First Century*, Princeton: Princeton University Press, 2017.

Scheper-Hughes, N. & Bourgois, Ph. I., eds., *Violence in War and Peace: An Anthology*, Oxford: Blackwell, 2003.

Schieder, Th., "Das Problem der Revolution im 19. Jahrhundert", Th. Schieder, *Staat und Gesellschaft im Wandel unserer Zeit*, München: Oldenbourg, 1958, pp. 11~57.

Schmid, A. P., ed., *The Routledge Handbook of Terrorism Research*, London & New York: Routledge, 2011.

Schmitt, C., *The Concept of the Political*, Chicago: University of Chicago Press, 1996.

Schulin, E., "Der geschichtliche Begriff der Revolution", *Die Französische Revolution - Impulse, Wirkungen, Anspruch. Vorträge im Sommersemester 1989*, Heidelberg: Heidelberger Verlagsanstalt, 1990, pp. 9~20.

Sebald, W. G., *On the Natural History of Destruction*, London: Penguin, 2003.

Selengut, Ch., *Sacred Fury: Understanding Religious Violence*, Lanham, MD: Rowman and Littlefield, 2008.

Sen, A., *Identity and Violence: The Illusion of Destiny*, New York: W. W. Norton, 2006.

Signorielli, N. & Gerbner, G., *Violence and Terror in the Mass Media: An*

Annotated Bibliography, Westport, Conn.: Greenwood, 1988.

Simmel, G., "Der Streit", G. Simmel, *Soziologie. Untersuchungen über die Formen der Vergesellschaftung*, Berlin: Duncker & Humblot, 1908, pp. 186~255.

Sloterdijk, P., *Zorn und Zeit: Politisch-psychologischer Versuch*, Frankfurt a. M.: Suhrkamp, 2006.

Snyder, T., *Black Earth: The Holocaust as History and Warning*, New York: Tim Duggan Books, 2015.

Sofsky, W., *Traktat über die Gewalt*, Frankfurt a. M.: Fischer, 1996.

Sorel, G., *Réflexions sur la violence*, 5e édition, Paris: Marcel Rivière et Cie, 1919.

Spivak, G. Ch., *Critique of Postcolonial Reason: Toward a History of the Vanishing Present*, Cambridge, MA: Harvard University Press, 1999.

Stern, J., *Terror in the Name of God: Why Religious Militants Kill*, New York: Harper Collins, 2003.

______, *The Ultimate Terrorists*, Cambridge, MA: Harvard University Press, 1999.

Thompson, J. B., "Symbolic Violence: Language and Power in the Writings of Pierre Bourdieu", J. B. Thompson, *Studies in the Theory of Ideology*, Cambridge: Polity Press; Berkeley: University of California Press, 1984, pp. 42~72.

Tolstoy, L., *Government is Violence: Essays on Anarchism and Pacifism*, ed. David Stephens, London: Phoenix, 1990.

Tomlinson, J., *Cultural Imperialism: A Critical Introduction*, London: Pinter Publishers, 1991.

Townshend, Ch., *Terrorism: A Very Short Introduction*, Oxford: Oxford University Press, 2002.

Trible, Ph., *Texts of Terror: Literary-Feminist Readings of Biblical Narratives*, Philadelphia: Fortress, 1985.

Venturi, F., *Roots of Revolutions*, New York: Knopf, 1966.

Vierkandt, A., *Gesellschaftslehre: Hauptprobleme der philosophischen Soziologie*, Stuttgart: Enke, 1923.

Wade, Francis C., "On Violence", *The Journal of Philosophy* 68 (1971), pp. 369~377.

Weber, M., *Gesammelte Politische Schriften*, ed. Johannes Winckelmann, Tübingen: J. C. B. Mohr, 1988.

______, "Politik als Beruf", *Max Weber Gesamtausgabe*, eds. Wolfgang J. Mommsen & Wolfgang Schluchter, Tübingen: J. C. B. Mohr, 1992, vol. 1-17.

Weiler, R. M., "Violence: An Annotated Bibliography of Selected Publications and Resources", *Educational Psychology Review* 7 (1995), pp. 125~134.

Weiner, N. A. & Pastor, S., "Bibliography of Bibliographies on Criminal Violence", *Journal of Criminal Law & Criminology* 75 (1984), pp. 1300~1320.

Welsh, J. M., *The Return of History: Conflict, Migration, and Geopolitics in the Twenty-First Century*, Toronto: House of Anansi Press, 2016.

Wieser, F., *Das Gesetz der Macht*, Wien: J. Springer, 1926.

Wieviorka, M., *Die Gewalt*, trans. Michael Bayer, Hamburg: Hamburger Edition, 2006.

Wilson, C. F., *Violence Against Women: An Annotated Bibliography*, Boston: G. K. Hall, 1981.

Winter, J., *Sites of Memory, Sites of Mourning: The Great War in European Cultural History*, Cambridge: Cambridge University Press, 1998.

Wolff, Ch., *Vernünftige Gedanken von dem gesellschaftlichen Leben der Menschen und insonderheit dem gemeinen Wesen* (1736), München: C. H. Beck, 2004.

Wolff, R. P., "On Violence", *The Journal of Philosophy* 66 (1969), pp. 601~616.

Žižek, S., *Violence: Big Ideas/ Small Books*, New York: Picador, 2008.

Young, R. J. C., *Postcolonialism: An Historical Introduction*, Oxford, UK: Blackwell, 2001.

Zweig, S., *Castellio gegen Calvin oder Ein Gewissen gegen die Gewalt* (1936), Frankfurt a. M.: Fischer, 1985.

2. 국내문헌

가야트리 스피박, 『포스트식민 이성 비판』, 태혜숙, 박미선 옮김, 서울: 갈무리, 2005.

공진성, 『폭력』, 서울: 책세상, 2009.

귀스타브 르 봉, 『혁명의 심리학』, 정명진 옮김, 서울: 부글북스, 2005.

김광채, 『초대교회사 서설』, 서울: 노드, 2016.

김대래, 『문화로서의 폭력』, 부산: 세종, 1998.

김동길, 『정치인의 폭력』, 서울: 조선일보사, 1990.

김동춘, 『대한민국 잔혹사: 폭력 공화국에서 정의를 묻다』, 서울: 한겨레출판사, 2013.

김삼웅, 『금서: 금서의 사상사』, 서울: 백산서당, 1987.

김상균, 『폭력의 심리학』, 한국학술정보, 2005.

김성준, 『일제강점기 조선어 교육과 조선어말살정책 연구』, 서울: 경인문화사, 2010.

김 현, 『르네 지라르 혹은 폭력의 구조』, 서울: 나남, 1987.

니얼 퍼거슨, 『증오의 세기: 20세기는 왜 피로 물들었는가』, 이현주 옮김, 서울: 민음사, 2010.

니컬러스 J. 캐롤리드스, 마거릿 볼드, 돈 B. 소바, 『100권의 금서: 금지된 책의 문화사』, 손희승 옮김, 서울: 위즈덤하우스, 2006.

니콜로 마키아벨리, 『군주론: 군주국에 대하여』, 곽차섭 옮김·주해, 서울: 길, 2015.

레베카 크누스, 『20세기 이데올로기, 책을 학살하다』, 강창래 옮김, 파주: 알마, 2010.

레프 톨스토이, 『국가는 폭력이다: 평화와 비폭력에 관한 성찰』, 조윤정 옮김, 서울: 달팽이, 2008.

로버트 베번, 『집단 기억의 파괴: 흙먼지가 되어 사라진 세계 건축 유산의 운명을 추적한다』, 나현영 옮김, 파주: 알마, 2012.

로버트 J. C. 영, 『포스트식민주의 또는 트리컨티넨탈리즘』, 김택현 옮김, 서울: 박종철출판사, 2005.

로제 카이유와, 『안간과 聖』, 권은미 옮김, 서울: 문학동네, 1996.

르네 지라르, 『폭력과 성스러움』, 김진식, 박문호 옮김, 서울: 민음사, 1997.

리수충(李書崇), 『인류 역사 속에 살아 숨 쉬는 죽음 이야기』, 양성희 옮김,

서울: 시그마북스, 2011.
마르크 페로 편, 『식민주의 흑서』, 고선일 옮김, 서울: 소나무, 2008.
마르틴 하이데거, 『시간의 개념』, 서동은 옮김, 서울: 누멘, 2009.
마이클 네이글러, 『폭력 없는 미래: 비폭력이 살 길이다』, 이창희 옮김, 서울: 두레, 2008.
마크 엥글러, 폴 엥글러, 『21세기 시민혁명: 비폭력이 세상을 바꾼다』, 김병순 옮김, 서울: 갈마바람, 2018.
마크 크레퐁, 프레데릭 웜, 『폭력 앞에 선 철학자들: 사르트르에서 데리다까지』, 배지선 옮김, 서울: 이숲, 2017.
마하트마 간디, 『마하트마 간디의 도덕·정치사상 3: 비폭력 저항과 사회변혁』, 허우성 옮김, 파주: 나남, 2018.
매리 캘도어, 『새로운 전쟁과 낡은 전쟁: 세계화 시대의 조직화된 폭력』, 유강은 옮김, 서울: 그린비, 2010.
모리스 메를로-퐁티, 『휴머니즘과 폭력 – 공산주의 문제에 대한 에세이』, 박현모 외 옮김, 서울: 문학과지성사, 2004.
미셀 라크르와, 『악』, 김장호 옮김, 서울: 영림카디널, 2000.
박상섭, 『국가와 폭력: 마키아벨리의 정치사상연구』, 서울: 서울대학교출판부, 2002.
박충구, 『종교의 두 얼굴: 평화와 폭력』, 서울: 홍성사, 2013.
발터 샤이델, 『불평등의 역사』, 조미현 옮김, 서울: 에코리브르, 2017.
발터 벤야민, 『역사의 개념에 대하여 | 폭력비판을 위하여 | 초현실주의 외』, 최성만 옮김, 서울: 길, 2017.
볼프강 조프스키, 『폭력사회』, 이한우 옮김, 서울: 푸른숲, 2010.
서강대학교 생명문화연구소 편, 『생명과 폭력』, 세미나자료집 No. 14, 서울: 서강대 생명문화연구소, 1996.
슈테판 츠바이크, 『다른 의견을 가질 권리』, 안인희 옮김, 서울: 바오, 2009.
스티븐 핑커, 『우리 본성의 선한 천사』, 김명남 옮김, 서울: 사이언스북스, 2014.
슬라보예 지젝, 『폭력이란 무엇인가』, 이현우, 김희진, 정일권 옮김, 서울: 난장이, 2011.
쓰루마 가즈유키(鶴間和幸), 『중국 고대사 최대의 미스터리: 진시황제』, 김경호 옮김, 서울: 청어람미디어, 2004.

야콥 슈프랭거, 하인리히 크라머, 『말레우스 말레피카룸. 마녀를 심판하는 망치: 마녀 사냥을 위한 교본』, 이재필 옮김, 서울: 우물이 있는 집, 2016.
양태자, 『중세의 잔혹사 마녀사냥』, 서울: 이랑, 2015.
앤소니 기든스, 『민족국가와 폭력』, 진덕규 옮김, 서울: 삼지원, 1991.
에드먼드 버크, 『프랑스혁명에 관한 성찰』, 이태숙 옮김, 파주: 한길사, 2017.
에드워드 사이드, 『문화와 제국주의』, 박홍규 옮김, 서울: 문예출판사, 2005.
에티엔 발리바르, 『폭력과 시민다움: 반폭력의 정치를 위하여』, 진태원 옮김, 서울: 난장, 2012.
요한 갈퉁, 『평화적 수단에 의한 평화』, 이재봉 외 옮김, 서울: 들녘, 2000.
왕리췬(王立群), 『진시황 강의』, 홍순도, 홍광훈 옮김, 파주: 김영사, 2013.
유성민, 『성스러움과 폭력』, 서울: 살림, 2003.
유홍렬, 『한국 천주교회 역사』, 전2권, 서울: 가톨릭출판사, 1992.
윤태영, 『테러리즘과 대테러리즘』, 창원: 경남대학교출판부, 2014.
이문영, 「폭력 개념에 대한 고찰」, 『역사비평』 106 (2014), 323~356쪽.
이언 모리스, 『전쟁의 역설』, 김필규 옮김, 서울: 지식의날개(한국방송통신대학교출판문화원), 2015.
자크 엘륄, 『폭력에 맞서』, 이창헌 옮김, 대전: 대장간, 2012.
______, 『혁명의 해부』, 황종대 옮김, 대전: 대장간, 2013.
장에르베 로렌치, 미카엘 베레비, 『폭력적인 세계 경제: 우리는 불확실한 미래의 충격에 대처할 수 있을 것인가?』, 이영래 옮김, 서울: 미래의 창, 2017.
장 욱 외, 『폭력에 대한 철학적 성찰』, 서울: 철학과 현실사, 2006.
장 익 편, 『폭력』, 왜관: 분도, 1987.
장펀톈(張分田), 『진시황 평전: 철저하게 역사적으로 본 제국과 영웅의 희망』, 이재훈 옮김, 파주: 글항아리, 2011.
잭 A. 골드스톤, 『혁명』, 노승영 옮김, 파주: 문학동네, 2016.
제니퍼 웰시, 『왜 나쁜 역사는 반복되는가: 21세기 야만, 난민, 냉전, 불평등』, 이재황 옮김, 서울: 산처럼, 2017.
제레미 블랙, 『전쟁은 왜 일어나는가』, 한정석 옮김, 서울: 이가서, 2003.
제임스 포터, 『미디어와 폭력: 그에 관한 11가지 신화』, 하종원 옮김, 파주:

한울, 2006.
제프리 버튼 러셀, 『마녀의 문화사』, 김은주 옮김, 안양: 다빈치, 2011.
조 광, 『한국천주교 200년』, 서울: 햇빛출판사, 1989.
조너선 글로버, 『휴머니티: 20세기의 폭력과 새로운 도덕』, 김선욱, 이양수 옮김, 문예출판사, 2008.
조르조 아감벤, 『호모 사케르』, 박진우 옮김, 서울: 새물결, 2008.
조르주 바타유, 『종교이론: 인간과 종교, 제사, 축제, 전쟁에 대한 성찰』, 조한경 옮김, 서울: 문예출판사, 2004.
조르주 소렐, 『폭력에 대한 성찰』, 이용재 옮김, 파주: 나남, 2007.
조연현, 『한국 현대정치의 악몽–국가폭력』, 서울: 책세상, 2000.
조인형, 『로마의 카타콤: 기독교 박해와 승리의 역사』, 서울: 하늘양식, 2013.
조희연, 『국가폭력, 민주주의 투쟁, 그리고 희생』, 서울: 함께읽는 책, 2002.
존 톰린슨, 『문화 제국주의』, 강대인 옮김, 나남, 1994.
주경철, 『마녀: 서구 문명은 왜 마녀를 필요로 했는가』, 파주: 생각의힘, 2016.
쥘 미슐레, 『마녀』, 정진국 옮김, 서울: 봄아필, 2012.
진형준, 『성상 파괴주의와 성상 옹호주의』, 살림, 2003.
찰스 타운센드, 『테러리즘, 누군가의 해방 투쟁』, 심승우 옮김, 서울: 한겨레출판사, 2010.
최성철, 「현재의 경험에서 역사의 인식으로 야콥 부르크하르트(Jacob Burckhardt)의 역사이론에 대한 연구」, 『서양사론』 71 (2001), 85~113쪽.
_____, 「지적 소수자: 조르다노 브루노」, 곽차섭, 임병철 엮음, 『역사 속의 소수자들』, 서울: 푸른역사, 2009, 146~173쪽.
_____, 「악의 근대성?: 지그문트 바우만의 홀로코스트 해석에 대한 재고찰」, 『독일연구』 35 (2017), 83~120쪽.
_____, 「폭력을 바라보는 두 시선: 벤야민과 아렌트」, 『독일연구』 33 (2016), 79~119쪽.
최이정, 『미디어 폭력』, 서울: 한국학술정보, 2006.
카알 폰 클라우제비츠, 『전쟁론』, 김만수 옮김, 서울: 갈무리, 2016.
카야노 도시히토(萱野稔人), 『国家とはなにか』, 東京: 以文社, 2005, 김은주

옮김, 『국가란 무엇인가: 국가의 본질에 대한 역사적 고찰』, 고양: 산눈, 2010.
칼 마르크스, 『자본』1-1, 강신준 옮김, 서울: 도서출판 길, 2008.
칼 슈미트, 『정치신학 외』, 김효전 옮김, 서울: 법문사, 1988.
크레인 브린튼, 『혁명의 해부』, 차기벽 옮김, 서울: 학민사, 1983.
크리슈나무르티, 『폭력으로부터의 자유』, 김쾌상 옮김, 서울: 현대사상사, 1981.
크리스티앙 들라캉파뉴, 『인종차별의 역사』, 하정희 옮김, 고양: 예지, 2013.
테오 R. 파익, 『노크하는 악마』, 박미화 옮김, 서울: 성균관대학교출판부, 2009.
토마스 홉스, 『리바이어던』, 진석용 옮김, 파주: 나남, 2008.
티모시 스나이더, 『블랙 어스: 홀로코스트, 역사이자 경고』, 조행복 옮김, 파주: 열린책들, 2018.
폴 리쾨르, 『역사와 진리』, 박건택 옮김, 서울: 솔로몬, 2006.
폴 카루스, 『악마의 탄생: 선에 대한 끝없는 투쟁』, 이지현 옮김, 파주: 청년정신, 2015.
프란츠 파농, 『대지의 저주받은 사람들』, 남경태 옮김, 서울: 그린비, 2004.
______, 『검은 피부, 하얀 가면』, 노서경 옮김, 파주: 문학동네, 2014.
프리드리히 엥겔스, 『칼 맑스 프리드리히 엥겔스 저작 선집』, 최인호 외 옮김, 제5권: "오이겐 뒤링 씨의 과학 변혁 ("반-뒤링")", 서울: 박종철출판사, 1994.
프리모 레비, 『가라앉은 자와 구조된 자: 아우슈비츠 생존 작가 프리모 레비가 인생 최후에 남긴 유서』, 이소영 옮김, 파주: 돌베개, 2014.
플라톤, 『국가』, 천병희 옮김, 파주: 숲, 2017.
피에르 부르디외, 『상징폭력과 문화재생산』, 정일준 옮김, 서울: 새물결, 1995.
피에르 클라스트르, 『폭력의 고고학』, 변지현, 이종경 옮김, 서울: 울력, 2009.
한국교회사연구소 편, 『한국천주교회사』, 전5권, 서울: 한국교회사연구소, 2009~2014.
한나 아렌트, 『폭력의 세기』, 김정한 옮김, 서울: 이후, 1999.
______, 『혁명론』, 홍원표 옮김, 파주: 한길사, 2004.

한상범, 『금서, 세상을 바꾼 책』, 파주: 이끌리오, 2004.
헤롤드 O. J. 브라운, 『(교회사에 나타난) 이단과 정통』, 라은성 옮김, 서울: 그리심, 2001.
헤어프리트 뮌클러, 『파편화한 전쟁: 현대 전쟁폭력의 진화』, 장춘익, 탁선미 옮김, 서울: 곰출판, 2017.
_____, 『새로운 전쟁: 군사적 폭력의 탈국가화』, 공진성 옮김, 서울: 책세상, 2012.
호미 바바, 『문화의 위치: 탈식민주의 문화이론』, 나병철 옮김, 서울: 소명, 2012.
홍순권, 『전쟁과 국가폭력』, 서울: 선인, 2012.
황필호, 『비폭력이란 무엇인가』, 서울: 종로서적, 1986.
후스토 L. 곤잘레스, 『초대교회사』, 엄성옥 옮김, 서울: 은성, 2012.

3. 기타자료

Art. "Bücherverbrennung 1933 in Deutschland", *Wikipedia*, https://de.wikipedia.org/wiki/B%C3%BCcherverbrennung_1933_in_Deutschland (검색일: 2018.04.27).
Art. "Congo Free State", *Wikipedia*, https://en.wikipedia.org/wiki/Congo_Free_State (검색일: 2018.11.02).
Art. "Inquisition", *Wikipedia*, https://en.wikipedia.org/wiki/Inquisition (검색일: 2018.10.05).
Art. "Medieval Inquisition", *Wikipedia*, https://en.wikipedia.org/wiki/Medieval_Inquisition (검색일: 2018.10.05).
Art. "Nazi book burnings", *Wikipedia*, https://en.wikipedia.org/wiki/Nazi_book_burnings (검색일: 2018.04.27).
Art. "Slavery", *Wikipedia*, https://en.wikipedia.org/wiki/Slavery (검색일: 2018.10.26).
"Goebbels-Rede zur Bücherverbrennung auf dem Opernplatz in Berlin", http://www.buecherverbrennung33.de/goebbelsrede.html (검색일: 2018.11.02).
"List of Genocides by Death Toll", https://www.revolvy.com/page/List-of-genocides-by-death-toll. (검색일: 2018.11.07).

OECD, "The economic crisis reduces income and has repercussions on inequality and poverty", results from the OECD wealth distribution database, May 2013.

UN, "Convention on the Prevention and Punishment of the Crime of Genocide."

「금서」, 『한국민족문화대백과사전』, http://100.daum.net/encyclopedia/view/14XXE0007830 (검색일: 2018.04.27).

「기해사옥」, 『다음 백과』, http://100.daum.net/encyclopedia/view/b03g1282a (검색일: 2018.11.02).

「노예제」, 『다음 백과』, http://100.daum.net/encyclopedia/view/b04n0096a (검색일: 2018.10.26).

「베를린 분서」, 『위키 백과』, https://ko.wikipedia.org/wiki/%EB%B2%A0%EB%A5%BC%EB%A6%B0_%EB%B6%84%EC%84%9C (검색일: 2018.04.27).

「병오박해」, 『한국민족대백과사전』, http://100.daum.net/encyclopedia/view/14XXE0023129 (검색일: 2018.11.02).

「병인사옥」, 『다음 백과』, http://100.daum.net/encyclopedia/view/b09b3070a (검색일: 2018.11.02).

「성 바르톨로메오 축일의 학살」, 『다음 백과』, http://100.daum.net/encyclopedia/view/b12s0755a (검색일: 2018.12.07).

「신유사옥」, 『다음 백과』, http://100.daum.net/encyclopedia/view/b13s2935a (검색일: 2018.11.02).

「인종주의」, 『다음 백과』, http://100.daum.net/encyclopedia/view/b18a1282a (검색일: 2018.10.26).

「제국주의」, 『다음 백과』, http://100.daum.net/encyclopedia/view/b19j1589a (검색일: 2018.10.26).

「종교재판」, 『다음 백과』, http://100.daum.net/encyclopedia/view/b19j3104a (검색일: 2018.10.05).

「종교재판」, 『위키 백과』, https://ko.wikipedia.org/wiki/%EC%A2%85%EA%B5%90_%EC%9E%AC%ED%8C%90 (검색일: 2018.10.05).

「콩고 자유국」, 『다음 백과』, http://100.daum.net/encyclopedia/view/b21k3832a (검색일: 2018.11.02).

「천주교의 전래와 박해」, 『지도로 보는 한국사』, http://100.daum.net/encyclopedia/view/135XX43300114 (검색일: 2018.11.02).
「한국의 천주교」, 『다음 백과』, http://100.daum.net/encyclopedia/view/b06r1173b067 (검색일: 2018.11.02).
홍문숙·홍정숙, 「폭력적이고 야만적인 사상, 문화 통제 정책: 분서갱유」, 『중국사를 움직인 100대 사건』, http://100.daum.net/encyclopedia/view/63XX18100012 (검색일: 2018.04.27).
영화 「매트릭스(The Matrix)」(1999).
영화 「크루서블(The Crucible)」(1996).

찾아보기

인명

ㄱ

ㄴ

사항

ㅇ